序

在网络信息时代，公共空间疾速重构，随着人们社会活动的多向度、多空间、多层次延伸，以及社会交往的半径、内涵、对象日益扩大，人的社会性和公共性，无论在质的提升还是在量的扩大上，都超出了传统的"社会关系总和"，形成了所谓的"公共性流量"。由此，如何面对和处理公共性问题，备受关注。

在诸多公共性问题中，公德建设成为既紧迫又新鲜的话题。说它紧迫，是因为在推进现代化和市场经济发展中，现实存在的大量失序失范问题，似乎都与公德缺失有关，"网络暴力""大妈广场舞""高铁霸座"……桩桩件件都关乎国民公德素养问题；说它新鲜，是因为当下强调公德建设并非老生常谈，而是新的社会变迁提出严峻挑战，触及新的社会治理要求和内涵，包括如何传承和弘扬中华优秀传统文化，建设中华民族现代文明。可以说，加大社会公德研究，尤其是挖掘中华优秀传统文化中的公德资源，构建适应时势的社会公德规范并再造与中国式现代化相匹配的公共性，此其时矣。

基于多年学术积累以及理论探索基础，刘白明副教授承担了"中华优秀传统文化融入当代公德建设研究"的课题，并在完成课题研究报告的基础上成书出版，可喜可贺。从现有成果看，本书重点聚焦中华传统优秀文化的创新性发展、创造性转换，在公德建设研究的场景延伸、视域拓展、观点创新、思路跃升等方面，取得了别开生面的进展。

从公德研究的场景透视和分析看，本书体现了强烈的"问题意识"，深刻把握了当前公德建设面临的严峻环境。作者指出，当今时代，人们日常公共交往的频次、范围、程度以及内容等均发生了前所未有的快速变化。公共场域、公共场所的所指发生了巨大变化;公共要素由简单到复杂;公共利益由简单到复杂;公共冲突发生的外部环境发生了巨大变化。数字化、网络化和智能化的科技赋能,正影响着公共空间。如何处理公共空间的社会生活变得重要且复杂,比如:受到"美好生活"理念的影响,公共空间的公共道德研究受到重视;受到信息科学技术、元宇宙概念及社会事件等的影响,公共道德研究出现"视角延伸与转向"。由此,作者提出研究者需要以虚拟与现实融合、宇宙与平面切换的空间视角,以前瞻与回顾统一的时间维度、日常生活与重大公共性事件交织的人事视角,探究公共生活的道德理念。正是立足这样的研究视角和应用场景,使本书的学术思考更贴近现实,也更具有针对性。

在学术思考和理论研究的视域拓展上,本书以溯源的方式,抓住了文化这个根本。作者注意到我国公共空间治理与文化供应不足的结构性缺失问题,提出将末端的社会共治提前至文化基础的前端,促使传统公德资源的价值被重新认知、创造和使用。作者指出,中华优秀传统文化融入当代公德建设,不是简单复制传统文化、传统生活,而是通过对传统文化内在精华与独特价值的再认识,将其内在的生命力和价值再启动,融入当今中国人的日常公共生活方式之中,融入当代中国公德建设的理论与实践之中。这实际上已经涉及在马克思主义基本原理与中华优秀传统文化相结合的语境中,"古为今用"何以可能、传统文化创新性转换何以必要等问题。与此相关,还包括文化的特性特征、文化认同的政治基础和价值基础等问题。本书在这方面多有探讨,视域为之一新,也加深了学术思考的"含文量"。

对于一些重大立场和是非问题,作出有理有据的分析,敢于亮明观点,也是本书的一大特色。以"公共空间"为原点,本书运用文本分析法,论证了中国古代社会已经存在公共空间、公共设施等,澄清了中国古代没有公共空间、没有公共道德的说法。针对当代中国公德建设面临的公德资源供给不足的问题,作者强调了中华传统文化公德资源融入当代公德建设的迫切性。由此,作者围绕三方面线索着力展开研究和思考,进一步确立文化自信和理论自信:一是从传统儒家学说关于"情本理引"、以文化人的文化教化论、"道统说"的文化传承论中把握历史依据;二是从马克思主义人的道德需要论、社会意识的相对独立论中把握理论依据;三是从新时代中国特色社会主义文化建设的实践探索中把握现实依据。

转型期、多元化是当今社会的阶段性特征,在这样的社会背景下研究公德建设,已经超越了单一的伦理学范畴,需要包括哲学、政治学、社会学等在内的多学科聚焦,方能实现对策思路的跃升。本书作为课题研究,在破解难题中突出了思路创新跃升的重要性。如何挖掘传统文化中当代公德建设所需要的要素资源?作者提出了几种可供选择的路径:传统文化中"爱"的思想及精神能为当代公德建设提供情感动力机制;传统文化中"义"的思想及精神能为当代公德建设提供判断机制;传统文化中的"礼"的思想能为当代公德建设提供行为机制;传统文化中"和"的思想能为当代公德建设提供目标机制;传统文化中"君子"的思想能为当代公德建设提供人格机制。此外,还专门讨论了传统侠义向现代正义如何转化的问题。这些都表明,作者致力于研究的创新性和探索性,形成了"一家之言"。

全面推进社会主义现代化国家建设开辟了中华民族复兴之路,打开了构建人类文明新形态的探索之路。在这个过程中,回应与现代化深度推进有关的"再造公共性"问题,是一个全新的课题。其中,文化和文明更是一个绕不开的话题。公德建设也不例外。习近平总书记指出:"坚守我们的价值体系,坚守我们的核心价值观,必须发挥文化的作用。民族文化是一个民族区别于其他民族的独特标识。要加强对中华优秀传统文化的挖掘和阐发,努力实现中华传统美德的创造性转化、创新性发展,把跨越时空、超越国度、富有永恒魅力、具有当代价值的文化精神弘扬起来,把继承优秀传统文化又弘扬时代精神、立足本国又面向世界的当代中国文化创新成果传播出去。只要中华民族一代接着一代追求美好崇高的道德境界,我们的民族就永远充满希望。"[1]这是我们的文化使命,我们责无旁贷!

些许粗略的读后感,是为序。

周智强

2024 年 5 月

---

[1] 习近平:《习近平谈治国理政》,外文出版社 2014 年版,第 106 页。

目　录

导　论

第一节　公共空间、公共领域与社会公德概述

当世界历史进入现代工业社会后,社会公共空间、公共领域得到了极大的拓展。人们的生产、消费、社交等各种实践活动形式,都是以公共空间、公共领域的公共交往活动为必要前提和基础,才得以产生和不断发展的。我国经济上正处于从富起来到强起来的阶段,我国社会主要矛盾已经转化为人民日益增长的美好生活需要和不平衡不充分的发展之间的矛盾,人们对美好生活的需求使得人们对公共规则和伦理秩序的需求也越来越大,信息技术让公共空间的概念拓展到网络公共空间,技术应用让公德失范成本越来越高。所以,个体在社会公共生活中的品德比以往任何一个历史时代都重要,可以预见美好公德建设运动必将兴起。公共道德研究是人们对这种活动的过程、特征和路径进行系统研究的知识成果。

一、公共空间、公共领域的概念及其历史

本研究首先对传统的公共空间、公共生活进行一个回顾,对传统的公共空间如何拓展到公共领域作一个必要交代,以及从伦理生活的角度对研究对象的"公共性"特征予以刻画。

（一）传统的公共空间与公共生活

战国时期的思想家庄子是个颇具空间意识的思想家。庄子说:"有实而无乎处者,宇也;有长而无本剽者,宙也。"(《庄子·庚桑楚》)庄子还曾经说过一个见解:"室无空虚,则妇姑勃谿。"(《庄子·外物》)庄子的话如果放到公共场所里去的话,可以类指人与人在公共场所过度拥挤的话,也会产生矛盾。

空间是一个无限的概念,公共空间的概念比公共场所的概念要大一些,如它可以指公共场所上空、公共场所之外的公共森林;而公共场所一般具有有限性、固定性、限时性。

公共道德建设,是一个近代出现的概念。然而人类的公共活动,却是一项极为古老的活动,公共道德也早就萌芽。曾建平指出,"社会公德是道德的最早起源和最初的表现形式,或者说,人类社会最原初的道德实际上就是社会公德"①,劳动是人类公德起源的第一个历史前提。劳动活动把本来孤立的个人组织起来,形成了相互依赖、相互协作的关系。应该说,人类早在自己的童年时代就已经有了反复频繁的公共生活的体验。此处使用的一个分析性框架,是先回到中国早期的公共活动、公共空间情况,希望结合历史来讨论现实。

商品交换活动是贯穿在整个公共活动中的内在因素。我国先秦时期的公共活动不仅以不同名称存在着各种类型,而且还大量地吸引着古代不同阶层的人士广泛参与,如帝王巡游、文人游学、士人宦游、商人旅行。作为人类的一项实践活动,早期公共活动大致有两大类:一类是本身带有交换动机和休闲目的而参与的公共活动,或是经商或是游学或是观赏风土人情;另一类是出于政治方面的宣教动机,如帝王巡游、官吏考察、外交游说。

在士农工商之间进行社会分工合作是一种必然。《尚书·酒诰》载有殷人"肇牵牛车,远服贾用",《周易·系辞下》曾如此描述古中国之由渔猎经济到种植与交换经济的发展过程,"日中为市,致天下之民,聚天下之货",司马迁记述,"周人之俗,治产业,力工商,逐什二以为务"②。西周时期商业由国家垄断,但也有《诗经·卫风·氓》所说的"氓之蚩蚩,抱布贸丝"的民间贸易活动。《左传》中将商人列为重要职业,称"商农工贾,不败其业"。

商品交易过程离不开交通工具对市场的辅助,征战、行旅也都离不开交通

① 曾建平:《社会公德引论》,中央编译出版社2004年版,第1页。
② (汉)司马迁:《史记》,中华书局2000年版,第1771页。

运输,所以自古以来交通在公共生活里占有重要地位。《逸周书·大匡》记载周文王曾诏告天下,"四方游旅,旁生忻通,津济道宿,所至如归"。《荀子·王制》描述"理道之远近而致贡,通流财物粟米",记载商品交易的盛况。学者马启俊统计,《庄子》词汇中涉及商品交易场地的有,"市、肆(如唐肆、枯鱼之肆、屠羊之肆)、市井、浆(卖浆的店铺)"①;涉及旅舍的有"舍(旅店)、蓬庐(传舍,犹今之旅馆)、逆旅(旅馆)、浆(卖浆家)"②,可见,《庄子》中涉及交易行为、社会交往的场所并不少,提及的交通设施也不少,仅《庄子》一书就足以证明春秋战国时代存在公共空间、公共活动。

战国时期,礼崩乐坏,王纲解体。社会大变革的疾风骤雨卷起了一股国事交往与人际往来的高潮,如外交聘旅、宫廷婚旅、王侯游猎、学子游学、策士游说,旅游休闲、人际交往被赋予了"观国之光"及道德教化的社会价值。《诗经》中,就有诸如"游于北园,四马既闲""驾言出游,以写我忧"等诗句。《周易》的《旅》卦的卦辞说:"旅:小亨,旅贞吉。"旅行让人体验了人与自然和谐的乐趣。《象传》对旅卦卦义的阐发,重在"柔刚"二字,"这种格局是和谐的。结合人在旅途,意思就是:既要虚中待人,又要顺刚立强"③。旅游脱离了熟人社会的约束,关涉个人与陌生他者以及人与自然的关系,实质涉及了人对社会规则的"遵守",对他人心存敬畏之心,于是需要"柔",又涉及了人的自主独立行动——"刚",所以旅行具有体现道("一阴一阳谓之道")的意义。

《论语·雍也》篇记载孔子言:"知者乐水,仁者乐山;知者动,仁者静;知者乐,仁者寿。"孔子提倡人皈返于自然,孔子游学四方每到一处是布道的过程。孟子"后车数十乘,从者数百人"④。班固《两都赋》称长安"九市开场,货别隧分"。《西京杂记》卷二记载,刘邦父亲"以平生所好,皆屠贩少年,酤酒卖饼,斗鸡蹴鞠,以此为欢"。汉代就有全民夜间的公共性娱乐活动——正月十五上元节,反映了汉代人们对公共空间娱乐活动及公共社交的强烈兴趣。

根据王永娇的研究,唐长安全城共计108坊,坊中包括官署、进奏院、宗教场所、园林、东市和西市、邸店和旅馆、居民住宅、街道等。唐长安城里坊中百姓广泛参与公共活动空间的活动,"唐代在两京和地方的寺院中设置了救助病、

---

① 马启俊:《〈庄子〉词汇中反映的先秦经济民俗考察》,《蚌埠学院学报》2017年第5期。
② 同上。
③ 陈望衡:《周易精解》,人民出版社2019年版,第233页。
④ 杨伯峻:《孟子译注》,中华书局2005年版,第145页。

残、乞、老、孤等弱势群体的慈善机构——悲田养病坊"。"这些具有开放性、公共性、公众性、广泛性、参与性的宗教、慈善、娱乐休闲、艺术创作、经济、政治等活动彰显了大唐的高度文明和世界格局"①。到了唐代,"市民游览文化崛起,城市园林走向了公共性"②,统治者将长安曲江面向市民开放,允许各个阶层的人随意进出游玩,这一举措打破了古代园林的封闭性,形成了鲜车健马、摩肩击毂的盛况。

宋人将与其紧密联系的日常公共生活提升到了艺术化的境界。从北宋中叶开始,商品经济空前发展,外贸发达,市场日夜营业,随着商品经济和城市建设的发展,商人地位提高,宋代平民开始作为一个独立的阶层出现,以市民阶层为主体,以注重享乐为主要特征的交游生活在全社会普遍流行,它推动了公共空间应用从行旅休憩向玩乐场所的转变。

古代公共场所有男女授受不亲的规定,但它并没有完全排斥男女的交往和共处,《孟子·离娄上》记载了一场与此有关的辩论。在生死面前,生命的价值要高于僵硬的准则,这是礼的变通。但是,平时则保持男女授受不亲的交往规范。这也可以看到这时候私人生活场所也表现为一种公共场所的性质,一方面如恩格斯在《家庭、私有制和国家的起源》中指出的那样,这些禁律都是为了确保血统纯洁与利益,另一方面,也是在确立男女公共生活的边界。

北宋时期城市街道成为真正意义上市民化的街道,其公共属性大大提升,《清明上河图》中所示街道进行了系统规划和有意识的道路绿化。《清明上河图》描述了买卖、劳务、观赏等 10 种公共行为类型,生活方式是物化的文化认同,具有实践的文化品质。由于宋朝市民阶级的发展,市民文化生活的多样化,相当于现在戏院的勾栏应运而生,由此将休闲娱乐生活与公共性勾连在一起。由于存在商住用地侵占道路交通形成的侵街问题,北宋政府成立了专门管理和整顿城市道路的"街道司",以划定经营范围。

孔子周游列国,当时社会朝秦暮楚的社会往来,反映了春秋战国时期游士文化的发达。参加旅行活动的多为帝王、贵族、官僚、地主、士大夫、读书人、商人。礼文化激励人们尊重人的价值和尊严,形成了人们的"和谐"求稳的心态,"仁义礼智在古代不仅作为个人道德的基本概念,同时也是社会基本价值"③,

① 王永娇:《唐长安城里坊内的公共活动空间》,《大众考古》2019 年第 12 期。
② 杨毓婧:《从"曲江流饮"谈唐长安城市园林的公共性》,《华中建筑》2016 年第 7 期。
③ 陈来:《中华文化的现代价值》,中国文史出版社 2020 年版,第 96 页。

激励人们形成强烈的趋善求治的价值取向。

中国传统社会在不同时代都有其独具特色的公共生活方式,反映了中国历代社会开放、恢宏、进取的时代特征和人们刚健有为、勇于创造、善于交往的生活态度、精神风貌。在封建社会时期,虽然人们之间交往关系的深度和广度极其有限,公共生活也只是一种代表性的公共生活,但也并非如有些研究者所说的长期的小农经济致使公共空间发育不良,传统的乡土熟人社会缺乏公共伦理。①

儒家学说中仁、义、礼、智、信等经久弥新的伦理理念是可以为当代人类社会经济、科技发展中面临的许多矛盾提供解决策略的一种重要道德调控资源。其"一致而百虑"、反映人民群众共同愿望的情感价值和理性精神,甚至已经不限于地域性的公共伦理而具有全人类的共同价值。恩格斯指出,工业革命之后"每个人都有充分的闲暇时间去获得历史上遗留下来的文化"②,社会生产力水平越低,历史上遗留下来的文化——科学、艺术、社交方式越不能被分享。人类愈发展到更高生产力水平,愈能全面地继承历史上的文化遗产。我国社会主义社会正走向从富起来到强起来的阶段,我们可以突破封建社会、资本主义社会把道德教养当作权贵阶级标签的局限性,使中国传统文化中关于社会交往的仁爱、兼爱、齐物之爱的精神,见义勇为的高尚风范,情理合一的理性态度,彬彬有礼的文明风度,真正成为社会主义社会全民共享的文化资源。

(二) 现代的公共空间与公共生活

公共空间是我们理解社会公德和文化作用的关键场域。公共空间分为三种:具体的公共空间、隐性的公共空间、泛化的公共空间。"一般而言,空间为特定的伦理关系的存在提供了基础动因,并限制了某类伦理关系特质的显现"③,公共性作为公共空间核心属性毋庸置疑。但是,公共空间不单单是地理意义上的观念,而是一种不同于私人空间的生活场域,不是固定的、封闭的空间,而是流动的、开放的空间。尽管公共空间的历史可追溯到原始时代,但它实际是一个经济、商业、娱乐、体育、休闲、社交、旅行等活动衍生的概念。

从形态上看,公共空间主要包括物质元素和精神元素,包括居民的公共环境,包含交际空间、交通空间、交易空间,比如传统社会的家族祠堂、洗衣码

---

① 参见亓凤香:《公德缺失与建构分析——基于社会治理的视角》,《理论学刊》2017 年第 3 期。
② [德]恩格斯:《论住宅问题》,人民出版社 2019 年版,第 24 页。
③ 曲蓉:《公德论》,社会科学文献出版社 2020 年版,第 63 页。

头、古街道、寺庙,现代的网络社区、商场、文化广场、公园、服务中心等。从精神形态上看,公共空间是人们可以自由出入并进行各种社会交往和思想交流的公共场所。互联网时代,社会活动和社会关系超越具体地点的局限,实现了更广泛的联合,社会关系可以脱域化和多次重组,公共空间的概念从线下延伸到线上。

从动态角度看,经济的发展过程也是新的社会空间被生产的过程。公共空间的发展离不开其所处的"城市群、城市带、城市郊区、城乡一体化等"。公共空间主体的凝聚过程可分为四种类型,即:(大、中、小)团体型、单独型、家庭型、服务与管理型等。公共空间管理职能分散于自然资源与规划局、城市管理和综合执法局、园林管理局等多个职能部门,公共空间也是社会治理的重要场域。

公共空间具有如下特点:第一,公共性。空间可以分为"物质性空间实践"的生产空间、支配性空间,以及作为"再现性空间"的亲历性空间三大类型。我们祖先最早的群居生活就具有公共性。战国时期荀子发现"人能群",人需要群是人的特性。荀子还指出了"群"与"分"的辩证统一,"群"的统一性、协调性是建立在"分"的差异性之上的。那时候的"分"是指身份的差异、角色的不同。随着工业化、城市化的发展,社会流动成为常态,人们的"公共性"生活更为频繁,甚至成为日常必需。公共生活虽然具有必然性,但也有自愿选择的成分。与职业生活、政治生活相比,它不具有那么大的组织性。公共场所是各种社会关系共存的生态系统,将人类社会生活凝固于公共物质空间中,表现为面的性质。第二,公开性。与私人生活的隐秘性、封闭性、私密性相比,它具有公开性。如活动内容的公开性,在公共场所里展现的任何东西都可能被别人见到、听到,具有最广泛的公共性。因为公共空间本身是在私人领域之外,它们的边缘都是透明的。通常情况下,建筑的门和窗提供了通透的感觉,透过玻璃可以清楚地看到室内景象,进入公共场所的人应该注意到它与私人生活的不同。第三,开放性。公共空间是一个自由聚合与离散的过程。公共空间具有广泛的参与性,正如哈贝马斯所说,"举凡对所有公众开放的场合,我们都称之为'公共的'"[1]。公共空间的物品及符号、活动、关系、服务和流程一直到系统、环境和机制,都是开放的,管理者应该认识它的开放性。公共空间的开放性以及公共空间的无序性,也带来了管理的难点。第四,流动性。由于当代公共场所的参与者都是短

---

[1] [德]哈贝马斯:《公共领域的结构转型》,曹卫东等译,学林出版社1999年版,第2页。

暂的,处于流动状态的。在公德概念的演化过程中,其政治色彩逐渐弱化,原因在于我们不能苛求古人使用今天的概念去创造文化。传统社会,礼的概念比现代公德概念还要大。在政治道德、私德、公共道德之间,中国传统文化共用一些道德范畴,"仁""义""礼""信""和谐"等概念都是共有的,但是我们不能因为这些概念是共有的而否认中国传统文化中公德的存在。第五,主体平等性。每一位参加公共生活的成员都平等地受到社会公德的约束,每个人都是平等地享有公共空间提供的服务。

互联网所形成的社会化的现代虚拟公共空间,是人类公共空间发展的里程碑,是人们运用互联网技术之后的绝妙创造。虚拟公共空间与现实公共空间是对称对立的不同空间,"如果我们把现实空间看作实符号集合,那么虚拟空间就相对是空符号集合"①。虚拟公共空间具有公共性、公开性、开放性、流动性、主体平等性等现实公共空间的特性。虚拟空间的符号具有人为性、代表性、影响性、规约性,可以进行公共道德的评价,也需要进行公共道德的培育和调控。网络化生存开辟了人们新的公共交流方式,网络化生存对劳动创新发挥了重要作用,不仅计算机网络系统的建立接替了人们的一部分工作,网络化使人们的劳动方式脱离了地域的局限,"虚拟空间由于是以信息高速公路作为其存在的基础,通过用速度消灭空间的概念,弱化了传统的时空限制,使得虚拟空间中进行的虚拟交往实现了实时实地、实时非实地、实地非实时和非实时非实地交往的有机统一"②,人们可以在虚拟空间中进行自由的交往和劳动。虚拟空间抹平了等级、权威的概念,人们在虚拟空间交流信息、知识、思想、情感。互联网空间既是社会交往、数字劳动的公共空间,又是虚拟交往与数字劳动的中介,还是公民评议政府治理、他人话题的公共领域。

(三) 公共领域与公共空间概念的联系和区别

公共领域是一个现代性的词汇。18 世纪以后,随着市场经济的发展,个体活动空间的拓展,欧洲出现了一个介于私人领域与政治国家之间的中间地带——公共领域。

从历史来看,公共空间、公共场所、公共生活、公共领域是社会经济、政治分工的产物。社会分工制造了使人和场所产生联系的机会和在公共空间的微观

---

① 韦世林:《空符号论》,人民出版社 2012 年版,第 376 页。
② 王磊:《信息时代社会发展研究——互联网视角下的考察》,人民出版社 2014 年版,第 154 页。

互动。什么是公共场所或者公共场合？陈弱水认为，"一般而言，公共所有或向公众开放的空间属于公共场合"[①]，同时，陈弱水也指出，"公共场合并不完全等于公共领域……在公德问题上，公共领域指的是日常生活中的公共领域"[②]，由此可见，陈弱水辨析了公共场合与公共领域在使用上的联系与区别，公共领域可以包含公共场合，但是公共领域还可以指称除公共场合、公共空间之外的其他公共关系如政治公共空间、网络公共空间。

大众传媒的技术优势产生了新型的公共性，人们一般称之为公共领域。依据公共领域的现代内容，公共领域可以分为社会公共领域、经济公共领域、政治公共领域等。无论是公共空间还是公共领域，我们的研究对象是大众的一般公共活动。无论是公共空间还是公共领域，此课题研究的场景是大众的公共交往活动和公共交往道德，也就是主要研究公共空间、公共领域的差异共存性。

欧美资本主义国家的公共领域主要关注的对象是国家事务，主要矛盾是个人与国家的冲突，其政治公共领域是公共舆论与公共权力直接较量的活动空间，它讨论和体现的是政治的公共性。中国的公共领域目前更多属于"私人自主的领域"，它强调的是与社会他人有关的个人利益，是非阶级、非集团性的利益。中国政府在公共领域充当了引导者和调停者兼解决者的角色，欧美政府在公共领域充当了被批判者的角色。欧美公共领域因为公共问题而结合在一起，我国公共领域很大部分因为社会交往而结合在一起，部分是因为他人的困境引发的争论。

当今时代，公共空间与公共领域同时存在且具有相互促进的趋势。在市场竞争条件下，当实体公共空间无法继续有效调节利益冲突时，只能诉诸公共领域进行调节。我们要防范资本逻辑卷入传媒，对社会公共关系造成异化现象，影响社会公德风尚的形成。公共领域一般包括公共场所和公共议题，如公民网络上讨论的他人话题；公共领域有时除了公共场所和公共议题外还包括公共目标，如公民网络民主政治。本研究的目的并不在于政治批判或社会关系解构，而在于公共领域的公民道德文化的重建。

"事实上，公共空间与公共领域是有区别的，大众传媒的确提供了公众讨论公共事务的空间，但只有在一定条件下，这个空间才能成为批判性的公共领

---

① 陈若水：《公共意识与中国文化》，新星出版社 2006 年版，第 29-30 页。
② 同上。

域"①,本课题的研究客体为一般公民,本研究视域涉及公民公共领域中的议事规则、行动规则,也涉及公民公共领域中的议事规则、行动规则对社会政治的相关影响的描述。我国的政治生活领域,也具有强烈的公共性,但是因为我国政府和党建方面都有不少相关规范,在此不列为研究对象;在国际地缘政治中,也有陆海空的公共空间,因其特殊性,本课题也不列为研究对象。需要指出的是,本研究可以延伸至国际之间的交往道德。

在纵向维度上,公共空间可划分为古代公共空间、当代公共空间;在横向维度上,公共空间可分为实体公共空间、线上公共空间。

任何公共交往都是通过一定的交往条件而进行的。迄今为止,人类历史上发生了三次大的公共交往工具的革命:第一次,发生在农业社会,主要标志是马车、舟的发明和应用;第二次,发生在工业社会,主要标志是以铁路和汽车、飞机的发明和应用为核心内容的交通革命;第三次,发生在当代,主要标志是电子计算机和信息网络的广泛应用,第三次交往手段的革命,是人类历史上影响最大、范围最广的一次公共交往工具的革命。从社会交往范围看,第一次公共交往工具的革命拓宽了人们社会交往的空间范围,提供了人们从狭隘的地域性交往走向异域交往的条件;第二次公共交往工具的革命提供了从地域交往向洲际交往的转变;第三次公共交往工具的革命则提供了交往的全球化、多样化和便捷化条件。现代社会社会分工的深化,公共交往源于物质文化需要发展起来,人们交往频率、交往深度和广度扩大,人们更紧密地联系在一起,人类由偶然性精英式公共交往步入多频次大众化公共交往的时代。

二、我国当下公共空间、公共领域的矛盾

研究者王维国把当代社会公德的困境划分为四方面:人与人关系领域的公德困境,人与社会关系领域的公德困境,人与自然关系领域的公德困境,人与网络关系的公德困境。② 具体来看,在中国公共空间与全球公共空间日趋紧密关联的世界里,在我国市场化、工业化、信息化、智能化加速发展的时代背景下,我国当下的公共空间、公共领域呈现出一系列深层次的公共矛盾和冲突。

---

① 许鑫:《网络时代的媒介公共性研究》,人民出版社 2015 年版,第 137 页。
② 参见王维国:《当代中国社会公德困境治理探析》,《道德与文明》2022 年第 1 期。

（一）公共空间与私人空间的矛盾

人们在私人空间承担的道德义务与在公共空间承担的道德义务是不同的，责任本质则是可以相通的，但形式是不同的，承担义务的程度也是不同的，社会要求也不同。因此，社会公德建设可以将其列为单独的研究对象。私人空间可以包容特殊个性，具有自洽性。固然二者都需要情感与理性，但公共空间里理性是首要的，私人空间里则情感是首要的。公共空间的开放性、流动性产生社会性、公共性，制约着个体的特殊性、社会性。公共性要求普遍性，每个人在自己的特殊性中找到可以转化、升华为普遍性的原则。黑格尔说："特殊性本身是没有节制的，没有尺度的。"①因此，反映"普遍性"要求的道德规则与制度建构，是公共空间与公共生活不可缺少的要求。

（二）公共空间与私人时间的冲突

马克思指出，"时间实际上是人的积极的存在，它不仅是人的生命的尺度，而且是人的发展的空间"②，在马克思恩格斯看来，没有抽象的空间、时间形式，所谓空间不过是实践活动、对象性活动的空间形式，所谓时间不过是实践、对象性活动的时间形式或时间形式的对象性活动、实践活动。公共空间服务的有限性决定了私人时间的被制约性，公共空间的有限性和私人时间的不可逆性发生冲突，公共场所、公共工具使用的"时间预定"服务是缓和这一矛盾的方式。"时间预定"服务试图把"时间"与"空间"结合起来，优化出更好的"空间形式"。今天的公共场所使用的网络管理，实则可以用"时、空规划""时、空统筹"来描述。工业化、市场经济时代，雇员身份受到工作单位的不可迟到、不可缺席的制度规训，这些规章制度让职员产生了巨大的焦虑，一旦没有按部就班地处理好私人时间，如期驾驶或者搭载汽车到达工作地点，或如期乘坐火车或者飞机奔赴商业会谈，就可能会被工作单位惩罚甚至开除，这些焦虑会激发人们在公共场所争夺时间、空间优先权的行为。公共空间与私人时间的冲突，实则是道德与效率的冲突。现代生活的快节奏、网络化，一方面提高了社会流动的效率，并让大数据与社会空间、社会时间充分结合，另一方面也造成了人的公共焦虑。

---

① ［德］黑格尔：《法哲学原理》，范扬、张企泰译，商务印书馆1961年版，第200页。
② 《马克思恩格斯全集》（第47卷），人民出版社1979年版，第532页。

（三）阶层之间、主体之间的空间冲突

城市公共空间是各阶级、阶层间资源竞争的过程,同时也是各种利益角逐的场所,显示了不确定矛盾发生的可能性。公共空间是开放社会下各种文化的聚合汇集之地,也是一个国家道德的面相。公共场所是社会结构与社会矛盾的呈现之地,是社会阶层关系的真实展现。精英阶层与边缘群体如何融合和共存?　如有人在国际航班上高高在上,似乎比没出过国门的人高人一等;如无家可归者、流浪者把城市公共场所当作都市家园,有人则把公共空间当作"批判性"的对象;再如底层劳动人民把社区广场舞当作水泥钢筋丛林中的活色生香,体现城市居民在公共空间的主体性和行动力;有人则把社区广场舞当作庸俗、扰邻的低级娱乐,体现国人低下的审美趣味的一种活动。

公德建设是加强社会治理创新、推动治理体系现代化的重要抓手。新冠疫情之后,人民群众"情感共同体"需求强烈,人们转向对人性和城市生活本质的思考以及人类与周边环境关系的探讨,希望改善人与人之间的交往方式,改善社会群体间的人际关系,营造更加轻松、更加富有人情味的都市公共空间。

（四）个人与新技术公共工具的矛盾

在近二十年互联网的飞速发展中,一种新的历史趋势——虚拟空间作为一种交往空间,嵌入现行生活模式之中,互联网空间与现实空间的边界消失,相互融合。类似现实公共空间中真人的在场不再是虚拟空间一个重要问题,因为网络公共空间虽形式虚拟但作用真实,成为一种无比现实和无比真实的人类社会的核心活动。虚拟的网络空间也被改造或者建构为新的市场空间,网络虚拟空间对城市现实空间的人流与物流具有极强的替代作用。人是网络虚拟空间与现实地理空间的耦合点,构建包括网络公德为重要内容的公德内容体系成为当务之急。

风险社会理念下人民群众的安全需求紧迫。一方面,公共工具新技术的使用提高了社会流动的效率,并让社会分工与新技术充分结合;另一方面,公共工具新技术的使用也造成了人身心发展的异化,使得人与智能工具之间的依存关系强化,导致个人主动性的丧失,个人被迫接受技术操控,个人面临更多的公共工具新技术带来的安全风险。智能技术对社会公德提出更高要求,人性化需求渐成主流。

作为一个人口大国,我国公共资源的获取具有竞争性特点,公德建设具有重要意义。在城市化快速推进过程中,公共空间使用权的冲突趋向复杂化,解

决社区公共空间使用权冲突，并非用数字或者制度合理分割社区公共空间使用权即可。在此背景下，完善社区等场所的公共空间的使用规范，培育人们互敬互让的美德，在调节不同使用者的空间权益等方面具有重要价值，公德的培育、调控过程同时也是一种达成社会共识的空间治理路径。

三、社会公德的内涵与外延

劳动活动创造了人对公德的需要。人的社会关系的形成和发展，是社会公德产生的客观前提和直接基础。

（一）社会公德的定义

社会公德是与私德相对的道德形式。在 1916 年看到"公林无不砍伐，公路无不芜梗，公田无不侵占，公园无不毁坏"后，梁启超写了《国民浅训》一书，痛斥中国人缺乏公德心。梁启超在《论公德》中开篇就指出，"公德者何？人群之所以为群，国家之所以为国，赖此德焉以成立者也"[1]，又说古人重视"私德居十之九，而公德不及其一矣"[2]，"吾中国道德之发达，不可谓不早。虽然偏于私德，而公德殆阙如。"[3]1936 年中华书局出版了一本《公德浅说》的小册子，作者徐澄指出，"共同生活要维持全体的利益，保护全体的安宁，所以要有许多强制各个人遵守的法律和规则。譬如抢夺他人的东西，伤害他人的身体，都有相当的处罚"[4]；徐澄还指出，"德是利己利他的，各人能够注意公德，就是各人的行为对自己和他人都有利益"[5]，"共同生活要维持相互间的关系，最不可少的便是公德。"[6]相对于其他社会道德，社会公德具有基础性的特点。有一种论点认为，中国传统社会没有公共活动和公共道德理论，如韦政通认为，由于"公德针对传统的私德而言，代表一种新的态度、新的价值观和新的处理人际关系的方式，而这些只有在自由的价值中、民主的方式中以及自由民主的心态中才能培养出来"[7]，此类论点消极影响很大，影响到当代公德建设对传统文化资源的吸纳。

---

① 梁启超：《新民说》，朝华出版社 2017 年版，第 27 页。
② 同上，第 28 页。
③ 同上，第 28 页。
④ 徐澄：《公德浅说》，中华书局 1936 年版，第 4 页。
⑤ 同上，第 4 页。
⑥ 同上，第 5 页。
⑦ 韦政通：《伦理思想的突破》，中国人民大学出版社 2005 年版，第 104 页。

　　此处笔者不赞同把"国家与社会之间的互动规则"纳入社会公德研究范畴，但采纳"公共领域"的概念。这是因为，互联网已经成为国人非常重要的公共空间，也是公民批判、监督公共治理、促进公德建设的重要平台。公民在网络上批判、监督公共治理也需要遵守社会公德，中华优秀传统文化中的某些语言哲学、思维哲学及情绪管理方式同样可以为当代网络公共领域或者网络公共空间的公德建设提供智慧启迪。有的研究者主张明确区分公共道德和公民道德及私德等概念，在政治公德、社会公德和个人私德之间进行一定的区分。

　　1949 年出台的《中国人民政治协商会议共同纲领》提出爱祖国、爱人民、爱劳动、爱科学、爱护公共财物的"五爱"作为中华人民共和国全体国民的公德。1954 年新中国第一部宪法规定了公民"遵守公共秩序，尊重社会公德"的义务。1996 年十四届六中全会通过了《中共中央关于加强社会主义精神文明建设若干重要问题的决议》，该决议明确把文明礼貌、助人为乐、爱护公物、保护环境、遵纪守法五个方面作为社会公德，决议中提出社会公德、职业道德、家庭美德三分的框架，提出五条德目作为社会公德，这比 1949 年初有所进步，但仍未能抓住公共道德的要点和根本特性。2001 年中共中央印发了《公民道德建设实施纲要》，其中提出"社会公德是全体公民在社会交往和公共生活中应该遵循的行为准则，涵盖了人与人、人与社会、人与自然之间的关系"，明确阐释了社会公德的内涵是"公共道德"，仅为公民道德的一部分。

　　2007 年秋，华中师范大学举办了一场"社会公德理论与实践研讨会"，汇编了《论公共伦理与公共道德》一书。魏英敏认为，"社会公德有三种概念：一是除私德之外的一切道德都可视为社会公德；二是公共场合或共同活动中的道德；三是国家颁布或认可的要求全体公民或国民都要遵照执行的道德"[①]，侧面反映了社会公德概念在我国的变迁。在此后的大、中小学政治教材里，社会公德是指为维系社会公共生活有序进行，每个社会成员在公共生活中应当遵守的最起码、最简单的道德规范。余玉花、周中之指出，社会公德内涵的界定既需要继承传统中合理的内容，又不能脱离社会城市化的背景来思考。

　　根据目前的最新研究，有学者"将社会公德涵盖的范围界定为人与人、人与社会、人与自然、人与网络之间的关系领域，并基于此对当代中国的社会公德困

---

① 魏英敏：《关于社会公德的再认识》，载吴潜涛主编：《论公共伦理与公共道德》，湖北人民出版社 2008年版，第 3 - 4 页。

境进行考察"①,此研究吸收了当前我国网络实践的经验与网络研究的成果,在概念中把这一鲜明时代特色涵盖进去,从概念上拓展了社会公德研究的范围。本研究中的社会公德是指调整公共场所的人与人、人与公共共同体、人与网络、人与公共物品、人与自然关系的言语规范和行为规范的总和。本定义添加了人与公共物品的关系调节,这里的公共物品是指公共场所使用的人造产品,比如交通工具、车站、停车场、公共图书以及人工智能产品等。从目前一些公共事件来看,人们不当乘坐高铁、飞机、汽车引发的冲突不少,带来的社会危害极大。此外,本定义把公共空间的言语规范作为明确的社会公德调控对象,这也继承了我国传统文化重视言语道德的特点,也适应于当今网络社区言语规范亟须建立的要求。

(二) 社会公德的特征

1. 社会公德具有公共性

公共性是公德最基本的特征。余玉花指出,"社会公德产生的基本条件有两个:一是社会公共生活领域的存在,二是人际交往的需要",这个在传统社会都是一直存在的,公共性是公德区别于私德或其他道德的主要特征。"道德公共性不仅指道德发生场所的公共性、道德交往对象的公共性,而且包含着道德要求的公共性和普遍性"②,因此,公共性对理解公德很重要,是公德非常重要的特质。

虽然周中之关于公德公共性的四个特征的描述十分精辟③,但本研究既不赞同周中之《伦理学》一书将"三纲五常"当成私德的观点,也不认同三纲五常抑制了古代公德的发展,导致国人公德观念淡薄的观点。④

2. 社会公德具有基础性

社会公德是全社会最低限度的公共利益一致性的反映,"是全体人民根本利益一致性的反映"⑤,社会公德学说是一种维护人类共同的社会秩序形成的社会意识,在每个时代的道德体系中占据基础地位。"公共生活规则"就是基础的道德。马克思指出,社会公德是每个人都应遵循的那种简单的道德和正义的

---

① 王维国:《当代中国社会公德困境治理探析》,《道德与文明》2022年第1期。
② 余玉花:《论社会公德的价值内涵》,《江海学刊》1999年第6期。
③ 参见周中之:《伦理学》,人民出版社2004年版,第365-366页。
④ 同上,第378页。
⑤ 曾建平:《社会公德引论》,中央编译出版社2004年版,第1页。

准则。列宁也认为,社会公德是"起码的公共生活的准则"。相对于其他社会道德,社会公德是国家治理的基础条件。

3. 社会公德具有公认性或共同性

社会公德是民族社会心理的、社会思想的反映。社会公德的存在是由于人类具有某些共同的利益,即使在阶级社会中也是如此。因而,社会公德是人类共同生存的基本道德。马克思在《德意志意识形态》中指出:这种共同利益不是仅仅作为一种"普遍的东西"存在于观念之中,而且首先是作为彼此分工的个人之间的相互依存关系存在于现实之中。[①]

俄国马克思主义哲学家普列汉诺夫首次明确地将社会意识划分为社会心理和思想体系两种基本形态,社会意识的较高层次——思想体系来源于普遍社会心理的集中、概括、提炼和升华。普列汉诺夫认为,"一切思想体系都有一个共同的根源,即某一时代的心理"[②],普列汉诺夫的这一观点,有助于揭示我国社会公德就是中华民族社会心理的集中体现。

4. 社会公德具有继承性

社会意识的发展具有历史继承性,即同一民族之间的社会意识有前后的相继关系。社会意识反作用于社会存在有范围大小、时间久暂的区别。如有的符合全人类共同价值观的社会意识对社会存在的影响可长达几千年,影响至全世界,有的如过眼烟云,只限于一段时间一个地区。费孝通先生指出,"社会结构,像文化的其他部分一般,是人造出来的,是用来从环境里取得满足生活需要的工具"[③],人们按照自己的需要继承着和创造着自己的生活。

传统文化,最主要的乃是这个国家民族群体在长期的共同生活和社会实践中所达成的"价值共识和道德认同的产物"[④],核心是价值观。以往社会存在继承性,事实上任何时代都存在着公德资源的传承。

(三) 社会公德的类型

陈若水把社会公德从性质上分为两类,即消极性的社会公德和积极性的社会公德。肖群忠也指出,"对于大多数国民来说,最缺乏的则是对消极性公德规

① 参见《马克思恩格斯选集》(第 4 卷),人民出版社 1995 年版,第 691 页。
② ［俄］《普列汉诺夫哲学著作选集》(第 3 卷),生活・读书・新知三联书店 1962 年版,第 196 页。
③ 费孝通:《乡土中国》,人民出版社 2008 年版,第 96 页。
④ 唐凯麟:《传统文化三题》,《求索》2018 年第 3 期。

范的遵守"①,消极性社会公德不可或缺。

在 20 世纪新文化运动以来的社会伦理讨论中,社会公德逐渐成为社会伦理意识的重要主题。社会公德可以分为几种类型:交往道德、合作型道德、倡导式道德等。尽管是陌生人场合,但是基于信任和交换机制,人们会在公共场合搭讪。基于不信任,人们会在公共生活对别人小心谨慎。由于公共生活的公共性特征,人们关注的"合作型道德"超越了私人道德。

公德研究者雷云指出,公德行为具有底线伦理和较高伦理两个层次。按照"不作为"(遵守)与"有所为"(维护)、主动与被动两个维度进行两两组合,雷云将公德行为划分为四种类型,即被动遵守型、主动遵守型、被动维护型、主动维护型②,这种分类受法律上的积极义务和消极义务的影响。关于公德的类型,既是受到一般的道德思想史研究影响的产物,又有公共道德研究自身深化的特点。

在社会中,为协调公共场所、公共领域中人与人、人与集体、人与自然的矛盾,人类既需要全社会共同的禁止性规范、指导性的行为规范,同时也需要对社会先进分子提出更高的道德要求。同一时代的社会公德可以分为境界公德和底线公德,也可以分为适时的社会公德、过时的社会公德、趋势的社会公德。作为社会意识,社会公德产生后有其相对独立性。在私有制社会,境界公德只能作为道德家的社会理想而存在,也只会在少数有高度的公德自觉的人那里找到那种境界公德,从而让传统社会里的公德观念大多数时候实际是一种"虚幻的公德"。在以公有制为基础的社会主义社会里,个人利益与集体利益具有一致性,过去在私有制社会作为境界状态的社会公德在今天则可成为普遍的公民公德素养,从而让情理兼顾、文明有序、人人欲求的"美好生活"成为真实的生活。

第二节　当代公德文化的漂浮与公德塑造难题

从中国的近代历程来看,中国人对社会建设与现代性的认识与实践,经历了从经济基础到政治文化,再从政治文化到精神文化的过程。社会公德建设至

---

① 肖群忠:《关于社会公德的几个基本理论问题》,《河北学刊》2007 年第 6 期。
② 参见雷云:《公德行为发生的类型划分及教育策略》,《教育科学研究》2018 年第 8 期。

少应包含两个阶段:第一阶段是形成和确立社会公德准则阶段;第二阶段是培养全体公民的社会公德意识和遵守社会公德的自觉性阶段。文化在潜移默化道德规范、价值体系等方面具有重要的塑造功能,由于当代公德建设没有扎根于深沉的传统文化土壤,公德文化时而微光灿烂,时而零散飘浮,我国公民公德素质呈现"不稳定"的状态。在遇到新冠疫情等重大危机时,人们尚能团结一致发扬传统美德,但等疫情稳定后,失序状态又回来了;公德失范只是表象,公德建设没有落实下沉才是本质。然而,文化的形成是一个长期性和延续性的过程,由于历史原因,我国公德文化漂浮的根源在于公德建设没有扎根于优秀传统文化的土壤与经验上。

一、当前公德建设研究的背景

(一) 经济背景

经济全球化进程促进了全球经济的一体化。马克思指出,资本"它按照自己的面貌为自己创造出一个世界"[①],全球性和现代性两者互相纠缠、互相建构和互相支撑,全球化正是现代性的全球化,现代性呈现出一种指向全球的扩张主义。资本逻辑与个人主义的意识形态观念论存在着共谋的关系,两者共同构筑起了资本主义现代文明的景观,即资本主义的现代性意识形态。在全球化过程中,资本主义既取得了历史性的发展,但其内在的矛盾进一步激化,并演化为严重的生态危机和社会危机。马克思关于世界历史规律研究的根本目的就在于指出关于现代性的迷信论,破除资本主义制度永恒不变的教条。

经济理性主张资本的积累和增殖以及利润的最大化,实质是资本逻辑的体现。在后工业时代的发达资本主义社会,西方一些学者针对资本主义社会的异化对资本主义社会进行了全面批判。西方资本主义危机给中国进行社会治理与和谐社会建设带来了深刻的启示,要克服西方现代性的危机,就不能全盘接受西方私有制为基础的经济体制和以个人主义、自由主义为基础的意识形态。

20 世纪 70 年代末我国实行改革开放政策后,我国的政治、经济、文化领域开始相对分离。市场并不是资本主义的独有特征,我国春秋时期就出现了市场活动,我国传统社会一直有市场经济活动和公共空间的存在,但我国传统社会

---

① 《马克思恩格斯选集》(第 1 卷),人民出版社 1995 年版,第 276 页。

占主体的是小农经济。市场经济是社会主义经济发展的内在需要,私人垄断基础上的雇佣劳动制度才是资本主义的本质特征。

同样是市场经济建设,但社会主义市场经济体制和资本主义市场经济体制展现了不同目标与方向。中国特色社会主义经济制度,就是坚持以公有制为主体、坚持以市场为决定性要素、坚持以实现共同富裕为目标的经济制度。资本主义"把经济道德原则泛化为一般道德原则的结果,是使道德放弃了对市场经济的应有限制和对它可能破坏社会生活的消极作用的应有防范"[1],资本主义从政治中获得自由的个人重新受到奴役,只是这种奴役不再只是来自封建政治力量,而是来自资本私有制带来的人的贪欲。公共空间人际关系非常紧张,社会主义公有制经济基础将资本主义社会的异化劳动转变为社会主义的为我劳动、共享劳动,为和谐社会建设奠定了经济基础。

(二) 政治背景

政治领域是调节公共冲突、管理国家事务的部门,一座城市的公德水平是国家治理的投射与路径实践。我国国家制度的架构是政党驱动社会治理、文化建设。中国共产党坚持以人为本进行社会主义政治建设,坚持各项建设的人民性,就是要求始终站在人民群众的价值立场上,以为了人民的利益、满足人民精神文化的需要作为建设文化、发展文化的最终诉求,把文化建设成果惠及更多的人作为中国特色社会主义文化建设的根本宗旨。

我国国内生产总值长期保持较高的增长速度,人民生活尤其是物质生活水平大大提高,解决了温饱问题并逐渐过上了富裕美满的小康生活,但同时也产生了一些诸如经济、社会、文化、资源、生态环境等方面的矛盾和问题,出现了一些影响改革发展、社会稳定与社会和谐的社会风险因素,大大降低了社会全面协调和可持续发展的能力。从社会整体发展角度看,经济建设是中心,文化建设是灵魂,政治环境较为宽松。

(三) 科技背景

相较于前工业时代线性、静态和清晰的社会问题,高科技时代公共空间问题呈现出更多的关联性、模糊性、复杂性特征。网络化时代的到来拓展了公共空间的内涵,高科技带来复杂和不确定性的公共事件,当下公共空间的复杂性超越了以往。人们期许科技进步所能带来的人类解放也并未实现,资本与技术

---

[1] 江畅:《西方德性思想史(现代卷)(下)》,人民出版社 2016 年版,第 7 页。

结成强大联盟的时代,科技领域形成了工具理性思维,人的生活以及社会结构越来越被资本和技术挟持。全球风险时代到来,人与自然陷入重大危机,技术与人性、工具与价值、科技与自然的矛盾日益凸显。科技的发展也让人们重新检视个人与他人、人与自然的交往规范,让人们重思一切现代价值标准。和谐文化是中华文明的特征,和谐文化符合时代需求,符合我国社会和人民的根本利益,让我们重新返回人的存在本身,对社会保留积极的信念,这为传统文化融入当代公德建设提供了迫切需要和广阔的空间。

（四）文化背景

随着人们交流的国际化,不同文明之间的影响日趋复杂,文化竞争力成了国家之间综合实力竞争的重要组成部分,独特而又符合时代潮流的文化和文明成了国家软实力的标识。随着制度建设方面的成功,中国人对自己的文化充满着文化自信,一方面在文化建设上认识到回归坚守中华文化自身民族性的价值,另一方面又在吸收外来文明、拒斥文化保守主义上达成多数共识。

文化不仅服务于政治,而且作为重要资源已经成为推动经济发展、社会发展的主导性因素。"增加了个体价值目标的选择自由度,激发了价值主体个体性特征的张扬,从而使得社会价值多元化更趋于明显"[1],受到不良思潮的影响,文化、社会领域中的个人主义的泛滥,影响社会稳定与社会和谐,影响到社会全面、协调的发展。在全面、协调、绿色、共享发展观视域下,党对传统文化的重视提高到新的水平。中华优秀传统文化为普通民众提供社会的终极关怀、价值秩序、道德规范,中国共产党就传统文化提出了文化自信、根理论、创造性转化、创新性发展等理论。值此实现中华民族伟大复兴的关键时刻,构建一套具有民族性、时代性、系统性、全民性的公德建设体系是社会主义新文明建设的重要路径。

二、当代公德建设的成就与不足

（一）当代公德建设的成就

研究中华优秀传统文化融入当代公德建设,首先,需要立足于当今公德问题的实际,认清当代中国公德建设的环境与挑战。其次,需要认清中华传统文

---

① 龚孟伟:《教学文化论》,人民出版社 2016 年版,第 250 页。

化存有的公德资源,才有可能真正为二者的融合作出学术上的贡献。

1996 年 10 月,党的十四届六中全会《决议》提出了"文明礼貌、助人为乐、爱护公物、保护环境、遵纪守法"的社会公德内涵。2001 年,中共中央印发《公民道德建设实施纲要》,第一次将公民道德建设问题提了出来,指出"公民道德建设的核心当然是公德建设","公民时代意味着有公共空间,并且这公共空间对所有公民开放。"2019 年 10 月,国务院号召"坚持继承优良传统与弘扬时代精神相结合"的原则建设《新时代公民道德建设实施纲要》。由此可以看到,当代公德建设的理论成就至少有五方面:第一,科学的当代公德建设的基本纲要、基本原则已经形成。对公德的内涵的界定比过去更为科学合理,在顶层设计方面对传统文化在公德建设中的重要作用有明确的肯定。第二,当代公德建设吸收了社会主义核心价值观的时代精神,以维护人权的方式保护社会公共秩序,凸显了对人的尊严和价值的尊重。第三,在实践路径方面,主管部门已经注意到各类阵地、群众性创建活动、礼仪礼节的教化作用。第四,公德建设开始在寻找与法律结合的途径。比如,从 2020 年开始,国家通过法律治理公共道德领域包括网络公共领域的突出问题,2021 年 1 月 1 日施行的《中华人民共和国民法典》(以下称《民法典》)继续把"保护公序良俗"作为基本精神,《民法典》第一百八十三条规定:"因保护他人民事权益使自己受到损害的,由侵权人承担民事责任,受益人可以给予适当补偿。没有侵权人、侵权人逃逸或者无力承担民事责任,受害人请求补偿的,受益人应当给予适当补偿。"《民法典》第一百八十四条又规定:"因自愿实施紧急救助行为造成受助人损害的,救助人不承担民事责任。"第五,2019 年底暴发的新冠疫情是一场公共生活的灾难,某种意义上却是一场全民公德教育运动,展示了过去公德建设及中华传统美德的价值,在 2019 年底新冠疫情发生之后,人们提高了我国公德文化建设的自信以及对公德建设的关注度。

上海市推行新文明社区建设,北京市借助大数据分析技术进行城市街道的文明监测,各大主流网络使用网络曝光台曝光不文明现象,网络清网行动取得了一定成效。当然,即使有了基本的政策、法律导向,如果没有自上而下以及北京到全国各地的持久推动及深入认知、细节落实,《新时代公民道德建设实施纲要》就会成为一个抽象的符号,规则和制度不会自动发生作用。

(二)当代中国公德建设的不足

根据课题组 2021 年 11 月 5 日至 12 月 5 日在南昌、长沙、上海、北京等多个城市、多个乡村发放的调查问卷,96.2%的受访者认为传统仁爱文化应该是当代公德建设的内容,89.23%的人认为传统礼仪是要重新提倡的公德,52.62%的受访者认为传统侠义精神是可以继承的传统美德,66.86%的受访者认为传统君子文化可以用到当代公德建设中来,74.49%的人认为公德建设没有达到理想状态的原因是公德建设没有深入到群众中去,97.4%的受访者认为需要学习传统文化、提高社会公德水平。尽管这些受访者意识到学习传统文化的重要性,但对传统文化的公德资源的认识是模糊的,自身存在知行脱节的现象。

当代公德建设面临的环境挑战主要有三个方面:第一,个人主义、自由主义损害公共秩序,消费社会和权势崇拜,引发唯利是图、个人至上的不良风气,在公共行为上追求自身获得感最大化的暴戾之气。美国学者麦特·里德雷认为,对人类自私本性的弘扬造成了社会协作的土崩瓦解。第二,市场经济条件下激烈的职业竞争带来了个人的精神挤压感,而高科技社会的来临加剧了这种精神挤压感,延伸到公共生活领域产生了"全民性情绪焦灼",带来了多种多样的公共秩序问题。信息时代和高铁时代,世界的整体联系性不断加强,人们的共同联系加强。疾病的传播映射着人类的移动和交际范围,新冠疫情的发生、流行印证了高科技社会与风险社会的相关性。阻止传染的秘诀在于控制"基本再生数",在现代社会实质上就是一场个人自由与自律之间的平衡。乌尔里希·贝克指出,人类正生活在文明的火山上,"你可以拥有财富,但必定会受风险的折磨"①。第三,随着人类的通信手段在近年来发生的巨大变革,这个世界比以前缩小了很多个数量级,人类之间的交流网络正在变得更复杂,网络在公共生活领域起着越来越重要的作用,对公共秩序管理的挑战前所未有。网络上的某些公共信息就像潘多拉魔盒,主体也很难掌控,况且在产生这种空间时,就没有充分估计到它由此而制造的魔力,它以其强大的诱惑力,像磁石一样吸引着成千上万的人进入这个世界。移动互联网让我们的世界小到"握在手中",网络公共领域的出现一方面给传统文化带来了新的运用空间,另一方面也对传统文化的解释力提出了新挑战。

当代公德建设与和谐社会创建,一直不是一帆风顺的。改革开放40余年来,特别是伴随着市场经济体制的改革,颠覆了传统道德的"义利观",将"私"变

---

① 〔德〕乌尔里希·贝克:《风险社会》,何博闻译,译林出版社2003年版,第21页。

得合法化,使得原本动摇的传统道德体系加快消解,并加之与市场经济相配套的法律制度不健全,在市场经济条件下的物化作用下,抢占公共资源成了不少人在公共领域的常见行为。彼此之间潜在的相互竞争的状态,使彼此冷漠和疏远,缺乏最纯真的真情和温暖,道德失范、公德滑坡,违反公德现象屡禁不止。

现代化进程中原有生活模式改变,社会在一定时期内陷入失序状态,表现在公德领域就暴露出人与人、人与公共共同体、人与网络、人与公共物品、人与自然之间五大方面的不足:人与人关系层面——不尊重他人,自我中心主义突出,恶语相向、暴戾骄纵之气严重;人与公共共同体关系层面——缺乏秩序意识(交通)、规则意识,维护公共秩序意识匮乏,道德冷漠现象依然突出;人与网络关系层面——上网缺乏自律,网络暴力亟待治理;人与公共物品方面——违反公共物品使用规则,公共物品私人化现象痼疾难除;人与自然层面——缺乏环境责任(随地吐痰、乱扔废物),贪图利益,违反生态法规,破坏环境现象屡禁不止等等。公德研究者黄建跃将公德失范区分为四种不同类别:危害公共安全的、破坏公共秩序的、损害公共形象的和逃避公共责任的。①

在实际生活中,近年来存在着许多恶性公德失范事件,如从 2011 年 10 月发生的小悦悦事件;到 2018 年 11 月重庆一公交车上,女子因坐过站而强行抢方向盘导致车辆坠江、15 人身亡事件;再到 2019 年 11 月湖南长沙 9 岁男孩被一精神病殴打致死,其中 19 分钟并无一人上前制止事件。

2019 年岁末新冠疫情发生后,我国公民的公德意识被极大地唤醒。人们发扬自我约束、仁爱、仗义的传统美德,避免了新冠疫情的肆虐流行,减少了国家和社会的损失。其中,当然也有一些公民不守公德的事件,如 2020 年 2 月福建晋江一男子明明从武汉疫区返乡却撒谎从东南亚回乡,导致几千人被隔离事件等等。面对疫情,人们对公德给予了更多的关注,可以说,这为加强公德建设、提高公德建设水平提供了一个重要的契机。2018 年 1 月,合肥一女子因家人未到而阻碍高铁发车,这也似乎给了人们一个警醒,高科技可能带来大风险,人们开始关注到高科技时代公德失范的风险。我们在公德建设研究中,针对公德建设大众化不够等问题进行总结反思,梳理出当代公德建设研究中存在的问题:一是全面研究不够,未能摆脱妄下结语之嫌;二是底蕴不厚,未认识到传统文化的重要性,未对传统文化资源进行深入挖掘;三是缺乏系统性、全国性的建

---

① 参见黄建跃:《社会公德建设的路径选择研究》,《伦理学研究》2015 年第 6 期。

设方案,存在公德建设形式化、简单化倾向;四是文化建设与基层社区建设结合不够,大众化方面存在欠缺。为此,本研究在进一步深入的基础上,加强了公德建设学理探讨,突出普及化、细节化、大众化等几方面的工作。

中共中央、国务院 2019 年 10 月印发实施《新时代公民道德建设实施纲要》指出要有效治理社会公德问题,准确理解我国公德领域主要矛盾及其变化,找到准确描述、解释、理解公德问题性质的方式,抓重点、补短板、强弱项是当今公德建设的重中之重。

(三) 当代中国公德建设面临的问题

改革开放后我国的工业化、城市化、现代化进程推动了社会交流的增强。社会公共冲突是一个社会利益关系的冲突,社会公共建设是一个社会融合、文化融合的过程。塑造有灵魂有深度的公共文化,打造社会共识,实现公德建设现代化、成效化,离不开公民文化素养和道德水平的提升。我们只有充分把脉当代中国公德实践中的"疑难杂症",才能不断增强公德建设的实效性。当代中国公德建设面临的矛盾如下:

1. 人民美好生活需要与遵守公德规范意识相对低下的矛盾

当代公德建设的物质环境是信息时代、高铁时代,世界的整体联系不断加强,人们的共同联系加强。人们受到个人主义、自由主义的影响,社会关系部分失序、失衡、失落。当代中国处在由富起来走向强起来的发展过程,由先富走向共富的经济目标,文化自信增强,但社会主义文化强国尚未建成,人们处理人际关系的伦理观念在不断调整价值取向:其一,出现礼治意识的弱化与法治意识的强化;其二,个人主义观念强化与集体主义观念弱化;其三,差等意识弱化与平等意识强化;其四,侠义意识淡化与公平意识强化。陈来认为,"在伦理问题上,权利话语和权利思维是有局限的,是远远不够的,权利中心的思维的泛化甚至是当今众多问题的根源之一"[1],在公共资源有限的情况下,人们过度的权利思维会产生各种公共冲突。

恩格斯在《论住宅问题》中说:"每个人都有充分的闲暇时间去获得历史上遗留下来的文化——科学、艺术、社交方式等等——中一切真正有价值的东西"[2],无论是社会主义制度的本质属性,还是人民日益增长的美好生活需要,

---

① 陈来:《中华文化的现代价值》,中国文史出版社 2020 年版,第 74 页。
② [德]恩格斯:《论住宅问题》,人民出版社 2019 年版,第 24 页。

均迫切需要与之匹配的社会相互性、社会关系、社会结构;而社会公共制度、行为规则匮乏,或是没有内化入脑,相互信任感没有建立起来。文化凝聚营造相互信任感,而文化涣散是难以发挥社会团结预期成效的一个关键因素。文化涣散对道德治理、公德教化存在潜在的阻抗力。相比传统社会,当代中国就像伊格尔顿说的"文化成了我们失掉的天堂"①,有些人身怀恋旧心理感叹人心不古。公德文化的深层次表现就是一种合作精神、合作品质,传统礼文化的实质是合作精神。继承传统礼仪,有利于融洽人际关系,增进人与社会的感情,增强公民的社会认同感、民族认同感和国家归属感。

2. 缺乏德福一致的联动机制,体验不到公德修养的名誉感、成就感

良好的公德水平,是精神文明建设的成果,也是精神文化与公共秩序良性互动的结果。社会奖惩机制,反映了一个社会和一个时代的"集体意识"。公德建设起源于人类对美好秩序、和谐秩序的追求,公德心的培育是社会公共道德规范内化的过程,当然离不开奖励惩罚机制。社会明确的公德规范导向是公民在公共生活中扬善弃恶的前提,最终目标是提高公民知善知恶的能力,走向自我管理和约束。社会公德奖励机制是指通过某些奖励手段对公德行为者符合境界公德或高尚公德的行为进行奖励和肯定,例如,认可、赞赏、表扬及必要的物质奖励等。善不扬则恶不止,通过道德奖励,唤起人的荣辱感和良心,增强遵守社会公德规范的自觉性。所谓道德惩罚,就是社会对那些践踏公德规范的行为给予物质性和精神性的处罚。在传统熟人社会,它以树立德高望重的权威者作为道德典范,发挥教育机制、舆论机制、乡土宗族制度的奖惩功能。如传统乡土宗族制度即是强有力的道德监督工具,使守德的人得到精神奖励或者物质激励,使不守德的人始终感到有一种道德上的压力并及时改正。

当代社会,违反社会公德的行为"违规成本"低,树立的先进典型遥远,"英雄流血又流泪"情况时有出现,当没有文化制约时,个人公共行为取决于自我意愿、利弊分析,带有随机性、不稳定性。在社会治理理论上,一些论者把中国传统文化视为中国向现代转型的障碍进行整体的否定,实质上,这是破坏了人们是非善恶的评价标准。重塑公德理念,需要导引公德建设重新灌注给人们传统文化修身养性的美德,需要加强媒体和大众舆论对社会公德新风的引导推动。中国传统文化中有许多公德资源"符合社会需要,可以安身立命,有益

---

① [英]特里·伊格尔顿:《论文化》,张舒语译,中信出版社2018年版,第11页。

文明人生"①。

3. 人们公德提高的迫切需要与全面、深度的公德理论供给及其实践机制缺乏的矛盾

人的社会化过程就是人的社会角色的学习和接受的过程。在传统社会,人们在社会中怎样行动都有明确的价值导向和具体的角色规范,如儒家对礼文化的引导和民间遵守。礼文化的习俗一直在传递这种明确的、稳定的社会角色规范。丰富的礼文化提供了人们各个场合如何具体行动的详尽规范,人们根本不会存在如何行动的困惑。

当代公德建设的难点是塑造完备的公德理论、规范、制度、行为体系、教育体系、监督体系。与传统道德文化相比,当下的公德建设似乎除了公德传播体系比传统社会纸媒时代稍胜一筹外,在公德规范体系、公德实践体系、公德监督体系方面,当下的公德建设都要比传统文化尤其是儒家文化单薄许多。

当代社会人们遗忘了传统礼文化的繁文缛节,只剩下一些简单的礼文化的精神的记忆,所以在情景应对中通常不知所措。当代中国公德建设面临的最主要矛盾是人们公德提高的迫切需要与现行公德规范可行性不够的矛盾。当前社会公德缺乏全面、深度的公德理论供给和角色操作指南,话语文化缺乏,实践机制未能充分满足公共秩序需求。社会舆论对公德问题时有反映,但解决公德问题的机制匮乏、公德治理滞后。政府治理主要聚焦在生命安全上。相形之下,无关生命安全的小德较为薄弱,但是殊不知细节也会酿成大祸。更何况仅仅保障生命安全已不能满足人们对美好生活的需要,社会治理必须把提供优质公共生活作为发展方向。近年来,公德建设由点带面地推进,需要供给一套像传统礼文化那样好用的公共生活的规范体系。公德问题的表象是自由主义、利己主义思潮的挑战,但真实原因是公德建设丧失了传统文化的角色规范功能,而传统文化建设具有世代积累性,非一朝一夕之功。当今时代,社会政治、经济转型与传统文化的断裂危机造成了公德建设的"文化缺失",这是"历史之痛""文化之殇"。

(四) 当代公德建设不足的原因

根据黄明理、宣云凤 2008 年展开的调查显示,虽然我国公民的公德认知水

---

① 牟钟鉴:《中国文化的当下精神》,中华书局 2018 年版,序言,第 2 页。

平在普遍提高,但知与行、情与意不能完全统一的情况仍较为突出①,两位调查者较早提出了我国公德建设中知与行、情与意不能完全统一的情况,但对其根本原因及其解决的根本途径当时尚未能觉察到。

根据黄建跃2015年的研究和总结,当前关于公德问题出现的原因有来自经济学、社会学、政治学、伦理学和文化学等视角的剖析。如从伦理学角度研究社会公德问题的论者倾向于认为,中国现代化过程中,现代文化价值观念的多元化与现代道德的无公度性之间的矛盾彰显,使得社会道德观念系统的整合度大大降低。② 黄建跃的研究总结了经济学、社会学、政治学、伦理学各个视角对公德问题的探讨,经济学视角看到了市场不公对公德的影响,这是公德问题的外部因素。黄建跃概括地从文化学视角的分析提到了两种对立的视角,在对照中只需实事求是就可知道孰是孰非。但是文章并未提出哪一个视角是制约当下公德建设的根本性因素,也未对此进行深入的分析。

三、关于当代公德建设途径的研究概述

关于公德的实现途径,国外学者提出了几种途径:其一,情感主义的教育途径。有学者如诺丁斯提出了"同情"和"关怀"模式。对于关怀理论来说,"关心意味着走出自己的个人框架而进入别人的框架"③。其二,自治的社会组织等共同体形式。如滕尼斯、麦金太尔。麦金太尔提出最关键的是建构"体现了对一种善的共同的承认与追求"的共同体。麦金太尔指出:"这种联结是友谊的联结,而友谊本身就是一种美德。"④其三,社区主义。美国学者阿米塔伊·艾奇奥尼、简·雅各布斯等提出社区主义的构想。简·雅各布斯指出,"城市正规的公共组织需要一种非正规的公共生活来映衬"⑤,这些西方思想家试图挽救西方社会的现代性危机,即自由个人主义带来的消极影响而提出来的理论设想。无疑,在资本主义私人占有制度下,所谓"同情"和"关怀"、德性共同体、和谐社

---

① 参见黄明理、宣云凤:《当前我国公民社会公德信仰状况研究——以江苏为例的抽样调查分析》,《东南大学学报(哲学社会科学版)》2008年第4期。
② 参见黄建跃:《社会公德建设的路径选择研究》,《伦理学研究》2015年第6期。
③ 〔美〕诺丁斯:《关心:伦理和道德教育的女性路径》,武云斐译,北京大学出版社2014年版,第二版序。
④ 〔美〕A.麦金太尔:《追寻美德:道德理论研究》,宋继杰译,译林出版社2008年版,第175页。
⑤ 〔美〕简·雅各布斯:《美国大城市的死与生》,金衡山译,译林出版社2005年版,第60页。

区只能是乌托邦的幻想。但是对公德情感话语机制的丰富，对公德理论基础的热情探讨、对公德的组织实现形式的构想，可为我国公德建设的研究与完善提供良好的借鉴思路，但因为与西方在文化背景、宗教信仰和基本国情存在一定的差异，如麦金太尔最后不得不寻求基督教修士的宗教共同体来满足自己的共同体理想，所以我国在借鉴经验时也应该根据我国社会主义制度的本质要求来进行。

国内学者对公德建设的路径出现了如下几种视角的分析：私德入手论、政治手段论、法制途径论、综合路径说。

一是私德入手论。魏英敏认为，"首先，是从私德入手，采取有力措施，改善对儿童、青少年德育教育的方式与方法"①。二是政治手段论。公德建设中"政治主题"凸显，一些研究者考虑用"公民社会"作为取代传统宗族关系的"主导性虚构"。薛慧认为，当前中国需要在社会公德领域引入和构建治理的体系，增强治理的能力②。三是法制途径论。关于公德法律化的途径，论者以日本或新加坡为榜样。肖群忠认为，可以借鉴日本公德建设的经验：政府主导，法律先行。③ 史少博介绍了日本公德建设的经验，公德与法律相互依赖，密切交织在一起共同推进④；四是综合路径说。黄建跃指出，公德养成伦理战略包括社会公德伦理体系的理论建构、社会公德规范体系的建构、公共空间、公德教育的内容体系和方式方法。曹洪军、丁佳楠指出，运用自律与他律双重手段，着力提升法制执行力。⑤ 在此需要指出的是，公德建设研究涉及公德建设与私德建设的联系与区分、政府与民间的互动，道德、法律、政治在公德建设方面有各自作用的范围。只有运用马克思主义全面分析的方法，才能得出全面的结论。

第一，关于私德入手论。个体具有私德和公德两重或多重道德角色，私德不好的人一定不会有好的公德。但是私德好的人不一定公德好，所以公德建设还是需要自己的话语体系和规范体系。但不可否认的是，二者都需要继承和弘

---

① 魏英敏：《关于社会公德的再认识》，载吴潜涛主编《论公共伦理与公共道德》，湖北人民出版社 2008 年版，第 4 页。

② 参见薛慧：《关于社会公德治理的几个问题》，《华中师范大学学报（人文社会科学版）》2016 年第 3 期。

③ 参见肖群忠：《日本现代化过程中的社会公德建设及其对当代中国的启示》，《道德与文明》2008 年第 4 期。

④ 参见史少博：《日本近代"公德"与文明》，《兰州学刊》2022 年第 8 期。

⑤ 参见曹洪军、丁佳楠：《意识转变·物质奠基·法制保障：新时代社会公德建设的三维路径》，《中国矿业大学学报（社会科学版）》2020 年第 5 期。

扬中华优秀传统文化的德性精神。私德、公德可以借鉴中华优秀传统文化,共同推动社会主义良好道德风尚的形成。

第二,关于政治手段论。公德的提高是每个人素质的觉醒、提高,不能用革命运动的方式搞道德建设。当然,面对错综复杂的社会问题和社会矛盾,政府干预并不一定能达到良好效果。政府不要缺位,公民不要"空位",社会治理要构建"共同体"生态理念。

第三,关于法制途径论。单一的道德法制化、高标化要求整治了一些公共乱象,却造成欺骗虚假的现象,不能让人们从内心真正服从公共规范。单一的公德法律化取向的建立也无法忽视道德基础的传承与复兴,因为西式的法律制度并不能单纯取代政教传统而自动转变为新正统的源泉。这种思路并没有意识到,即需要通过对传统文化个群、人我关系的反思与继承,重建当下政府的政治—社会和文化—道德的整合能力。公德法律化的主张汲取了域外成功的经验,但却并没有认真考虑当下中国如何解决"文化大革命"后所产生的道德文化真空问题。当今时代,法律优势固然尽显,但人们的道德动力、心灵慰藉、人际和谐,需要在优秀传统文化的传承、创造中解决。而且,提高公共法律的执行力,需要通过优秀传统文化的有效整合来引领人们的精神追求。

公德受众具有文化程度高与低、成人与儿童等差异性。譬如,面对少年儿童的公德引导并不适合从法律条文开始。与其他手段相比,传统道德的调控方式具有如下特点:调控内容具有层次性,调控范围具有广泛适应性和灵活性,既可以用道德理想指引人们,也可以靠道德规范引导人的行为,调控具有实效性。公德调控既有激烈的利益冲突也有大量的一般的普通矛盾,因而传统文化的仁义礼智信等能发挥调控公共场域一般矛盾的社会功能。唐凯麟指出,"在人类社会生活中,非对抗性矛盾或对抗性矛盾处于非对抗状态的情形,是更经常、更广泛的"①,道德调控方式具有非强制性,它是靠人们的社会舆论、传统习俗和内心信念来维系和实现的,社会舆论和内心信念的调控依靠于传统习俗尤其是传统道德文化形成的习俗观念。孔子指出的"民免而无耻"现象正是看到了法律调控的不足。

亓凤香提出,以培育建构公共精神为根本思想基础,以国民教育和养成为基本途径,重视对"新市民"的文明普及,充分发挥大众传媒的社会引导监督功

---

① 唐凯麟:《伦理学教程》,湖南师范大学出版社1992年版,第253页。

能,设置公共文明引导服务。①　亓凤香主张以社会公德落细、落小、落实为具体目标,综合运用国民教育、实践养成、媒体宣传、文化熏陶与法治保障等方式。亓凤香的研究,对社会公德的宣传、教育、落实都非常重视,措施非常详尽,但是其对传统文化价值的彻底否定,等于间接把"新时代文明"实践和继承传统公德的文明实践对立起来了,人们无法形成正确、清晰、具体、全面的公德规范观,那么她所希望的社会公德的落细、落小就很难取得实效。

第四,关于综合路径说。研究者注意到了法律的外部约束和道德的内化作用二者的重要性。正如黄建跃指出,公德养成伦理战略包括社会公德伦理体系的理论建构、社会公德规范体系的建构、创新社会公德教育的内容体系和方式方法等一系列过程。但需注意的是,公德建设的"创新"是建立在公德建设"守正"的基础上,发挥道德与法律的最大合力也要建立在基本公德文化建设成熟的前提条件下,否则"头疼医头、脚疼医脚",治标不能治本的现象自始至终伴随着经济、社会的发展过程。从文化角度看,当代公德建设尚未生成全面有效的现代性公德文化,出现供需不匹配情况。从价值倾向来看,现在出现重权利轻责任、权责不一致的观念。从供给链来看,现有的公德建设中道德与法律无法协调,合力效应无法彰显。当代"公德建设"离开"传统文化"这棵常青树,无法独展拳脚。人们常说基础不牢,地动山摇,抵抗重大的公共性风险事件,人们习惯求助于头脑中的"道德记忆",若这个"道德记忆"是空的,又如何守身自律?我们在考虑综合路径建设时,要先"固本强基",为社会风尚净化奠定良好的基础。

观察已有公德建设的路径研究,可以发现具有较明显的变化趋势:一是研究兴趣从最初仅重视政府主导功能到既重视政府主导又重视学校、家庭、社会治理;二是在建构机制时从专注学校公德教育、教学转向关注制度立法。一些公德研究多套用外来学术方法认知精神文明建设,却不了解其深厚内涵。中国社会有着自己的文化精神、文化内涵,如果不能够从自身创承意义上把握则常常不知所云。当代公德建设既要认知、把握、汲取外来学术观念和方法,但当下更要充分汲取本土历史资源,若对中华优秀传统文化的深层内涵、价值意蕴把握不到位,当代公德研究就会"跛着一只脚"走路而苍白无力。

总之,以上研究基本上都是从单一角度分析公德建设之必要性,停留于某

---

① 参见亓凤香:《公德缺失与建构分析——基于社会治理的视角》,《理论学刊》2017 年第 3 期。

一种概念或某一种社会现象来阐释问题,因而只是涉及了公德的形式和结构等,还没有探讨其核心问题,无法卓有成效。无论是私德入手,还是政治手段入手,或者法律手段入手,最终还得借助文化塑造的方式才能达成好的社会效果。文化塑造的方式就是以中华民族的传统公德资源、公德经验,综合政治、法律等手段,把公德建设推向大众化,从而实现公德文化的持久化、稳定化发展。

第三节　中华优秀传统文化融入当代公德建设研究概述

一、研究的内涵与研究综述

研究中华优秀传统文化融入当代公德建设的前提是准确界定这一命题的内涵,梳理其研究现状,为研究的守正创新提供条件。

（一）中华优秀传统文化与当代公德建设的内涵

1. 中华优秀传统文化的含义

传统,顾名思义是可传之统,是连绵不绝之统。统,是个整体性概念,是指具有整合社会关系的"社会普遍模式"。传统一词,包含了生命力和稳定性。也就是说,传统有其轴心,这个轴心是大体稳定的,轴心外围的东西则有所变化。传统是稳定性和变异性的统一,无论外围的东西怎么变化,轴心始终表现出同一性。

文化是一个复杂的总体,包括道德、风俗等。从广义来说,文化是人类在社会历史发展过程中所创造的物质财富和精神财富的总和。特里·伊格尔顿认为,"文化赋予文明精神的基础"[1]。从狭义来说,文化指社会的意识形态,以及与之相适应的制度和组织机构[2]。"人文"带有"化成天下"的使命,西汉以后,文化两用,南齐王融《三月三日曲水诗序》中的"设神理以景俗,敷文化以柔远",指出了文化的教化作用。张岱年、方克立指出,"人创造了文化,同样文化也创造了人。"[3]

---

① ［英］特里·伊格尔顿:《论文化》,张舒语译,中信出版社 2018 年版,第 13 页。
② 参见《辞海》编辑委员会:《辞海》(下册),上海辞书出版社 1989 年版,第 4022 页。
③ 张岱年、方克立:《中国文化概论》,北京师范大学出版社 2004 年版,第 3 页。

钱穆说："文化指的是时空凝合的某一大群的生活之各部门各方面的整一全体"①，无论物质文化、制度文化还是精神文化都是人劳动创造的结晶，创造过程中都离不开社会关系和人的意识活动。当物质文化、制度文化发展得丰盈或者经过一个阶段积累时，精神文化也会具有创造力。文化的核心是道德；文化的精髓是哲学；文化的本质是教化人。不是任何一种思想都可以成为精神文化，也不是任何一种精神文化都可以成为传统，只有具有稳定性、共同性、同化性、制约性、延续性的思想才能成为精神文化。文化有几个显著特点：第一，它的作用表现为一种稳定性，主要表现为文化具有一种社会习惯的力量。第二，共同性。它受到某一个共同体的共同享用，受同一文化影响的人们在思维方式上有内在的一致性，他们共享共同的习俗、道德、语言、交往的观念。第三，同化性。长期固定的文化和固定生产生活方式对人的生理心理素质产生无形影响，在没有显性道德教育的情况下，人们的价值观念也趋于一致，即使所有的主体都意识不到这种作用。第四，制约性。文化积淀为生理心理素质、习惯、传统，甚至是一个民族的思维方式，犹如中国古代一种由木头制成的刑具，它束缚着人的头、手、足，并不妨碍人的走动，但不论人走到任何位置，这个刑具都束缚着他的头、手、足。

中华优秀传统文化，是指那些经过了实践检验、时间检验和社会择优继承检验而保留下来并能传之久远的文化。② 李宗桂提出，所谓中国优秀传统文化，是"在中国思想文化发展历史上，曾经起过积极的作用，迄今仍有合理价值，能够为中华文化的现代传承和创新发展起到积极作用，能够促进社会进步和民族发展，主要体现于思想文化的层面"③。在中国文化传统中，伦理道德占的成分最大，反映着中国文化最为本质的特征。

文化具有一定的惯性，因而对后世生活产生深远影响。因道德、习俗等的延续性是最强的，因而也是最不自觉的。钱穆说文化"必有一段相当时期之'绵延性'与'持续性'"④，决定新时期的社会生活承袭前时期的原因，绝不是新时期的社会生活本身，而只能是前时期的影响，而这种影响又只有通过其对习俗传承发生作用。

---

① 钱穆：《文化学大义》，九州出版社 2011 年版，第 4 页。
② 参见李宗桂：《试论中国优秀传统文化的内涵》《学术研究》2013 年第 11 期。
③ 李宗桂：《试论中国优秀传统文化的内涵》《学术研究》2013 年第 11 期。
④ 钱穆：《文化学大义》，九州出版社 2011 年版，第 4 页。

历史上每一种具有强烈社会需要和合理性的生产生活方式的影响都会传至以后的时代。马克思说传统"像梦魇一样纠缠着活人的头脑"①,传统是潜存于社会生活结构之中的机理性存在,是历史的"沉积层"。一切文化要素,只要有用,一定都是活动着的。传统文化的功能性给了它顽强的生命力,是它传承至今的前提和基础。传统文化具有结构性、功能性、教化性、延续性等特点。中华优秀传统道德文化在当代依然能发挥规范社会秩序、协调社会矛盾、修养个人身心、情感团结等功能。实际上,按照马克思主义的原理,这是人类的主观能动性在发挥作用。传统文化起着社会治理的功能,是一种社会管理机制。从历史经验来看,民族文化传统和历史起着塑造社会生活方式、道德方式的规约作用。但在中国,社会的巨变、社会制度的变迁及对传统文化的极端态度导致传统文化自发产生与自我维持的现实根基发生了动摇。

我们研究传统文化,除了传统文化的情感内容、理性精神与当代具有契合之处,对继承传统文化的内在根据也需要好好梳理。除了以上特征,中华优秀传统文化还具有以下特点,因而能与当代马克思主义文化实现优势互补。

第一,道德教化性。中华传统文化可称为道德型文化,文化的使命在传道、明德,人生的意义在悟道、行德。中华优秀传统文化是一种德性文化。中华伦理文化是一种修身文化。自律是德性之光,全民"壹是皆以修身为本",最后达到德性上的自我实现"修己以安人"(《论语·宪问》)。张岱年、方克立认为,"中国古代文化是一种天地合德的伦理类型"②,德治是中华优秀传统文化的优势所在。中华伦理文化是一种"中道"文化,强调群体本位,"己欲立而立人,己欲达而达人"(《论语·雍也》),固然要"独善其身",但也"兼善天下""极高明而道中庸"。

第二,规范性。中华优秀传统文化是一种角色型文化。优秀传统文化尤其是儒家文化把"社会关系"的有序构造作为学说的出发点,围绕着个人与他人、个人与社会、个人与国家、个人与自然的关系构建了伦理规范,可以说以伦理组织社会③,角色伦理道德是一种划界文化,《大学》中提出"知止"。如果说如何处置个人与他人、个人与社会、个人与国家、个人与自然、国家与国家的关系构成了传统文化的轴心,那么这个轴心到现代也没有变化。西方文化在世俗制度

---

① 《马克思恩格斯选集》(第1卷),人民出版社1995年版,第585页。
② 转引自张岱年、方克立:《中国文化概论》,北京师范大学出版社2004年版,第266页。
③ 参见肖群忠等:《中华传统美德的时代价值》,人民出版社2020年版,第93页。

的个体与他人、个体与国家方面是疏离的，但是在其宗教伦理里却把人要求为利他的人，调和了资本主义社会的阶级矛盾。当代社会的人文议题仍然是围绕着个人与他人、个人与社会、个人与国家、个人与自然、国家与国家等问题展开。中华优秀传统文化还有着一套完整的礼仪道德实践秩序，以及相应地与它配套运行的制度安排如科举制、宗族制度等。

第三，和谐性。从横向上看，传统文化的和谐思维强调关注不同事物之间、事物内部各要素之间，尽最大努力化解矛盾。中国人民有着追求和谐的传统，在人与自然的关系上，提出了"天人合一"的主张；在处理个人与社会的关系时提出整体本位等思想；在处理人与人的关系上，提出"和为贵""己所不欲，勿施于人"，这些都体现了传统文化把"和"作为处理各种关系的基本目标。先秦儒家的和谐思想集中于人际关系的和谐，道家集中于人与自然的和谐。和谐思维方法是"和而不同"，是"求同存异"。儒家学说素有情理和谐之义，"发乎情，止乎礼"，以礼节情，以理导情。

和谐文化是中华优秀传统文化的精髓。与西方文化相比，传统文化在公共秩序目标上，重视"和谐"；在维护秩序手段上，注意发挥以礼为本。在涉及义利关系的公共冲突上，重视先义后利、重义轻利。在公共情感培育上，坚持整体本位和性善论。在道德养成上，我们可以吸收其慎独思想，清除其排斥竞争、诉讼的思想。牟钟鉴指出，儒家没有特殊的利益诉求，"它是基于普遍人性的一种公共性的社会德教，致力于向社会和各领域提供基本道德规范和公共生活准则"[①]，这种和谐文化不仅逐步形成，并且始终强化着人们的思维方式。与此相比，西方二元对立思维形成了西方崇尚竞争和斗争的文化，中国和谐文化使得人们在思考问题时更加注重社会的整体利益，从整体出发促进和谐。

2. 当代公德建设的内涵

当代公德建设包含了规范机制、教育机制、培育机制、实施机制、研究机制、治理机制、评价机制、奖惩机制、反省机制等方面的建设。一般来说，当代公德建设就是社会主义的公德规范、公德思想、公德机制的完善过程及其社会化过程，即社会主义的公德规范、公德思想的科学化、实践化、民间化、普遍化的过程。当代公德建设的目标是把当代公德规范落地于大众社会之中，形成一种引导人的公德自觉。程立涛、曾繁敏指出："强化公民的角色行为教育，辅以制度

[①] 牟钟鉴：《中国文化的当下精神》，中华书局2016年版，第3页。

化的社会公德制度建设、加强公共舆论的监督以及开展社区公共道德建设等，拓宽公民的公共生活空间，实现公民自律与制度规范的有机结合"①，程立涛、曾繁敏的观点表述了对社会公德规范机制、社会公德监督机制、社会公德培育机制的重视。

公德建设研究可以分为浅度公德建设研究和深度公德建设研究。表层的、单一的公德建设研究只能成为浅度公德研究，如疏远文化的唯法律调节论，再如忽视社会教化的抽象公德教条的宣传，因为其不注重研究公德形成的社会规律，在解决公德问题上不具有全面系统的文化思维、文化视野而有很大的局限性。深度公德建设研究是全面的、系统的公德建设研究，它重视公德形成的社会规律。在社会经济、文化、体制转型时期，浅度公德建设研究无法解决公德文化认同危机，公德建设无法取得长久的实效。

公德社会化是一个漫长的过程。根据马克思的人性假设，人具有自然属性和社会属性。马克思的"自然属性"说与儒家文化的"情"与"欲"相通，人的自然属性有合理性，也有需要限制的二重性。马克思的"社会属性"与儒家文化的"群""伦""理"具有相通之处。无论人的自然属性的规约还是社会属性的形成，都离不开文化的"教化"过程，而这是传统文化尤其是传统儒家文化的优势。从社会层面来看，文化社会化首先经历了文化构建到文化倡导、文化浸润、文化外化的过程。从个体层面来看，个体文化社会化经历了文化接触、理性审视、文化接受、文化认同、文化实践等过程。从中间环节、媒介来看，文化社会化经历了文化选择、公众舆论、社会赏罚、社会调控、考试制度（内化）等过程。传统道德文化强化的结果是道德行为强化，放弃、抵制优秀传统文化的行为是使文化消退，结果是公德行为退化，公德素质倒退。当优秀传统文化消退时，公共行为具有自发性，受到激情、非理性影响，具有策略性、博弈性，也就具有不确定性。

马克思主义大众化在政治方面取得了鲜明效果，但社会主义道德包括公德的大众化却没有达到人们的期望，而公德文化大众化是社会主义文化建设的本质要求。改革开放后中国道德建设经过四十余年的努力，是当代公德建设的必要条件——理论理性相当具备，但是当代公德建设的实践理性——充分条件却出现严重不足。我们习惯于用抽象解释抽象，把道德行为简单化为一个与传统、与日常生活世界的文化无关的事情，这就走向了道德抽象主义、教条主义。

---

① 程立涛、曾繁敏：《新时期社会公德建设研究》，中国社会科学出版社 2013 年版，第 175 页。

大众化研究作为一种方法论,在实际研究过程中被单一化了。一个重要原因是公德教育还没有深入下去,另一个原因是割裂传统文化的公德教化难以落地生根、达到实效。我们对此前僵化、教条化的道德理论、思维方式和研究方法需要进行深入反思,从空洞理论,从大而化之的官样文章中走出来,转向严格意义上的道德教化。一方面,固然人们要首先对社会的公德要求有正确判断和认识,并按照一定社会的公德原则去评价周围的人和事,但另一方面,人的公德的形成和发展也离不开外部环境的影响,包括受教育者生活生长的家庭环境、社区环境、学校环境、社会环境等。公德纲领不能停留在少数学者的圈子里,"理论形态的文化可以通过世俗化的方式转化为世俗文化"[①],然后,最终融入并成为人们的观念共识和行为习惯,耳濡目染,不学而能。

中国特色社会主义制度的发展,不仅促进了人的自由、全面的发展,而且为建立健全合理的人类社会关系奠定了坚实的基础。主体间的交往开始从自在向自为转变,推动着当代公德建设从单一他律特征的道德要求向自律、他律相统一的特征的道德要求转变;从注重权利特征的道德要求向权利、义务相统一的特征的道德要求转变;从偏重世界性特征的道德要求向民族性与世界性相统一的道德要求转变;从偏向现代性特征的道德要求向历史性与现代性相统一的道德要求转变。

3. 中华优秀传统文化融入当代公德建设的内涵

所谓中华优秀传统文化融入当代公德建设研究,是指中华优秀传统文化的公德资源融入当代公德建设的内容之中,融入当代公德建设的话语之中,融入当代公德建设的精神之中,融入当代公德建设的思想之中,融入当代公德建设的路径借鉴之中。基于当代公德建设研究中传统文化维度的缺失,研究阐述的是当代公德建设与传统文化的关联。传统文化的合情、合理是传递文化传统的重要前提,为当代公德建设确立文化根基是中华优秀传统文化融入公德建设的目标。本课题重点是借鉴传统文化公德资源与经验及解决传统文化融入当代公德建设的路径问题,并以此为指导制定出具有民族性基础的当代公德建设体系。

课题研究的目标以中华优秀传统文化的继承作为当代公德建设的一大路径,着眼解决当代公德建设的文化根基和发展路径问题。研究的贡献在于弥补

---

① 陈先达:《文化自信中的传统与当代》,北京师范大学出版社 2017 年版,第 44 页。

我国公共空间治理与文化供应不足的结构性缺失,将末端的社会共治提前至文化建设的前端,使得传统文化公德资源的价值被重新认知、创造和使用,而在中国现有的体系内如何进行融合补充,还需要在未来进行更具针对性的实证性探索研究。发展和扩大当代公德文化的话语体系,需要以传统仁爱、兼爱、齐物之爱思想为公德建设的情感引领,以传统"义"文化为公德建设的评价机制,以传统"礼"文化为行为文化载体,以传统君子精神与当代雷锋精神互补为公德人格塑造目标的话语格局,从而有效促进当代公德话语的极大丰富和民族性内涵的传承。以仁文化为公德动力论、以义文化为公德准则论、以礼文化为公德实践论的理路,也成为理解传统文化融入当代公德建设的思维线索。

既为了整体发展又为了个体发展,是当代公德建设的两个基本价值取向。从终极的意义上,二者应该是统一的。中华优秀传统文化融入当代公德建设,不是简单地行古礼、穿汉服、拜孔庙,不是简单地复制传统文化、传统生活,而是通过对传统文化内在精华与独特价值的再认识,将其内在的生命力和价值再启动,且融入当今中国人的日常公共生活方式之中,融入当代中国公德建设的理论与操作中方能实现。

(二)中华优秀传统文化融入当代公德建设的研究综述

1. 国外研究综述

国外学者作了关于传统文化在现代公德建设中的功能、作用方式的直接或间接的论证。国外学者观点可以概括为:

一是人类学角度论证。有学者如斯特劳斯认为,人类有共同的思维结构和思维原则,"因为正是通过一切思维活动所共同具有的那些性质,我们才能更容易地理解那类我们觉得十分奇怪的思维形式"①,无论东西方还是古今,人类有共同的思维结构和思维原则。

二是民族学角度论证。汤因比认为,西方文明只是世界上众多文明中的一种,而世界上的各个文明"在哲学上是价值相等的"②,学者如斯宾格勒则发展了这种思想,指出各主要文明都有自身独特的基本原理,不要照搬他国经验。文化或文明才是人类历史的真正载体,各种文化形态或文明社会原本就是自成一体、各有根据的,而绝无孰优孰劣之分。

---

① [法]列维·斯特劳斯:《野性的思维》,李幼蒸译,商务印书馆1997年版,第15页。
② [英]汤因比:《历史研究》(上册),上海人民出版社1986年版,第53页。

三是文化学角度论证。美国著名学者爱德华·希尔斯在《论传统》一书中认为，"信仰或行动范型要成为传统，至少需要三代人的两次延传"①，"与自身社会的过去割裂，就如同与现今割裂一样，都会使个人和社会失去秩序"②。丹尼尔·贝尔指出，"现代主义重视的是现在或将来，绝非过去。不过，人们一旦与过去切断联系，就绝难摆脱从将来本身产生出来的最终空虚感。信仰不再成为可能。"③有学者指出，"集体记忆不是一个既定概念，而是一个社会建构概念。"④加拿大的保罗·谢弗认识到，"在所发生的一切变化中，没有一种变化能比从被动地对待文化向积极地对待文化的转变更为重要。"⑤

四是经济学角度论证。有学者如布迪厄提出"文化资本"概念，意指世代相传的文化背景可以转换成经济资本。"惯习"是布迪厄接近传统文化研究的一个概念，它是"持久存在而又可变更的性情倾向的一套系统"⑥，布迪厄"场域"这个概念促进了人们公共空间研究的兴趣。

五是立法学角度论证。日本学者川岛武宜在 20 世纪 80 年代指出，建立现代法治秩序更重要的是致力于改变意识形态，只有具备了内在的自发意识，"利己心的主体把他人也作为利己心的主体"⑦，人们才会绝对地、无条件地遵守法律，但仍然属于主观偏好的范畴，一旦条件发生变化，就可能回归任性与冲动。因此，反映普遍性要求的规则与制度是公共性建构不可缺少的因素。

二战后，约瑟夫·奈提出文化软实力的概念，让人们注意到文化建设对国家实力的战略影响，正如美国著名学者丹尼尔·贝尔所言："我们正进入一个文化比任何时候更重要的时期。"⑧

总之，以上不过是国外学者从不同学科对传统文化的珍视和国外文化发展的现实诉求。尽管他们的理论观点各有所侧重，但他们对传统文化的理解实际

---

① ［美］爱德华·希尔斯：《论传统》，傅铿、吕乐译，上海人民出版社 2009 年版，第 16 页。

② 同上，第 352 页。

③ ［美］丹尼尔·贝尔：《资本主义文化矛盾》，赵一凡等译，生活·读书·新知三联书店 1989 年版，第 97 页。

④ ［法］莫里斯·哈布瓦赫等：《论集体记忆》，毕然、郭金华译，上海人民出版社 2002 年版，第 39 页。

⑤ ［加］保罗·谢弗：《文化引导未来》，许春山、朱邦俊译，社会科学文献出版社 2008 年版，第 12 页。

⑥ ［法］皮埃尔·布迪厄、［美］华康德：《实践与反思》，李猛、李康译，中央编译出版社 1998 年版，第 17 - 18 页。

⑦ ［日］川岛武宜：《现代化与法》，王志安等译，中国政法大学出版社 1994 年版，第 35 页。

⑧ ［美］丹尼尔·贝尔：《资本主义文化矛盾》，赵一凡等译，生活·读书·新知三联书店 1989 年版，第 113 页。

上是很相近的。以上国外研究对于国内学界研究传统文化在现代公德建设中的功能、作用方式具有重要的镜鉴意义。

2. 国内研究综述

（1）关于传统文化与公德建设关系的争论

关于传统文化与公德建设关系的观点，国内学者大概有三种。

第一种是传统文化"无公德资源"论，如近代思想家梁启超早期之说，"偏于私德，而公德殆阙如"①，围绕梁启超此论展开的研究有不少，梁启超早期之说与当时启蒙性与批判性背景有关，在此不再赘述。许建良②、尹翼婷③、亓凤香④各有撰文表达此种观点。

第二种是传统文化对当代公德产生"消极作用"论。费孝通先生认为，是中国文化中的消极的差序格局形成自私的毛病。⑤ 刘清平认为，儒家伦理具有压抑社会公德的负面效应。⑥ 叶文宪认为，两千年来的实践证明，儒家推广伦理使之成为公德的结果是失败的，中国社会处于一种缺失公德而以伦理代替道德的状态。⑦ 巩建华把传统文化与落后和反动观念相提并论。⑧ 他们还认为，现代社会正走向一条"无传统"的道路上，传统将在理性化进程中被消灭。马永华认为，传统道德重私德轻公德的特点还加重了公德缺失的现象⑨，上述学者在探讨传统文化与公德建设的内在关联上带有一定的局限和偏见。有些学者将传统文化视为封闭、僵化、守旧的物品，割裂了中华优秀传统文化与马克思主义、中华优秀传统文化与现代文化的内在联系。考察上述学界公德研究的相关论著时发现，大多数研究对公德建设的传统文化底色把握不足，不能够回到历史语境中去认知这些规范何以生成与衍化。如此一来，用什么样的理论辨析都显苍白，要对本源有基本把握，方可用相应的理论与方法对其深层解读。只以当下立论，即对中国传统文化的深层滋养功能没有基本把握，特别是对传统美

① 梁启超：《梁启超全集》，北京出版社 1999 年版，第 660 页。
② 参见许建良：《儒家道德缺乏公德机制论》，《伦理学研究》2008 年第 2 期。
③ 参见尹翼婷：《社会公德培育从何入手》，《人民论坛》2017 年第 29 期。
④ 参见亓凤香：《公德缺失与建构分析——基于社会治理的视角》，《理论学刊》2017 年第 3 期。
⑤ 参见费孝通：《乡土中国·生育制度·乡土重建》，商务印书馆 2015 年版，第 53 页。
⑥ 参见刘清平：《儒家伦理与社会公德——论儒家伦理的深度悖论》，《哲学研究》2004 年第 1 期。
⑦ 参见叶文宪：《儒家伦理道德体系的缺失与社会公德的重建》，《苏州科技学院学报（社会科学版）》2004 年第 2 期。
⑧ 参见巩建华：《中国公共治理面临的传统文化阻滞分析》，《社会主义研究》2007 年第 6 期。
⑨ 参见马永华：《重私德轻公德之源起》，《赤峰学院学报（汉文哲学社会科学版）》2009 年第 8 期。

德范畴没有清晰了解，只从当下存在看其本体形态，而在历时性层面忽略了其资源意义。当然，要把握传统文化整体意义也非易事，需要有相应的传统文化知识基础，否则难以作出准确判断，这恰恰是不少研究者在运用细节研究方法对公德进行研究时由于不认知传统而很难将研究引向深入的根源。

第三种是传统文化对当代公德产生"积极作用"论。该观点认为，传统文化中有许多积极的公德资源。除了一些新儒家学者一直积极宣传传统儒学的价值外，部分学者指出传统文化的现代价值，主张发扬传统文化修己安人、以和为贵、崇尚中庸的公共价值观。然而，大部分学者仅是宏观地从传统文化的道德价值来探讨，研究的时候并未区分谈论的是传统文化的公德价值还是私德价值。对于认为私德是个人自由问题因而只对公德感兴趣的那部分现代人来说，他们不愿意接触这些看似道德教条的笼统的传统文化研究，这种现象其实质是对传统文化的现代性公德资源没有深入了解的结果。而有鉴于梁启超《新民说》中的公德思想造成的中国传统文化没有公德思想的误解，陈来先生有力地澄清了这一问题，"不是中国古代没有社会公德，而是没有近代社会公共生活所要求的公德和礼规"①。

（2）关于中华优秀传统文化的公德资源研究

关于中华优秀传统文化的公德资源研究，部分学者勇于为中华传统文化"正名"。国内一些文化专家如李泽厚、牟钟鉴、陈来、蒙培元等先生提醒注意中华传统文化的"情本体论"或者"仁本体论"在公德建设中的价值。针对李泽厚先生的情本体论，陈来先生提出了"以仁为体，以和为用"的儒家文化实践结构，建构天与人（人与自然）、国与国（国际关系）、人与人（人际关系）、个人身与心、文明与文明五种关系之间的和合境界，即仁的境界。② 王从德、王成指出，《诗经》《管子》有环境公德思想，仁爱精神体现了尊老爱幼的传统美德。乐于助人、见义勇为是仁爱思想的一个重要原则，也是当代社会公德的重要组成部分。③ 萧成勇指出，墨家的兼爱反映了社会公德的本质特征。④ 程立涛指出，传

---

① 陈来：《儒学美德论》，生活·读书·新知三联书店 2019 年版，第 31 页。
② 参见陈来：《仁学本体论》，生活·读书·新知三联书店 2014 年版，第 492－493 页。
③ 参见王从德、王成：《传统仁爱精神与社会主义公德建设》，《山东大学学报（哲学社会科学版）》2000 年第 4 期。
④ 参见萧成勇：《公理·规则·公德——儒家私德与墨家公德之伦理辨析》，《自然辩证法研究》2011 年第 11 期。

统儒家伦理蕴含着丰富的公德心元素,其核心是仁爱原则。①

通过乡村生活的实际调研,费孝通先生指出礼治在乡土社会中的作用,"法治和礼治是发生在两种不同的社会情态中,所谓礼治也许就是普通所谓人治,但是礼治又不是因个人的好恶来维持,因为礼是传统,是整个社会历史在维持社会秩序"②。刘立夫、孙哲指出,中国不是缺乏公德的传统,而是我们正在丧失自己的传统。从中国的文化传统来看,无论是公德还是私德,都存在于礼中。③

程立涛、曾繁敏指出,"历史和现实充分证明,文明行为是教育和培养的结果。"④作者通过考察还发现,"在博大精深的中国传统伦理文化中,有许多关于社会公德规范的内容,或者体现公德(公共)精神的光辉思想"⑤,但受当时知识背景的限制,作者并未明确地把中华优秀传统文化作为当代公德建设中的资源供给和形成个人规范性的核心途径。

陈来先生在其专著《儒学美德论》中对儒家的美德进行了分类,为儒家美德尤其是公德的现代性借鉴提供了方便。然后,他指出了当前公德建设的不足之处,即政治性公德建设多、社会性公德建设少。他的研究为今后学者对传统文化中的公德资源研究作了详细的学术铺垫。

任何国家都是在自己的民族文化发展的基础上走向现代化之路的。因此,前述研究纠正了人们对传统文化的片面印象,但也存在一定的局限性:其一,对传统文化单个的公德要素如仁、礼或者义的研究,无法使得当下的人们对中华传统文化的公德资源产生整体和系统的认识,影响着人们对传统文化公德资源价值认知的全面把握;其二,他们的研究较少将传统文化的公德资源与中国当下的公德实践及其客观现实条件联系起来,因而其研究不可避免地存在一定的局限性。

(3)关于传统文化与当代文化的关系研究

有些学者从辩证法角度主张在看到传统文化与现代化有所不同一面的时候,还要看到二者具有统一的一面。季羡林先生指出,"传统文化代表文化的民

---

① 参见程立涛:《中国社会"人情味"与"公德心"的冲突及其消解论析》,《理论导刊》2019 年第 6 期。
② 费孝通:《乡土中国》,人民出版社 2021 年版,第 64 - 65 页。
③ 参见刘立夫、孙哲:《论中国传统的公德精神》,《道德与文明》2013 年第 6 期。
④ 程立涛、曾繁敏:《新时期社会公德建设研究》,中国社会科学出版社 2013 年版,第 206 页。
⑤ 同上,第 55 页。

族性,现代化代表文化的时代性"①,实际上,每一个民族文化的发展都有对传统文化吸纳的过程。陈先达先生指出,"当代既要继承传统,同时也得改造传统、再造传统,继续向前走"②。邱昆树指出,构建中国的公德教育首先需要在方法论层面明确是"以中国为方法"还是"以世界为方法"③,而"以中国为方法"构建公德教育,彰显的是中国立场,是把中国放在与世界其他国家(包括欧美国家)同等的位置上,从中国内部出发,基于中国自身的历史、文化、现实和经验的本源式探究。

事实上,新中国成立以来公德建设开始回避传统文化,担心传统文化因素会带来公德的落后性。然而,二者的疏远带来了双方的贫乏。一方面,优秀传统文化不与公德建设结合,它就没有落脚点生根接续发展命脉。优秀传统文化只有切实介入生活,对人们的行动进行有效指导,才能摆脱与生活隔阂的状态,在与生活的息息相通中重新焕发生命力。

另一方面,公德建设缺乏传统文化支撑,它就无法发展壮大。当前公德建设一大问题是思想的生产与民间生活中的教化、使用成为两歧,由此带来公德建设的漂浮。"由学理探究向躬行实践的跨越还需对公德赖以实现的现实条件和基本原理深入研究,为伦理学向修身书的转换奠定基础。"④曲蓉指出,"公德至少具有三种表现形式:作为现代化理想,公德是一种必然;作为价值系统,公德表现为一种应然;作为社会秩序,公德必然落实于实然。公德的实然即公德秩序的达致是公德研究的归宿。"⑤曲蓉把"公德"分为"必然""应然""实然",深刻地指出了公德在现代化建设中的神圣使命,那就是让美好的公德成为一种生活方式和全民素养。然而,这种神圣使命何以达成? 这些作者尚未把近年来的文化自信、文化自觉、"根"理论、"中国话语"理论、"创造性转化、创新性发展"等方面的研究成果纳入其中。

毫无疑问,上述研究为本课题的研究提供了良好的基础,但同时也存在以下两方面的不足:一是当前传统文化融入公德建设的学理研究少,传统文化对现代公德的作用机理有待于进一步深化。学术界对传统文化融入公德建设的

---

① 季羡林:《传统文化与现代化》,《北京大学学报》(哲学社会科学版)1987 年第 5 期。
② 陈先达:《文化自信中的传统与当代》,北京师范大学出版社 2017 年版,第 51 页。
③ 参见邱昆树:《连带的公与我国公德教育构建》,《思想理论教育》2020 年第 12 期。
④ 曲蓉:《公德论》,社会科学文献出版社 2020 年版,第 264 页。
⑤ 同上。

持续性和深入性研究意识不强,关于传统文化融入公德建设研究的课题资助也很薄弱。二是我国传统文化融入公德建设的方法和途径研究缺少创新,对可能融入公德建设的传统文化要素没有进行转化研究,这样就导致我国传统文化融入公德建设的效果不佳。

总体而言,已有研究对公德建设的连续性、积累性尚缺乏深刻认识。根据本课题组 2021 年冬季的调研,74.49％的受访者认为公德建设没有达到理想状态的原因是公德建设没有深入到群众中去。马克思主义的量变引起质变的观点充分说明了文化积累的重要性。97.4％的受访者认为需要学习传统文化提高社会公德水平。

二、研究思路、研究方法与研究价值

(一) 研究思路

健全的公德建设是传统性与现代性的统一。公德建设的现代性主要体现在公德对自由、平等、民主、法治等现代性价值的遵守。但当代道德建设的民主化不能解决一切问题,因为民主不能解决人对社会情感的需求,也无法解决社会发展不平衡带来的阶层矛盾。公德建设的传统性主要是指当代公德建设吸纳传统文化的规范性、和谐性、教化性、自律性、大众性。基本立场是公德建设以马克思主义为指导思想、中华优秀传统文化建设为本,遵循道德建设规律和文化建设规律,从宽广的世界视域和宏大的时间视域审视当代公德建设。

某些中华传统公德资源进入当代公德建设是可以直接融入的,某些公德资源也是需要经过创造性转化、创新性吸收后间接融入的。本课题重点考察了以下四大方面的问题:第一,当代公德建设是否具备相应的传统文化资源与环境?第二,传统公德资源融入当代公德建设的理论依据是什么?第三,传统文化中存在哪些可融入当代生活的内容与符号?第四,在已有途径之外,是否找到了传统公德文化资源进入当代公德建设的新途径?从融入要素、融入机理、融入方式、融入载体、融入路径等方面开展了研究,从机制层面解决了当代公德建设的驱动机制、实施机制、表达机制、保障机制等问题。

其实质都是两个问题的纠缠:一个是传统文化与现代性公德思想的关系问题,这是一个结构性问题,也是公德建设现代性过程中的中国化问题。因社会结构发生重大变动时产生的文化接续问题,往往带有全局性或普遍性,不以人的意志为转移。由封建专制社会走向崭新的民主、平等社会过程中,极大可能带来传统文化断裂问题,其代价是对传统文化的排斥,出现社会失范、失调、失控等社会状况。只要存在对传统文化公德资源的忽视,不注意公德建设的民族性,我国公德建设就如无根之木、无源之水,无法取得持久、稳固的实效。另一个则是理论和实践结合的问题。这是一个公德建设的大众化问题,可是也有赖于对传统文化的基层教育方式的借鉴。中华优秀传统文化在当代公德建设中具有多重价值。它既是当代公德建设的母体和供体,还是当代公德建设的重要路径和路径依赖。可见,结构性问题与非结构性问题存在某种内在联系,解决结构性问题时,应兼顾非结构性问题的解决。

(二) 研究方法

1. 社会系统—功能研究方法

把当代公德建设当作一个系统考察,将文化分为道德文化、物质文化等层次,把当代公德建设分为文化建设、制度建设等层面,把当代公德建设分为公德理论体系、公德规范体系、公德传播体系、公德实践体系等环节,用系统视角、功能视角探讨传统文化在公德建设中的作用。

中华优秀传统道德文化能给当代公德建设提供丰厚的养分。传统美德流传下来的广为人知的是社会公德规范因子,传统道德文化的社会公德资源具有公共性,它注重人与人之间、人与群体之间、人与自然之间的和谐与统一,具有协调性功能,属于社会基础性道德,具有广泛性,是实现社会管理的重要手段,为传统社会的稳定有序、国家统一作出了巨大贡献,这是"社会文明"稳定发展的基本条件。以当代社会的需要、当代国人美好生活的需要为出发点,本课题研究将传统文化之精髓、文化实践诸方面相互融通,期待创生出富有中国特质的当代公德文化建设新局面。

2. 多学科综合研究法

我们探讨公德建设,不能不涉及人的道德素质养成的规律,不得不重视文化建设对公德素质养成的重要性,并由此探讨传统文化融入当代公德建设的重要性。至于法律因素,只是在与手段相关的方面进行分析。公德建设的相关性分析,展示了公德建设的宽泛性和复杂性,展示了影响公德建设的因素的相互依赖性,揭示了公德建设的复杂性。马克思主义的联系的观点认为,各种社会现象都在彼此交互作用,如孤立起来看问题,则不能正确地把握公德建设的规律性。公德建设若只局限于便捷、简单、当下,则可能呈现公德建设的直接性,但绕开了复杂性和历史性视域,无助于解决一些当前面临的公德建设的理论难题和现实问题。而公德法治的实现不是"一锤定音"和"立竿见影"的,恢复公德建设中传统文化的地位,运用文化视角解释其复杂相关性,不是为了反对公德法律化倾向,而是通过传统文化与法治建设的互补,取得显著效果。

过去的公德研究,基本上都是从单一角度分析公德建设之必要性,停留于一种概念或一种社会形态来阐释问题,因而只是涉及了公德的形式和结构等,还没有探讨其核心问题,无法卓有成效。无论是私德入手,还是政治手段入手,或者法律手段入手,最终还得借助文化塑造的方式才能达成良好的社会效果。这就需要运用文化学、社会学、管理学、政治学、伦理学、民俗学等交叉基础之上的跨学科视角透视,同时注重凸显伦理学的基本理论视角。

3. 社会专题调查方法

本课题组成员自 2018 年夏在武汉、哈尔滨、沈阳、长春、杭州、三亚、北海、泰安、南昌、长沙、无锡、上海等地进行了实地考察;课题组 2021 年 11 月 5 日至 12 月 5 日在南昌、长沙、上海等多个城市、乡村发放了几千份调查问卷。采取现场调查与虚拟方法两者相结合的方式展开研究。现场调查是选择具有典型意义的若干社区、组织、个案作为研究对象。虚拟方法是运用网络技术,将调查过程在线化、智能化。

此外,课题组对中国人民大学应用伦理研究中心参与的北京市新文明建设课题组的成果保持密切关注。

(三) 研究价值

具体而言,本研究的理论价值与实践价值体现在以下几方面。

1. 理论价值

其一,研究我国公德建设的传统文化基础,宏观上可纠正公德建设研究长期以来忽视文化建设的倾向。研究中对公德建设在中国发展中反复出现、始终存在着缺家园、缺内生长力的问题也就是我们现在讲的对西方话语的依附,与本国文化传统的断裂、与实践的脱离作了系统梳理。中华优秀传统道德文化具有当代公德规范之重要资源。中国公德建设的本土理论及其术语,是中国人从自己的劳动生活实践中升华出来的,闪烁着人类理性之光。中华优秀传统文化提供了当代公德文化建构的基础概念,它影响着当代公德建构的途径、方式、作用机制、实践机制、实际效果等。富有深度的公德文化研究既重视显性文化教育又重视隐性文化手段,发挥传统文化的教化、规范功能,可使公德建设获得深厚的社会基础。把思想的生产与思想在血肉中的贯通即民间生活中的教化、使用连贯起来,改变公德建设中魂不附体的现状,使公德建设的精神即公德纲领找到栖身之所,实现公德建设精神与血脉的融合,完成现代公德文化的塑造过程。

其二,研究构建既传承我国传统文化又契合当代市场经济发展要求的现代公德实践机制,为现代公德建设的实践提供理论依据。从文化上来看,我国从过去 20 世纪的革命解放文化到 21 世纪的市场经济条件下的民族文化尚未完成全部建构,从等级文化到公民文化的转型尚未完成,由农业社会熟人间的诚信转变为工业社会陌生人间的不信任,面对的问题是陌生人之间的文明礼貌、平等相待、和谐友爱的诉求。我们既要学习和借鉴中华优秀传统文化的公德资源,更要在批判性吸收的基础上实现最终的学术超越,开辟新视野和形成新的思维方式,推动传统文化融入当代公德建设研究的深入展开。

2. 实践价值

第一,恢复传统文化深厚的仁、义、礼等道德传统,对于重建礼仪之邦的强国风范具有重要的现实意义。如在乡村,个体的社会化初始都由传统文化完成。传统文化是唤起人们的爱心观念、促进社会温情的纽带。到现在,融入了现代文明的传统文化在教育中发挥着越来越重要的作用,它们在教育事业的发展过程中起到了不容忽视的作用。

第二,坚持传统文化与当代公德建设和现代法治的协调发展,为提高公德建设成效提供了崭新的实践路径。从调节范围来说,公德受众具有文化程度高与低、成人与儿童等差异性,对于没机会接触法律知识的群体来说,传统文化存在替代法律的社会规范教化功能。中华优秀传统文化具有修身齐家治国的教育引导功能,既有高层次目标,也有低层次目标,容纳各类主体的物质和精神需求。与当代公德建设相匹配的目标定位,也决不能一味地追求高标准和严要求,而应当进行高低搭配,使目标因人因事而异,以最大程度发挥其文化功能。

此外,中共中央、国务院 2019 年 10 月印发《新时代公民道德建设实施纲要》提出,坚持在继承传统中创新发展,自觉传承中华传统美德。因此,本研究可以为各级政府和精神文明部门、社区、社团制定相关措施提供实践依据和参考。

三、研究的基本内容

本课题除导论和结语外,总共包括五章的内容。

导论部分从"公共空间"这一公德建设的物质基础开始,用文本论证了中国古代社会存在公共空间和公共设施、市场经济,直接驳斥了中国古代没有公共空间、没有公共道德的错误说法。针对国内学者对公德建设的路径研究进行了文献综述,指出传统文化研究视角的迫切性;对国内外学界关于传统文化与当代公德关系进行了文献梳理,阐释了中华优秀传统文化融入当代公德建设的命题含义。结语部分主要对本书的主旨作了总结,对当代公德建设的未来研究作了展望。

第一部分探讨中华优秀传统文化融入当代公德建设的研究依据。研究站在人的需要理论、社会和谐理论、新文明建设理论三个视角,论述了中华优秀传统文化融入当代公德建设应有的价值视域,揭示了中华优秀传统文化融入当代公德建设的必要性;也从马克思主义和中国传统文化中的文化教化理论、文化传承理论、文化自觉理论找到文化学依据;还吸收了中国共产党在新时代践行中国特色社会主义文化建设的文化政策,如中华文化立场原则,创造性转化、创新性发展的原则,大众化原则等。

第二部分诠释传统文化中具有的当代公德建设资源。传统文化的"爱"的思想及精神能为当代公德建设提供情感动力机制。传统文化的"义"的思想及精神能为当代公德建设提供公德判断机制。礼是中华民族公德文化的集体记忆,传统文化的"礼"的思想能为当代公德建设提供行动机制。传统文化的"和谐"的思想能为当代公德建设提供目标。传统文化的"君子"人格的内涵能为当代公德建设提供人格范型。

第三部分探讨传统文化公德资源向当代公德的创造性转化。首先,以马克思主义为视角挖掘传统爱思想的时代内涵,在传承传统爱话语基础上构建当代的公德情感话语体系,让传统仁爱话语与民族当下的生活建立关联。其次,传统侠义向现代正义的创造性转化有几种方向:正义动机从传统的个人英雄主义到现代的社会主义的公民责任、集体主义动机的嬗变,传统的"义"之准则应当拓展到民主、自由、平等、公正、法治、爱国、诚信等规范,以及伦理正义与制度正义相互补充。另外,本部分还探讨了借鉴传统正义精华进行当代网络正义建设的方式方法。再次,传统礼意、礼仪内涵需要传承与创新,在适应时代发展要求前提下继承的礼文化,按照时代性的要求,我们可以在以人为本、守正创新的基础上,将公共礼仪的内容予以拓展,除了吸收传统文化礼仪教育经验,还有必要吸收欧美与亚洲其他国家的礼仪教育经验。最后,依据公共道德人格建构的现实境遇,在分析君子文化与雷锋文化的异同点上,提出君子人格与雷锋人格互补,实现当代公共道德人格的建构。

第四部分研究认为,传统公德文化传承的机制除了制度、政治、学校、家庭等途径,还需特别注意社区的传承途径。在此不讨论过去比较关注的官方宣传、学校教育路径,也不讨论家庭培育机制。我们主张推进社区传统文化的建设,社区仁爱文化建设能够凝聚社区居民的共同道德理想和价值追求。除了将传统族长制转换为社区党支部为核心、居委会负责的组织体系,仿效宗族的士绅制度邀请关键群众建立社区智囊调解团之外,仿效宗族的义田制度建立社区慈善基金,建设类似传统祠堂一样的教化场所、公共空间,发挥社区传统日常行为仪式的公德培育功能成了当务之急。

第五部分研究认为,优秀传统文化的公德资源是当代公德法律化的底蕴。公德法律化是优秀传统文化的一种重要传承、转化机制。一方面,儒家公共性价值观是我国各项公共性法律的道德基础。传统和谐观是"公共性"道德立法的价值目标;传统公德之"仁"是当代公德立法的动力机制;传统公德之"义"是当代公德立法的准则、裁判机制;传统公德之"礼"是当代公德立法的目标。另一方面,公德立法是传统公德的内化、固化、实现机制。志愿者服务、慈善制度促进了仁爱精神的传承;《中华人民共和国民法典》的见义勇为免责条款促进了见义勇为的传承;《中华人民共和国道路交通安全法》促进了对传统仁爱文化、礼文化的思考;《中华人民共和国反食品浪费法》促进了对传统文化节制、节俭美德的传承。

四、研究的创新与不足

(一)研究的创新

一是研究视角的创新。当前以公德建设为题的研究专著较少,这与目前学界对公共治理研究的热度不相匹配。虽然不乏陈述当代公德建设主张的文章,但从文化角度认识到公德建设的根本性、基础性问题的较少。也有一些挖掘传统文化公德要素和公德价值的文章发表,但多数过于零散。偶有专著,但也是从某个传统文化公德资源的某个关键词出发,虽然研究颇为深刻,但缺乏站在中华优秀传统文化公德资源整体继承的民族性视角的文章和专著。

二是研究材料的创新。本研究采用文本论证了中国古代社会存在公共空间和公共设施,直接驳斥了中国古代没有公共空间、没有公共道德的错误说法。许多传统文化研究者,要么不太注意传统正义观对当代公德的影响,要么对传统正义内涵的认知偏重关注传统正义激情型正义的特点,而本研究独特地挖掘了中国传统正义包含了激情正义与理性正义的多个维度。

三是研究观点的创新。第一,本研究独特地指出了让传统仁爱话语与民族当下的言行、习俗、规范之间建立关联的中国仁爱话语传承机制。此外,中国传统正义观对网络等公共场域治理具有重要的启示。第二,本研究指出,我们需要重视礼的价值,又要客观对待礼在今日生活中的地位,特别指出礼的地位由居于文化的核心地位向文化的基础地位转变,这是科学、合理的变化。第三,本研究提出,为了直面日益盛行的人格虚无主义,即"普通人向何处去"的问题,有必要在当代"公共性人格"的建构中主张"君子人格"和"雷锋人格"的互补。第四,鉴于传统宗族文化在公德文化下沉及公德教育方面的强大影响力,本研究主张把对传统宗族文化进行创造性转化和创新性发展融入当代社区建设。此外,本研究特别指出,公德建设与传统文化公德资源传承需要场所载体,建设类似传统祠堂一样的社区共享空间需要预先纳入城市、乡村的建筑规划之中。

(二)研究不足

课题研究从立项到现在,已经历时四年之久,虽然部分内容如中国传统正义观的酝酿可能达十年之久,四年中也一直竭尽所能地为课题的完成进行构思与资料搜集,但不足之处依然存在。为了每个部分研究可相对独立成篇,负责人研究的中期大部分时间花在构思和初稿撰写上,直到快要完成时,又重新收集、检查、整理手边的资料。研究中虽然想要出新意,可却常常遇到写不下去的瓶颈。研究后期愈是到快要完成之日,愈是惴惴不安。由于研究功力有限,理论方面还不够成熟,还有待于丰富与完善;在某些内容表述上,可能欠缺准确、精炼;在某些论证方面,所选文献资料还不够全面、新颖,如一些前辈或者年轻学者的研究成果没有注意到或者虽然注意到但不免存在顾此失彼之处。

需要说明的是,课题虽然追求系统性,但是研究时并没有面面俱到,而是有重点地展开研究,即针对当下公德建设中的难点问题寻找传统文化中的公德资源,用传统文化的公德资源对当代公德建设的难点问题作一些解决之道方面的探索。传统文化中的和谐思想、诚信思想对当代公德建设也相当重要,鉴于这些研究较多,课题没再作专门赘述;关于中华优秀传统文化融入当代公德建设的其他路径,如政治、政策、中小学教育等,由于其不存在太大的问题,所以不列入本研究中。家庭路径虽然过去研究较少,但从历史经验和当代社会来看,大多数家庭的公德教育动机往往依赖于外部动力机制和外部组织机制。因此,本研究没有探讨家庭公德教育、家庭传统文化教育与政策之间的互动关系及其对公德塑造的影响,既有研究时机不够成熟的问题,也有研究视域还不够大胆的问题。

　　此外,由于时间关系,某些论断没有展开论述,如对于中华优秀传统文化的公德资源中的节制美德对当代科技引发的公德问题的价值并没有展开论述,某些方法论、研究视角、研究方法、研究观点没有深入开展,这些缺陷一时半会也没法克服。我们可以展望的是,当代中国公德建设要想真正建立起自己的话语体系,要在母语系统上去解释当代中国的公德现象、形成自己的公德规范体系、塑造自己的公德话语文化。如何继承并丰富传统文化公德情感话语体系理论研究、继承并创新传统礼仪实践体系是公德建设中亟待细化的问题,本书只是总体性地提出了思路,希望研究的同仁们能在将来解决这一问题。

第一章

中华优秀传统文化融入当代公德
建设的研究依据

研究依据是人们立论的知识依据,缺乏研究依据的问题,理论上、实践上不容易被人接受。中华优秀传统文化融入当代公德建设的研究依据是开展传统文化融入当代公德建设的逻辑起点。研究传统文化融入当代公德建设的理论依据和实践依据,事关中华优秀传统文化融入当代公德建设的必要性、可能性、科学性。理论基础研究的强弱,直接影响着人们对传统文化融入当代公德建设的态度,最终制约着我国当代公德文化的生成。

中华优秀传统文化融入当代公德建设的必要性和可能性,可以作多方面的证成。从来源上看,传统文化融入当代公德建设的理论依据可以是历史的,也可以是当代的。从理论整体性上看,这些理论梳理能够奠定相当长时期内传统文化融入当代公德建设的基石和根据,能够从较高的层次上对传统文化融入当代公德建设进行根本性的解释和指导。

第一节 中华优秀传统文化融入当代公德
建设的价值视域

传统文化融入当代的动力源泉、最终根据等问题是来自人民现实的需要。随着城市化、经济全球化、科技信息化、智能化程度的提高,我国的社会分工越来越细化,我国的公共空间、公共领域有不断壮大的趋势。但是我国相应的社会公德理论研究却有些滞后,其中有一部分原因就是没有把我国学界社会科学的一些最新研究成果应用到社会公德理论研究中来。以下从个体角度、社会角度、东西方文明互补角度,即"人的需要""和谐社会""新文明建设"理论出发,把它们作为当代公德建设应有的价值视野。

一、人的需要理论

人性假设是当代社会主义公德建设的逻辑起点。"马克思主义人性观,主要包括了人的自然属性、社会属性与主体属性三个方面"①,自然属性反映了人的自然性需要,社会属性反映了人的社会性需要,主体属性反映的是人的精神性特征,更多地反映了人的个性和意志特征。规范属性即是人对自身社会性的认同及其服从,如人有对习俗、道德、法律的需要。马克思对人的看法,是自然属性和社会属性、主体属性与规范属性的统一,也是感性和理性、个性和共性的辩证统一。

(一)主体性需要和规范性需要的统一

人们的公共交往活动是一种人的重要实践活动形式。通过公共交往,人们结成纷繁复杂的社会关系,由此就构成社会。马克思说:"社会——不管其形式如何——是什么呢? 是人们交互作用的产物。"②人们要进行生产劳动,既应有一定的公共空间,又需要一定的社会结合形式和道德规范。人类的公共交往和生产活动、分配活动与消费活动,在内涵和特点上是互有区别的。但它们又不是各自孤立存在的,而是相互联结、相互作用的。现代化的大生产劳动以公共交往活动为必要前提和基础。

人作为社会性存在物,在社会性生存中产生归属需要、尊重需要。人的主体性需要既来自人的自然性需要,又能超越人的自然性需要。人的规范性需要来自人的社会性需要,与人的主体性需要既对立又统一。

马克思恩格斯吸收了德国古典哲学家康德、黑格尔的主体性思想,指出现代性的一大特征在于人的主体性。恩格斯指出:人"根据自己本性的需要,来安排世界,这样的话,他就会猜中现代的谜了"③,这是资产阶级革命取得的巨大成果。

---

① 王志东等:《美好生活论》,人民出版社 2020 年版,第 121 页。
② 《马克思恩格斯选集》(第 4 卷),人民出版社 1995 年版,第 320 页。
③ 《马克思恩格斯全集》(第 1 卷),人民出版社 1956 年版,第 651 页。

马克思恩格斯又指出,理想的社会是个人利益与社会利益统一的,实际存在的伦理关系是符合自己的本质的。马克思深刻揭露和批判资本主义私有制所导致的人的异化现象,批判了私有制度对尊严的亵渎。马克思、恩格斯的《神圣家族》评论道德就是"行动上的软弱无力"的观点时指出,"鲁道夫甚至还没有提高到至少是建立在人类尊严这种意识之上的独立道德的观点"①。对于何谓独立道德的追问,马克思凸显了独立道德的尊严内涵,把对独立道德的理解放到人的本质探讨之中,是马克思人学思想的重要特征。独立道德是人的一种尊严的状态,彰显着人的价值追求。马克思肯定了历史上的独立道德的进步性。马克思在 1842 年《论离婚法草案》指出,阶级社会"任何实际存在的伦理关系都不符合自己的本质"②,马克思、恩格斯认为只有人们认识到人的"类本质"时,才能使私人利益符合全人类的利益。

马克思恩格斯认为真实的人性是主体属性和规范属性的统一。但是,资本主义私人占有制和资本主义的生产方式使人性出现了异化。马克思指出私人利益破坏了人民之间的道德关系,它所遵循的不是理性的逻辑,而是私利的逻辑。在资本主义制度下,人的主体属性和规范属性出现了对立和异化。在资本主义私有制主导的自由市场经济下,社会被分解为众多分离的、追求自身利益的个体。但现实却是,个体时刻处于各种社会关系之中才是人类社会的本质属性。马克思在《詹姆斯·穆勒〈政治经济学原理〉一书摘录》指出,"人的本质是人的真正的社会联系"③,马克思根据历史唯物主义的考察,认为资本主义这样的阶级社会的道德具有阶级性,拒斥"原子化"的个体是马克思主义批判自由主义的核心要点。社会公共道德是"人作为类存在物"的"需要"。当人们认识到人的"类本质"时,道德不再是来自"他律",即工具价值,而是合乎自己本性的"自律",即具有目的价值。马克思的社会理论对当时资本主义社会的批判性立场和超越性维度鲜明地体现出来。

(二) 作为个体人的需要的层次

马克思把人的需要称为"人的本性"。人的需要和现实的人的需要,这是两个不同的概念。现实的人的需要具有客观性、主观性、现实性、社会性等特点。马克思认为人的需要是人类从事生产实践活动的重要依据,人类从事创造历史

---

① 《马克思恩格斯全集》(第 2 卷),人民出版社 1957 年版,第 255 - 256 页。
② 《马克思恩格斯全集》(第 1 卷),人民出版社 1956 年版,第 184 页。
③ 《马克思恩格斯全集》(第 42 卷),人民出版社 1957 年版,第 24 页。

的活动,其前提和基础是人的基本需要得到满足。"全部历史是为了使'人'成为感性意识的对象和使'人作为人'的需要成为需要而作准备的历史(发展的历史)"①,人的需要的满足即为利益的实现。社会生产决定了需要的满足程度。随着社会的发展,需要的种类会不断增多,需要的层次会不断提升。人的需要的发展性是由实践的发展性决定的,人类社会的历史会随着实践的发展而呈现出新的趋向。人的需要的终极价值目标是满足人自由全面发展的需要,而这只能在共产主义社会才能最终得到满足。需要的增长会引起社会关系的变革,推动了各类社会关系的形成和丰富。

现实的人,是人的实然状态,人的应然状态应该是"自由而全面的发展"。"人"的需要是"现实的人"的应然性需要。在资本逻辑的主导下,公共生活的萎缩被认为是资本逻辑对生活世界的侵蚀,交往理性被工具理性所取代,因而"公共生活的拓展与发展,对于根本克服消费主义,克服资本逻辑,实现生活的真实发展,增强存在感、意义感或幸福感,具有至为关键的意义"②。

不断追求和实现人的"美好生活"需要,是社会主义发展的内在逻辑和根本动力。改革开放之后,人们的需要出现多元化。改革开放带来经济进步,越来越多的公民既有时间又有财力去享受文艺、体育、旅游等活动,除此之外,人们对精神生活提出了更高的要求,如有"民主、法治、公平、正义、安全、环境"等方面的要求。在物质生活层面,中国进入从富起来到强起来的阶段,安全、健康和富足的物质生活得到基本保障;在政治生活层面,国家治理体系和治理能力现代化,我国全过程人民民主是全链条、全方位、全覆盖的民主,是最广泛、最真实、最管用的社会主义民主,让人民享受到了政治尊严;在生态方面,走人与自然和谐发展之路;在文化建设方面,主张文化自信,精神文化和物质文化协调发展。在精神生活层面,追求"精神生活共同富裕"。新时代中国特色社会主义的"五位一体"的总体布局,展示的是新时代"美好生活"全面发展的要求。社会主义核心价值观是新时代人民群众的广泛价值共识,也是全体社会成员共同的价值准则、价值诉求和价值目标,从而彻底打破了过去与未来之间的隔阂。

---

① 《马克思恩格斯文集》(第1卷),人民出版社2009年版,第194页。
② 郭玉芳:《新时代"美好生活"的时代性内涵》,《马克思主义理论学科研究》2021年第6期。

习近平总书记指出要"更好推动人的全面发展、社会全面进步"[1],人民群众的美好生活需要是我国社会主要矛盾的主要方面,新时代人民群众的美好生活需要的提出,是基于当前阶段我国社会实践的发展状况,是与新时代我国的生产力水平相适应的,美好生活需要的满足将成为新时代党和国家工作的方向和中心任务。只有认识到先调节好人与人的关系,才能通过解决人与人的矛盾,实现人与人的和解,才能解决人与自然的矛盾。

以人的需要为社会公德建设的出发点,体现了社会公德建设的现实关切与实践向度。公共道德体现一种公共理性和公共需要,它必然包含着一些共同的价值理念,这种大众化特点给予了它持久的生命力。社会公共道德既源于现实,又超越现实。公共道德传达道德理性,既凝聚了社会的价值导向,也包含了个人的道德取向。公德建设以公共道德规范作用于人的行为,培养人的自律意识和公共精神。公德建设既有先进性导向,又有广泛性要求。

公共空间、公共领域、公共活动的广泛存在,产生了公民的公共环境意识、公共权利意识和公共道德意识,这三个意识的结合,形成公民要求拥有对公共利益的主张权和维护权的市民意识。公共生活对于新时代"美好生活"的实现、对于人全面发展的重要性意义也就越来越凸显。当个体的私人生活领域中的基本物质文化生活需要得到满足之后,人们必然会进入公共生活领域,产生政治生活和社会生活方面的要求。[2]

二、"和谐社会"理论

2019年冬,新冠病毒的流行,让人们思考:我们能为这个社会做什么?整个社会如何团结起来,共创美好的未来?一个缺乏公民参与和爱护意识的社会不仅无法保障公民权利,而且最终会丧失公民安定幸福生活的权利。是个人主义、自由主义还是集体主义,一切取决于我们的主流价值观。新冠疫情的发生让病毒传染的危机成为促进社会公德意识提高的契机,人们重思传统礼文化与现代自由的关系,为中华优秀传统文化融入当代公德建设提供了良好的机会。

---

[1] 习近平:《决胜全面建成小康社会 夺取新时代中国特色社会主义伟大胜利——在中国共产党第十九次全国代表大会上的报告》,人民出版社2017年版,第11-12页。

[2] 参见郭玉芳:《新时代"美好生活"的时代性内涵》,《马克思主义理论学科研究》2021年第6期。

即使在奉行高度自由的国家,礼文化也可以成为一种精神标识。礼文化和传统文化是巩固自由社会的条件。

在传统社会中人的自律与社会和谐内在地统一;而在当代,人的自由与社会和谐的统一是当代公德建设需要证成的新课题。寻找人的自由与自律的辩证发展构成了社会演进的机制。一种具有合理性的公德建设机制能更有效地促进个人在公共生活中的适应性,当代"和谐社会"是充分尊重人的个性、尊严和人的全面发展的,社会主义经济制度及其经济建设取得的成就,构成了和谐社会的现实基础。

从公德建设来说,和谐社会强调的是人的个性化与社会化的协调的全面发展。人的社会化和个性化是当代和谐社会的两个不可分割的方面,二者互相依赖互相促进。对于20世纪的中国来说,还处在一个由农业社会转型到工业社会的阶段,与农业社会的整体主义特点相适应,人的公共行动凸显社会本位。随着中国经济富强起来,与工业文明市场化、民主化的特点相对应,人凸显个性化、自主性需求,即每个人都想自由地按照自己的目的、愿望去实现自己的个人价值。随着人的主体意识在人的社会化进程中越来越受到重视,人们对于人的自由与自律的辩证发展也有了更深刻的领悟、赋予了更为现实的意义。

首先,自由、平等、民主是社会主义政治领域追求的核心价值目标,也是社会主义公民的重要人权。社会主义的目的就是扩展人们的实质自由,人的自主性决定了自由是人的永恒追求,自由是自我实现的根本条件。以人性自由与平等、民主为价值追求的制度安排,是衡量制度现代性的核心标准。人的个性化发展,包括认识到人自身的自主性,要求经济领域、政治领域、科技领域消除人的异化。在社会主义社会,经济制度、政党执政理念和伦理道德目标具有一致性,为消除人的异化创造了条件。

其次,文明、和谐、友善、诚信是社会主义公共领域所追求的核心价值目标,也是社会主义公民的公共义务。文明、和谐、友善、诚信加强了对于工具理性的节制,是人的全面发展的客观条件。当公共生活以"和谐"和"以人为本"作为价值选择时,公德规范和公德教育的内容就要适应这一要求,就实现这一要求的路径进行仔细选择。

再次,社会主义的自由与文明是辩证统一的。自由与文明的矛盾源于构成人类社会基本矛盾的个人与社会的辩证关系。自由与文明的统一,源于世界历史的发展进程。1848年出版的《共产党宣言》中指出,"每个人的自由发展是一切人的自由发展的前提",我们要防止两极分化,走向共同富裕,就必须要确立一个公平的经济环境。在政治事务方面,实行全过程人民民主,保证人民群众的自由权利,确立一个公平、安全、法治的社会生活秩序。

党的十六大报告中关于"全面建设小康社会"中多次反复使用"和谐"一词,和谐社会最终要依靠协调发展来实现。一方面,当代公德建设必须以尊重自由、平等、民主为价值前提,任何忽视人的自由的道德建构终将被人类社会所抛弃。以市场经济为标志的现代国家的社会,具有"现代性"的典型特征,由市场来取代国家功能完成大量涉及公民"私域"的公共性事务,市场经济的配置机制缩小了国家功能的范围。另一方面,公民社会的成长与扩大虽然在客观上制约了国家公权力在社会公共空间的行动能力,但并不意味削弱或取代国家政府在治理关系中扮演的角色,市场经济对公民个性发展提出双重挑战的同时,也为公共空间、公共领域带来了机遇和有利条件,对公共道德提出了更迫切的要求。李兰芬指出,"面临经济全球化、市场一体化进程中发生的许多社会性、全球性问题领域(诸如环境保护、公共卫生等),绝对而又排他的公民权利越来越不得不接受'集体行使主权'的约束"[①]。社会与国家之间的公共空间、公共领域保持相对独立性是现代社会的基本特征。

三、新文明建设理论

新文明建设理论是对过去"和谐社会"理论的继承和发展,也是实现社会和谐的新的文化源泉和指导思想。

(一)新文明建设的基本内涵

文明包括生产方式、社会生活方式和创造方式及其物质精神创造物。新文明建设理论认为,传统和现代之间应建立起一种良性的结构性互动关系,即一方面应看到各自的特点,另一方面则不应割裂两者之间的联系,中华文明"本质上都是对文明发展的全面性和均衡性构建"[②]。早在 2002 年,张世英先生提出,"我们应当从自己的哲学基础出发,批判地吸取中国的'前主客关系的天人合一'的合理之处,把它同西方近代的'主体—客体'式结合起来,走一条具有本

---

① 李兰芬:《当代中国德治研究》,人民出版社 2008 年版,第 122 页。
② 何哲:《人类文明的维度与人类新文明体系的建构》,《人民论坛》2021 年第 34 期。

民族特色的'后主客关系的天人合一'的哲学之路"①,中国传统文化的"天人合一""万物一体""民胞物与""四海之内皆兄弟",体现了中国传统文化的整体性思维,张世英先生称之为"前主客关系的天人合一"。②

中国新文明建设即在吸纳传统文明和现代文明智慧的基础上,最终实现对以资本为主导的现代文明和以儒家思想为主导的传统文明的超越。汤一介指出,"在现今任何民族文化的发展都应体现'共性'与'特性'、'时代性'与'民族性'的结合"③,中国构建新的现代文明秩序的过程,一方面,应该确立现代性的民主、自由、平等、法治的价值,也应该是对西方现代性的反思和批判;另一方面,应该不只是中国旧的传统封建思想的解构,也应该是对它的优秀传统的继承和创造性吸收、创新性转化。中国的社会转型和现代化完成了由"外鉴式"向"自我建构式"的转变。新文明理论首先体现的是一种政治价值观,即中国人民对国际治理的价值期待,中国政府对自我的承诺。在国际政治上不搞霸权主义,在国内政治上不搞极权主义,政治以民生为本。新文明理论在经济价值观上,不是追求对自然资源的无穷开发,不是对他国的剥削榨取,兼顾效率与公平。新文明理论在社会建设上,主张国家与社会相对平衡的互动关系的建立,主张公共空间、公共领域的和谐。新文明理论在文化、道德建设上,主张传统文化与现代文化的融合,以民族文化为根,以马克思主义为文化建设、道德建设的指导思想,以西方文化为重要思想资源,为人的全面发展提供了客观条件。

作为超越资本文明的新文明形态,中国社会主义新文明首先意味着对资本文明的变革,中国社会主义新文明其次意味着对传统社会文明的超越。反思性思维、系统性思维有助于超越保守的、单向度的文化思维方式,促成互相理解、互相合作、互相弥补,有利于破除工具理性对文化本真意义的遮蔽、对生命存在价值的低估。新文明建设理论既源于时代,又超越时代,传达道德理性、阐释社会规律,如钱穆先生指出"融摄已有之'旧',来创生未有之'新'"④,新文明建设形态意义上开创了人类道德生活的可能形式,一幅不同于资本文明的伦理精神图景被构造出来。

---

① 张世英:《哲学导论》,北京大学出版社 2016 年版,第 14 页。
② 同上,第 13 页。
③ 转引自汤一介:《汤一介学术文化随笔》,中国青年出版社 1996 年版,第 119 页。
④ 钱穆:《文化学大义》,九州出版社 2012 年版,第 20 页。

（二）新文明建设的维度

新文明发展观亦即一种新的社会哲学。吴海江、徐伟轩指出，"文明是洞察历史规律的基本向度，确立文明形态在理论建构的实存性，必须将之纳入纵横相交的世界史的框架中。"①现代性与民族性是中华文明的两个层面，从过去来看，位居于中华文明史不同的层面，但我们现在要把现代性和民族性统一起来。《新时代公民道德建设实施纲要》的颁布，是对新文明建设的两大维度的伦理反映。

新文明建设是民族性和现代性相统一的维度。功利主义的功利原则不过是资本主义市场原则的写照，功利主义学说为资本主义经济发展发挥了指导作用，但它没有看到功利主义只能是经济原则，充其量是经济道德原则，而不是社会生活的一般道德原则。以这种有缺陷的工具理性理论指导个人和政府公共实践，难免发生偏颇。西方以个人主义为基础的自由主义着重研究自由的价值，而对于规范问题和仁爱问题重视不够，但从其结果的角度看这种公德是有缺陷的。近代伦理学在某种意义把个人从封建礼教下解放出来，特别重视个体的自由问题，但却走向了另一个极端，这就是没有对个体的规范性一面从道德上给予足够的重视，对于人的价值也有所忽视。因为规范性是道德的重大问题之一，公德建设绕不过它。绕过了它，公德就是不完善的。

关于现代性，哈贝马斯认为，其基本含义是一种与传统的断裂和走向当代的不连续时间。② 技术与形式的合理性成为衡量社会中一切是非与否的唯一裁判者。在知识与技术的引领下，西方现代性实现的是工具理性即形式的合理性。西方现代性进程是工具理性引导西方社会从传统束缚中摆脱出来，转而依靠现代生产方式的合理性与理智去认识并征服世界的过程，所以，西方现代性的公共性价值的磨灭，正是西方个人主义自由主义思潮的恶果，以权利和技术理性为核心的西方现代性，无法导出社会的团结性。

民族性与现代性的关系问题在不同的时期不同的主体那里有不同的关联。对复古论者而言，现代性的事物不啻为梦幻泡影；对全盘西化论者来说，传统的民族的东西则是糟粕之物，必欲另起炉灶，用西方化取而代之，现代化就是西方化。复古论者或者全盘西化论者以部分代整体，一叶障目，两种观点均有偏颇。

---

① 吴海江、徐伟轩：《新文明的中国形态》，《复旦学报（社会科学版）》2020 年第 5 期。
② 参见［德］尤根·哈贝马斯：《后民族结构》，曹卫东译，上海人民出版社 2002 年版，第 178 页。

完全复古显然不合时宜,而仅仅依靠异域文化的移植或嫁接,将中华文化的丰富历史蕴含抽空,则失掉其根本,容易落入非此即彼的二元对立误区。对西方现代性的盲目追随,致使中国经验不断流失。某些国家背离母族文化,并不能促进现代性的发展,简单以西方化主导自身发展,结果是一败涂地。健康的现代性必须具备社会文明的基本特征,离不开形成社会伦理秩序的规范性要素。取消这种规范性体系,意味着卡西尔的"完全无政府状态"。由于缺乏传统家庭礼仪、亲情教育,"主体解放""个人解放"过分强调自我,主体性走向极端功利主义、个人主义,集体意识淡薄,协作观念差,社会责任意识缺失,整个社会缺乏人文关怀。

具体到当代公德建设民族化的建构来说,则尚有许多需要进一步探讨的问题。与民族的生存处境及文化创造相通,对西方现代性文化的超越,应该反对的只是现代性的霸权而非要拒斥它的成就,应肯定它"去中心"的平等观念的弘扬和多样性文化价值观念的彰显,现代文化与传统文化在相遇中相互借鉴、相互融合,而生成继承性的、主体性的、建设性的、全面性的、开放性的新质文化,建构一种与过去、现在和未来的经验都联系起来的公德文化,以满足公共生活实践发展的需要。

毋庸讳言的是,在三大来源融合的过程中,存在着马克思主义文化与传统文化的简单嫁接现象,这是目前我国文化建设中难以回避的问题,可能会造成公共实践的困惑,使公共行为无法保持相对的统一性。陈先达指出,"在马克思主义与中国传统文化相结合的过程中,不可能没有矛盾,不可能是绝对一致的"①,二者最根本的是立场的不同,从实践意义上说,这种文化共识和文化融合的实现过程,就是我国公共道德文化的建设过程。中国共产党的文化观认为,中华优秀传统文化是当代道德建设包括公德建设的根基,而马克思主义中国化的成果——社会主义核心价值观是公德建设的灵魂和基本指导思想。西方公德建设的文明成果是当代道德建设包括公德建设可资借鉴的资源。

当下普及新文明建设理论最有效的途径,乃是扩大民族性与世界性、传统性与现代性在公共领域的对话,不仅扩大公共领域对话的广度,而且加强公共领域对话的深度。当前更重要的是,发现和理解传统文化在公德建设中的现代价值,澄明传统文化又可以怎样同我国当前公德建设建立联系,从而塑造当代

---

① 陈先达:《文化自信中的传统与当代》,北京师范大学出版社 2017 年版,第 52 页。

公德建设的血肉之躯,这种途径无须承诺涵盖或解决公德建设面临的所有问题,也许可以被视作推动中国当代公德社会化、大众化的一种努力。

过去一般的文化观认为,中华优秀传统文化是当代道德建设包括公德建设的根基,而马克思主义中国化的成果——社会主义核心价值观是公德建设的灵魂和基本指导思想。当然,西方公德建设的文明成果也是当代道德建设包括公德建设可资借鉴的资源。公德建设必须坚守中华文化立场,研究者孙向晨指出,"我们不再以'西方'为标准衡量自己,而是借助'西方'跳出自己,反思自己,从而重新发现自己"①,随着中国共产党新文明建设理论的提出,马克思主义与中华传统文化相结合的命题的提出,我们可看到,中华优秀传统文化不仅是当代文化建设的根基,也是当代公德建设的根基,而且是当代公德建设的两大维度之一。

"人的需要""和谐社会""新文明建设"三者之间是互相联系、部分交叉的概念,但是在提出的时间背景、用法上侧重点是不同的。"人的需要",在我国社会主要矛盾发生转化之后,与爱的归属、民族精神家园的构建有着很大关系。"和谐社会"理论与中国传统文化"以和为贵"的思想有着很深的渊源。"新文明建设"是一个正在形成中的概念,与传统文化"天人合一"的世界观、生态思想、思维方式有着很深的渊源。三者间接论证了中华优秀传统文化融入当代公德建设的重要性。就此而言,传统文化融入当代公德建设在某种程度上是我国传统文化的"德治"思想、民本思想、整体本位与马克思主义人本思想的结合。它是以社会主义制度的成就为当下物质条件,以人民群众的利益为最高价值评价标准的价值视域。

第二节　中华优秀传统文化融入当代公德建设的文化学依据

一、文化教化理论

中国传统文化里,"理"指的是客观的社会伦理规范,是对人的情感和欲望

---

① 孙向晨:《天下、文明与个体——今天中国人如何理解自己》,《文化纵横》2021 年第 6 期。

的把控,但是应该以"性""心"为依据。儒家虽然没有站在唯物主义高度强调客观环境对"性""心"的影响,但是也没有否认这种影响。儒家以"合情合理"作为道德生活的指南,但也说明,儒家的公共性道德建构一种在个体自主性和社会他律性之间寻求辩证平衡的致思理路。"合情"是情感标准,"合理"是知性原则,这是因为,其一,仁爱之道推广的价值序列符合人之常情;其二,引导人不断超越自我而走向更高的精神境界;其三,符合中庸之道。

儒家道德文化以情为道德的根基,但却不远于理性,理性则不外乎人情。21世纪以来,李泽厚先生提出了中华传统文化"情本论",之后陈来、蒙培元、郭齐勇、李建华等也从自己视角研究了这一问题,认为传统儒家文化是以情感为出发点与价值标准的理性思维形式,基于情感理性的道德规范、道德准则是具有普遍性、合理性的伦理原则。情感抒发要有真情实意,要适度,过度则为纵欲不合社会要求。儒家的"发乎情,止乎礼"一语可以说是"情理"逻辑的浓缩,人情既要发挥又要控制,儒家倡导"情理合一""情理兼容""情本理引"体现了中国传统文化的精神气质,故儒家的伦理学说、社会学说是丰富的。传统社会对整体本位的认同、人对伦理共同体的共识,与西方社会对理性纯粹思辨的、形式逻辑的偏爱不同,虽然导致中国社会科学理性不发达,却是中国传统文化相当有价值的学说。

儒家的"文化论"或教化论是建立在人性可教的人性假设上。《易传》中写道:"观乎天文,以察时变;观乎人文,以化成天下。"传统文化的核心就是"以文化人",中国传统文化滋养着中华民族生生不息、血脉相承的道德规范,它注重人与人之间、人与群体之间、人与自然之间的和谐与统一,它有替代法律的道德教化、治理功能,以潜移默化的方式塑造人的行为和心理活动。

唐代韩愈继承并发展了孟子的性善论。韩愈说:"性之品有上、中、下三。上焉者,善焉而已矣;中焉者,可导而上下也;下焉者,恶焉而已矣。"(《韩昌黎文集校注·原性》)教化的手段多种多样,既可以是文化,也可以是法律。中国传统儒家文化对待欲望是欲而不贪、泰而不骄、欲而不争、争必有礼的主张,把人的需要、欲望以教化的方式加以约束。在中国传统的人性结构中,情感与理性充分、高度地融合统一了。

传统文化的道德教育是通过一定的手段塑造理想人格,即达到上面所说的"情本理引""情理合一""社会和谐"等目标。李景林指出,"什么是教化?我们可以通过'普遍化''转变''保持'这三个关键词来理解它的概念内涵。"①加强品德塑造是促进社会公德建设的重要基础,环境不仅包括社会生产方式,也包括社会文化和教育在公德发展中起塑造作用。在社会公德的促进中,主要应该考虑文化的促进作用。教化的途径,是礼的约束,是情感的熏陶,即"诗"与"乐"的作用。孝、悌是"仁"之本,可以成为社会公德的起点,社会公德是实践意义上本质相同的仁爱行为的不断拓展。通过儒家文化的日常化、生活化来实现教育目的是儒家的常见手段。国家制度下礼乐仪式的体系化,使全国范围内都有这样一批官属乐人承载国家礼乐。王易、张泽硕指出,"中国数千年的封建历史能够长久延续的深层原因不仅仅取决于传统社会的经济发展,也不完全依赖于政治上层建筑领域的社会控制,其更为深刻的意蕴在于百姓日常生活模式的稳定"②,中华优秀传统文化的大众化是中国传统社会相对稳定的原因。

李景林指出,"儒家的文化意义是'教化'"③,马克思主义的量变引起质变、客观影响主观的原理也可以验证儒家"教化"论的重要性,前代人以此为基础形成的文化累积构成了当代人的生活背景和经验资源,通过客观影响主观的过程,可以达到改造人精神世界的目的。

二、文化传承理论

孔子及儒学代表人物孟子,以周公为宗、传承忠恕之道,开创经邦济世、敦风化俗的儒家道统,在中华道统发展史上具有重要意义。孔子"述而不作,信而好古",但是又有所创新,"殷因于夏礼,所损益,可知也",孔子"以返本开新的方式开辟文明新史"④。孟子已经有了道统意识。最早正式使用"道统"一词的是朱熹。他将"道"与"统"合而为一,把儒家的道统观念与历史上的传道谱系结合在一起。武周时期曲阜县令、儒者盖畅著《道统》十卷,韩愈《原道》中的排佛卫道,均代表了一种儒家本位主义立场,在当时有其合理性、必要性。

(一)儒家道统论

道统论的基本主张是,儒家提出的仁义道德具有永恒价值,是维系社会发

① 李景林:《教化儒学论》,孔学堂书局 2014 年版,第 10 页。
② 王易、张泽硕:《中国传统德育中的"人伦日用"及其当代启示》,《伦理学研究》2015 年第 5 期。
③ 李景林:《教化儒学论》,孔学堂书局 2014 年版,第 16 页。
④ 唐代兴:《试论孔子的正名知识论》,《中国社会科学院研究生院学报》2021 年第 2 期。

展的基础,无论在哪一个时代都不能否定;破坏了仁义道德传统,就是破坏了社会的根基,要重建社会的根基,是不容易的事情;作为一名学者,需要守护这种传统,有责任让这种传统不遭到破坏。韩愈在《原道》中有"博爱之谓仁,行而宜之之谓义。由是而之焉之谓道。足乎己无待于外之谓德"(《韩昌黎文集校注·原道》)。韩愈曰:"凡吾所谓道德云者,合仁与义言之也,天下之公言也"(《韩昌黎文集校注·原道》)。道统论中的核心内容是"仁义",是"日用常行",具有普遍价值。

韩愈的《原道》一文中两次提及"博爱之谓仁,行而宜之之谓义"。学界一般认为儒家"道统"二字连用,是由朱熹在 1179 年的《知南康牒》中率先提出的。韩愈《原道》等所提出的道统谱系,在当时佛教盛行的背景下具有排斥与建构两种功能。韩愈通过树立一个道实际是儒家经典思想的传承谱系,把不合时代需要的东西去掉,保持文化传承的主干性和主体性。魏征在《谏太宗十思疏》中曾讲到源与流的关系:"欲流之远者,必浚其泉源。""源不深而望流之远""塞源而欲流其长"根本不可能。近代牟宗三提出了"道统、学统、治统"论,也是对孟子、韩愈、朱熹等人的道统论的继承。道统论者的共同特点是看到了文化发展的延续性、文化传承的客观性。

(二)社会公德意识的相对独立性

马克思指出物质决定意识,阐明了世界的物质性,阐明意识的本质和作用等原理。但是马克思反对形而上学机械论,形而上学机械论不承认意识的能动作用。人们为满足自身需要而进行的精神创造活动,是形成和发展各种思想和理论的直接动力。人的劳动创造活动内容很多,但最基本的是物质创造活动和精神创造活动两大类。无论哪一种劳动创造都是认识活动和实践活动相统一的过程。社会公德学说是一种社会意识,社会意识的发展具有相对独立性。马克思自身思想形成发展的过程本身就是对西方传统文化的批判和吸收。马克思对艺术的看法以及他本人的思想创造为我们的这一推论提供了有力的证据。马克思批评基督教掩盖了道德的独立性,"道地的基督教立法者不可能承认道德是一种本身神圣的独立范畴,因为他们把道德的内在的普遍本质说成是宗教的附属物"①,文化学者马林诺斯基指出,"形式若是受制于它本身的需要,便是

---

① 《马克思恩格斯全集》(第 1 卷),人民出版社 1956 年版,第 15 页。

能独立发生及自然地连接成丛林的。这种形式可以是独立进化的结果"①,这是马林诺斯基根据自己的人类学考察得出的结论。

意识与现实之间有三种关系的样态,即落后的意识、适时的意识、理想的意识。恩格斯在《路德维希·费尔巴哈和德国古典哲学的终结》中指出,"公法和私法被看作两个独立的领域,它们各有自己的独立的历史发展,它们本身都可以系统地加以说明,并需要通过彻底根除一切内部矛盾来作出这种说明"②,这些分析表明,诸如哲学、宗教、法律之类的传统文化能够在时代更替中不断传承和发展,这可以说是间接揭示了传统文化作为思想形式所起的作用。社会意识发展的超前性和经济发展水平的不对应性会存在一定矛盾,这主要是说,落后的生产关系状态会出现超前性的公德意识,这是因为社会意识具有相对独立性。这种超前性的公德意识会成为公德文化中的引导因子。同时,社会意识对社会存在又具有反作用。

认识水平的超前性与实践水平的滞后性,产生了认识的理想与实践的非现实性的矛盾。在历史发展进程中,思想家们往往从理性原则出发,产生出脱离社会现实本身的社会理论,建构起种种解决经验问题的恢宏的理想大厦,并妄图将大厦中的内容直接植入现实生活。传统社会思想家们的文化认识活动与实践活动存在鲜明的割裂现象,仁义礼等道德实施的范围有限。

马克思认识到人们美好的"社会幻想"的产生来源于残酷的现实环境。这些"社会幻想"虽然不具有现实性但却有存在的合理性。马克思又指出,"你们不在现实中实现哲学,就不能消灭哲学"③,人们的"社会幻想"既产生于现实的社会生活之中,同时因其超越性,具有超越现实、打破现存秩序的力量,它的萌发具有客观性,所以不可能被统治阶级消灭,俄国马克思主义哲学家普列汉诺夫首次明确地将社会意识划分为社会心理和思想体系两个低高层次④。

道德理论对社会实践具有指导作用。在《〈黑格尔法哲学批判〉导言》中,马克思在论述革命需要物质基础的同时,强调"理论一经掌握群众,也会变成物质

---

① [英]马林诺斯基:《文化论》,费孝通译,华夏出版社 2002 年版,第 15 页。
② 《马克思恩格斯文集》(第 4 卷),人民出版社 2009 年版,第 308 页。
③ 《马克思恩格斯全集》(第 1 卷),人民出版社 1956 年版,第 459 页。
④ 参见[俄]普列汉诺夫:《普列汉诺夫哲学著作选集》(第 3 卷),生活·读书·新知三联书店 1962 年版,第 196 页。

力量"①。在社会主义公有制条件下,才能进一步扬弃认识活动与实践活动的割裂。真理将不再囿于"理性体系"之中,而得以成为"行动的指南",实现认识过程与实践过程的具体的历史的统一。

(三) 马克思的辩证扬弃理论

马克思对待传统理论的态度,既不是对传统理论全盘否定,也不是对传统理论的全盘肯定,而是一种崭新的批判方式,即辩证否定的批判方式。

马克思指出,"人们自己创造自己的历史,但是他们并不是随心所欲地创造,并不是在他们自己选定的条件下创造"②,马克思认为,文化是人类集体劳动创造的结果,"孤立的劳动……既不能创造财富,也不能创造文化。"③这一思想实际上从劳动的社会性角度指出了文化的大众性特征。马克思的这一思想为当代中国马克思主义者所吸取,提出了"发挥人民群众文化创造积极性"的论断。唯物史观将社会现象分为社会存在和社会意识,主张社会存在决定社会意识。公共道德是人类社会形成后的产物,公共道德形成于调整个人和部落财产关系及社会性生产关系的需要。

公共道德萌芽于人类早期劳动产生的协作关系,但主要是随着人类社会关系逐渐复杂以及由此产生的各种矛盾逐渐增多而发展的。分工导致产品交换成为必然,交换促使人们走出氏族部落,人们逐渐打破氏族成员聚族而居的传统,增进了社会道德文化形成的必要性。正如马克思所说:人在劳动过程中,有了自我意识、自己的目的,人类才有了人与人、人与集体以及人与社会的矛盾。

马克思看到了传统理论的局限性。但在费尔巴哈重新确立唯物主义的权威以后,一些法国的唯物主义者完全否定黑格尔,把他看作一条"死狗",马克思却说"我要公开承认我是这位大思想家的学生"④,马克思继承了黑格尔思想中的辩证法精华,可以说,没有黑格尔辩证法思想的启示,就没有马克思的唯物辩证法的大成气象。此外,马克思还批判继承了古希腊罗马思想家们的世界一体思想以及前人的社会主义思想、经济思想。中国古代思想家也有"为天地立心"的理论担当,把那些体现历史必然性和时代性的公德真理留存下来。马克思主义与中华优秀传统文化具有以下共同点:第一,尊重人性,即尊重人的合理需要

---

① 《马克思恩格斯全集》(第1卷),人民出版社1956年版,第460页。
② 同上,第585页。
③ 《马克思恩格斯选集》(第3卷),人民出版社1995年版,第300页。
④ 《马克思恩格斯文集》(第5卷),人民出版社2009年版,第22页。

和个性;第二,高扬人道,即高扬人的道德尊严和对社会总体利益、他人利益的关切;第三,开显人伦文明,即都主张从人的社会属性出发合理限制人的自然属性。因此可以说,它们共同为中华优秀传统文化融入当代公德建设提供了有力的理论支撑。

三、文化自觉理论

20 世纪 90 年代,社会学家费孝通先生首倡"文化自觉"的观念,"指生活在一定文化中的人对其文化有'自知之明'"①,习近平总书记提出"讲清楚中华优秀传统文化是中华民族的突出优势,是我们最深厚的文化软实力"②,在文明进程的滚滚洪流中,文化自信与文化自觉的交融促使先进文化战胜落后文化,推动文化的新陈代谢。党的十八大报告提出建设优秀传统文化传承体系,弘扬中华优秀传统文化的任务。文化因"自觉"而"自信",文化因"自信"而更加"自觉",新时代中国特色社会主义文化建设的探索成果,这是一种社会主义文化发展的宏观战略,是中华优秀传统文化融入当代公德建设的战略依据。

(一)"根"理论

以马克思主义为指导为魂,坚守中华文化立场是现代性发展之根,以时代问题为融合的内在动力。众所周知,习近平总书记充分肯定了传统文化的历史和当代价值。对于当今的中国来说,中华优秀传统文化是中华民族"在世界文化激荡中站稳脚跟的根基"③,他以"精神命脉"一词形象地指出了传统文化的重要性。所谓"命脉",是指传统文化的延续是决定着民族生死存亡的关键。所谓"根本",是从继承民族文化与借鉴其他文化的关系来说的。优秀传统文化是一个国家、一个民族传承和发展的根本,一个民族要想吸收借鉴其他优秀传统文化,都必须以自身固有的优秀传统文化为根本。党的十八大以来,以习近平同志为核心的党中央强调:"中华优秀传统文化是中华民族的突出优势,是我们最深厚的文化软实力。"近代以来,我们在经济上追赶发达国家,一些学者文化上"移植、复制"西方,却忘掉了"以中国人的身份作研究"。

习近平指出,中国共产党虽然坚持以马克思主义为指导,但中国共产党人

---

① 费孝通:《对文化的历史性和社会性的思考》,《思想战线》2004 年第 2 期。
② 习近平:《习近平谈治国理政》(第 1 卷),外文出版社 2018 年版,第 155 页。
③ 习近平:《习近平谈治国理政》,外文出版社 2014 年版,第 164 页。

"不是历史虚无主义者,也不是文化虚无主义者","要积极地做'中国传统文化的忠实继承者和弘扬者'"。① 孙向晨指出,"近代以来,中国人习惯于以某种外在标准来衡量自己,传统因此被全面否弃,结果导致我们对自身生活的合理性缺乏深入理解,中国文化传统下的'文明生活'全面沦丧"②,幸运的是,这种错误倾向正处在从上到下的纠正中。

中国古代社会积累了丰富的道德教化经验,其中包括细致详尽的人际交往道德理论。无论古今,人类的智慧总有其相通、相近之处,那么传统文化思想内涵的问题,对于当代中国的公共道德建设,当然会有其比照和借鉴的意义。事实上,古代中国的道德实践也充分说明了传统五常思想已取得成功,"中国智慧"鲜明,作为中国传统文化的优秀构成,值得今人了解、借鉴与传承。中华优秀传统文化是中国文化发展的根基和命脉,中华优秀传统文化"积淀着中华民族最深层的精神追求,代表着中华民族独特的精神标识"③,中华优秀传统文化的接续与传承,为中国崛起提供了深厚的文化底蕴,坚守中华文化立场,也就是坚持中华文化的延续性和主体性。

(二) 文化基因说

文化是一个民族生存发展的根和脉,这些博大精深、内容丰富的文化是激发中华民族文化自信的根基。"文化基因是在人类文明发展进程中,逐步形成的处理人与自然、人与人、人与社会的相互关系的思维方式或价值观的总和,它是反映某种文化基本特征的因素"④,从另一个角度看,与古代中国相比较,当代中国的社会观念经历了重大变革,但是作为思想文化传承的当代公德文化,其中仍然含有传统文化的因子。习近平总书记说:"体现着中华民族世世代代在生产生活中形成和传承的世界观、人生观、价值观、审美观等,其中最核心内容已经成为中华民族最基本的文化基因,是中华民族和中国人民在修齐治平、尊时守位、知常达变、建功立业过程中逐渐形成的有别于其他民族的独特标识"⑤,作

① 习近平:《习近平在纪念孔子诞辰 2565 周年国际学术研讨会暨国际儒学联合会第五届会员大会开幕会上的讲话》,人民出版社 2014 年版,第 13 页。
② 孙向晨:《天下、文明与个体——今天中国人如何理解自己》,《文化纵横》2021 年第 6 期。
③ 习近平:《习近平谈文化自信》,《人民日报(海外版)》2016 年 7 月 13 日第 1 版。
④ 丁晓强、赵静:《论新时代中国特色社会主义文化建设的新使命》,《中共中央党校学报》2018 年第 5 期。
⑤ 习近平:《在纪念孔子诞辰 2565 周年国际学术研讨会上暨国际儒学联合会第五届会员大会开幕会上的讲话》,《人民日报》2014 年 9 月 25 日第 1 版。

为历史文化的积淀,传统文化一直在一些人心中存留和传承着。文化领域日益成为强国对他国进行渗透的主阵地,文化虚无主义的根本目的,就在于彻底摧毁中华民族的民族自豪感、民族自信心和民族尊严。

儒家价值观是中国文化的"深层结构",是中华文化稳定、恒久不变的要素。唐凯麟先生精辟地指出,"传统与传统文化具有两个显著的特征。一是世代相传事物的同一性,……它们虽然在世代相传中发生了种种变异,始终处于流动的状态中,但其中又有着某种共同的渊源、共同的主题以及相近的表现形式和出发点。也就是说,它们的各种变体之间由于存在着某种共同的脉络连接其间,故表现出某种变中不变的同一性。这种同一性在观念上具体表现为某种相对稳定的问题意识、解题路径、解题方式和相近的价值取向与价值目标。""二是它的世代相传事物的持续性。这种持续性首先表现在它是世代相传、陈陈相因的;其次表现在它现在还存活着、还在这样或那样影响与制约着现在人们的思想和行为,从这个意义上可以说它是存在于'现在的过去'。"①这种要素决定了中华文化的稳定性,为中华民族所共享的一体性文化,这是一种共性文化。有一个术语叫路径依赖,可以借用来说明传统文化在中国文化发展中的意义。路径依赖,又称为路径依赖性,它的特定含义是指人类社会中的技术演进或制度变迁均有类似于物理学中的惯性。正如设计一项新制度需要大量的初始设置成本,而随着这项制度的推进,单位成本和追加成本都会下降,那么推行一项道德规范和众多道德规范同样需要多方面投入,如果沿用传统道德文化,单位成本和追加成本都会下降。优秀传统文化的系统性和丰富性是当代公德建设的基因,也是当代公德建设的载体。优秀传统文化具有文化传承功能。优秀文化传递传统公德经验和公德规范的记忆,优秀传统文化具有公德"行李箱"的运输作用。

李泽厚先生提出,"孔学特别重视人性情感的培育,重视动物性(欲)与社会性(理)的交融统一。我以为这实际是以'情'作为人性和人生的基础、实体和本源"②,传统美德被理解为集体良知,传统文化可以看作是一种集体理性的结晶。传统美德流传下来的广为人知的是社会公德因子,属于社会基础性道德,具有普遍性,是实现社会管理的重要手段。这是"社会文明"稳定发展的基本条

① 唐凯麟:《传统文化三题》,《求索》2018年第3期。
② 李泽厚:《论语今读》,江苏文艺出版社2010年版,第19页。

件。传统美德流传下来的社会公德因子具有协调性功能。"传统道德"是通过"价值观""义务"和"道德行为规范"三个方面去规范和制约人们的公共行为的，体现着意识与理念、原则与规则、制度与规范、硬法与软法等元素相辅相成。在制度之外还有纪律与规范，在原则之外还有规则、习俗，在主流意识之外还有积极的理念。梁启超先生指出，私德不能开出公德，私德与公德之间的非连续性，相互独立，但是不能掩盖它们之间的同源性、对应性以及相似性。

（三）中国话语理论

对民族的认同建立于民族话语的框架之内，它不仅内植于一个社会的结构当中，也根源于民族把话语、概念与价值观和心理融合在一起。中华优秀传统文化营造"话语共同体"意识，利用共同话语营造共同情感，以共同情感为内在动力，生成集体行动内在机制。话语体系下沉联结着主流价值塑造，传统话语既肩负着引导、教育观众的职责，又要在传播方式上靠近老百姓，由此拉近了公德教育与人民大众之间的距离，从而达到建构"话语共同体"的目的。

中国话语体系是中国特色、中国风格和中国气派的基础和内核。这同样也是一个涉及话语体系的当代建构问题。只有构建科学的、完整的和与时俱进的话语体系，才能形成科学的、系统的和与时俱进的规范体系。当代中国话语体系的构建，应全面顾及国际和中国传统文化及其当代、实践等几个基本层面，应遵循、符合或顺应一系列基本原则、基本规律和发展趋势。"语言仿佛是民族精神的外在表现；民族的语言即民族的精神，民族的精神即民族的语言，二者的同一程度超过了人们的任何想象"①，传统文化具有中国风格、民族气派、融通中外的现代话语表达形式，丰富充实了新时代话语体系，为推动构建中国特色社会主义话语体系注入了新的更重要的文化活力，增强了话语的感召力。

从国际着眼，中国话语体系的当代构建必须表达全人类的共同利益。在国内层面，中国话语体系的当代构建，从整体上要考虑两个基本方面：一是对国家的一般和特殊要求，二是中国的具体国情，从这一基点出发，我们同外部世界的真正对话和交流（包括学习和模仿）才具有现实可能性。

公德建设的重要内容是公德话语体系建设。当公德建设体现出与该文化传统继承并创新的特征时，话语体系得以延续和充实。当下公德话语体系贫乏

---

① ［德］洪堡特：《论人类语言结构的差异及其对人类精神发展的影响》，姚小平译，商务印书馆1999年版，第52页。

念是儒家最具现代价值的地方,体现了中国公德的民族特色。

党的十八大以来,中国社会科学正试图逐渐摆脱它对于外来学术的"学徒状态"。因此,面对中国当下,要依靠中国传统思想、教育习俗、传统经验的传承和创新。黑格尔认为,"传统并不是一尊不动的石像,而是生命洋溢的,有如一道洪流,离开它的源头愈远,它就膨胀得愈大"①,在全新的媒体环境中,讲仁爱、重民本、守诚信、崇正义、尚和合、求大同、扶正扬善、扶危济困、见义勇为等传统话语亟须得到继承与发展,可融合现代元素,寻求充分融合传统与现代的话语方式,使其表达具有鲜明的时代性。《新时代公民道德建设实施纲要》总结、概括的传统公德资源充分说明了中华优秀传统文化中传统公德资源的丰富性和重要价值。

第三节　中华优秀传统文化融入当代公德
　　　　建设的政策依据

党的十八大以来,中国共产党的文化实践则为中华优秀传统文化融入当代公德建设提供了政策依据。

一、坚守中华文化立场的原则

党的十九大报告提出"坚守中华文化立场"的文化发展要求,即"以马克思主义为指导,坚守中华文化立场,立足当代中国现实,结合当今时代条件,发展面向现代化、面向世界、面向未来的,民族的科学的大众的社会主义文化,推动社会主义物质文明和精神文明协调发展"。中华优秀传统文化融入当代马克思主义的发展之中,化为当代马克思主义文化的一部分;马克思主义与中国传统文化结合,赋予中国传统文化以新的面貌、新的性质,使中国传统文化陷入惰性保守之时得到了更新,焕发出新的活力,两者互相融合,推动了马克思主义中国化进程,也改变了中华文明的进程和格局。

从历史经验来看,民族文化传统是现代性的丰厚养分。辛亥革命推翻清朝

---

① 〔德〕黑格尔:《哲学史讲录》(第 6 卷),贺麟、王太庆译,商务印书馆 1959 年版,第 8 页。

统治后也出现过类似的"真空"状态,在失去传统皇权这个核心之后,民国政府显然缺乏全面整合政治社会与道德文化的能力。我国"文化大革命"后也出现过类似的"真空"状态。马克思指出:"人们自己创造自己的历史,但是他们并不是随心所欲地创造,并不是在他们自己选定的条件下创造,而是在直接碰到的、既定的、从过去承继下来的条件下创造"①,国内学界著名学者张岱年、季羡林、任继愈、费孝通等在改革开放后多次撰文表述弘扬中国传统文化对社会主义精神文明建设的重要性。"要是每一代人都重新创造文化的话,我们现在可能还处在原始社会。我们的文化之所以发展到现在,就是因为一代一代不断积累,跟积土为山一样,越积越高"②,当代中国社会不可能脱离自我历史传统,创造出全新的公德文化。

公德文化建设的逻辑起点是汲取共同人性需求的经验凝结的共同体生活智慧的需要。中华传统文化具有"责任先于自由、义务高于权利、群体高于个人、和谐高于冲突"③的特点,中华优秀传统文化中蕴含的这些价值共识、精神追求是涵养社会主义核心价值观的重要源泉。优秀传统文化如儒家美德的规范性、人道性的实质并没有被足够多的人所认识,儒家的"五常"思想经历了现代化的洗礼,较少有专制色彩,经马克思主义立场观点方法改造后,可以为完善发展中国特色社会主义公德建设提供丰厚滋养。只有对于中华优秀传统文化的精神特质有深刻的领会,才能使我们在进行当代公德建设时有更高更远的眼光,从而实现新技术复杂环境下公共空间的长治久安与和谐发展。

传统文化具有阶级性,但也具有全民性,尤其是传统公德文化的全民性超过了阶级性,因此传统公德文化部分是具有很大的可继承性的。马克思主义认为,道德具有阶级性。在阶级社会中反映现实利益的道德不可避免地带有阶级倾向性,而处于具体历史之外的超阶级的一般道德体系或类型是不存在的。但是,马克思主义也认为,道德具有全民性。列宁认为,"只有确切地了解人类全部发展过程所创造的文化,只有对这种文化加以改造,才能建设无产阶级的文化"④,中华优秀传统文化的价值理念、道德规范等,蕴含着解决当代人类公共生活面临的共同性难题如新冠疫情大规模流行的重要启示。

---

① 《马克思恩格斯全集》(第 21 卷),人民出版社 1995 年版,第 131-132 页。

② 陈先达:《文化自信中的传统与当代》,北京师范大学出版社 2017 年版,第 51 页。

③ 陈来:《中华文化的现代价值》,中国文史出版社 2020 年版,第 91 页。

④ 《列宁选集》(第 4 卷),人民出版社 1995 年版,第 285 页。

社会公德全民性因素存在的客观原因如下:第一,不同的阶级甚至对立的阶级之间在公共领域存在着某些共同利益,这是社会公德全民性因素存在的客观原因之一。第二,不同阶级之间的公共利益有互相依存性的情况存在,不同阶级之间的公共利益存在相近性而构成了不同阶级或集团在公共利益问题上的一致性。社会公德具有全民性,它可以超越其形成的历史条件,作用于新的历史时代和服务于当代。当传统美德适应当代公德需求时,能增强公德教育的说服力。因此,教育目标、教育任务和教育内容发展变化了,既会有一些教育方法过时,也会有一些教育方法在新的历史条件下,经过改进为完成新的教育任务服务。

社会起伏盛衰,社会公德既具有变迁性又具有相对稳定性。不同阶级之间的公共利益存在共识性、协调性,马克思主义伦理学明确地肯定了这一点,历史上先进阶级的道德主张之中,都包含了一般人类道德经验的结晶。

公德建设的现代性主要体现在公德的民主化、法治化等进程方面。当代道德建设的民主化不能解决一切问题,因为民主不能解决人对社会情感的需求,也无法解决社会发展不平衡带来的阶层矛盾。中华优秀传统文化融入当代公德文化建设有利于创造人类文明新形态,推动物质文明、精神文明协调发展。不必过分担心传统文化的消极作用,如"义",在某些人那里成了"私义"、江湖义气,"这一点即使在古代也遭到批评。故从私义到公义和正义,应当是现代转换的方向"①。李景林指出,"作为汉唐以来传统儒学基本存在形态之一的制度化儒学,辛亥革命以后已退出历史。儒学的思想和文化理念,与现实政治解构,失去了它与现实社会政治制度的依存关系"②,传统文化所能发挥的作用,实际取决于现代文明对它的需要。总的说来,近代以来中国文化发展历经了"自我否定"的过程后,走向理性,坚守中华文化立场,明晰了中西文化、古今文化之间的辩证关系,继续以马克思主义为指导,推进马克思主义与中国传统文化的融合。

二、创造性转化、创新性发展的原则

中国共产党领导人对传统文化的态度先后提出了批判继承、抽象继承、综

---

① 罗传芳:《传统如何走向现代——重温"早期启蒙说"和"历史结合点"的理论》,《周易研究》2021年第5期。
② 李景林:《教化儒学论》,孔学堂书局2014年版,第7页。

合创新等方针。在 1960 年时毛泽东说:"对中国文化遗产,应当充分地利用,批判地利用。"①由于时代的背景,新中国成立初期,传统文化未来得及进行认真梳理,从而未搞清楚何为精华,何为糟粕,更不知如何切实发挥传统文化的作用,消除其糟粕的影响。邓小平继承了毛泽东思想,注意强调对传统文化的继承和发展,提出"百花齐放、推陈出新、洋为中用、古为今用"的方针,中国共产党的十七大报告首次提出"提高国家文化软实力"目标。

习近平总书记在 2014 年纪念孔子诞辰的会议中指出,对待传统文化,"要坚持古为今用、以古鉴今,坚持有鉴别的对待、有扬弃的继承,而不能搞厚古薄今、以古非今,努力实现传统文化的创造性转化、创新性发展,使之与现实文化相融相通,共同服务以文化人的时代任务"②,习近平总书记继承了马克思恩格斯、毛泽东等对待历史遗产的扬弃的观点,又对传统文化如何继承提出了具体的方针。党的十八大后,中国共产党对传统文化又有认识上的突破,习近平总书记"创造性转化和创新性发展"的提法本身就体现出一种创新,体现出高度的民族文化认可。创造性转化和创新性发展更加强调的是"立"而不是"破",赋予中国传统文化新的生机和活力。

当代公德建设的指导思想是马克思主义,灵魂是社会主义核心价值观。优秀传统文化是人类文明进程中不可或缺的宝贵遗产,但是它们毕竟产生于过去的时代,带有时代的局限性。中国的悠久历史文化既有精华又有糟粕,并且它们是相互交织在一起的。我们坚持中华优秀传统文化融入当代公德建设,并非用传统否定现代性。只有坚持马克思主义指导,对中华优秀传统文化的精髓进行创造性转化、创新性发展,才能塑造出更具全面性、更有优势的公德文化。

坚持民族化和现代化的统一,这是习近平总书记对待传统文化和传统道德文化的基本出发点。对待中华优秀传统文化,除了思维上如何认识传统文化,如辩证认识中华优秀传统文化的历史价值,不要全面否定或全面肯定走两个极端,更重要的是如何继承传统文化,发挥传统文化在当今社会的价值。文化自觉是在文化上的"自知之明",对自己的文化传统和文化现状及其发展道路有清醒认识。站在历史唯物主义的高度来反思在继承传统文化问题上的立场、观点和方法,总结历史的经验与教训,继而促使我们重新思考在马克思主义中国化

① 毛泽东:《毛泽东文集》(第 8 卷),人民出版社 1999 年版,第 225 页。
② 习近平:《在纪念孔子诞辰 2565 周年国际学术研讨会暨国际儒学联合会第五届会员大会开幕会上的讲话》,《人民日报》2014 年 9 月 25 日第 1 版。

的过程中如何对待传统文化的方法论问题。习近平以马克思主义为指导,历史地全面地对待传统文化,提出了一系列紧密联系、相互贯通的新思想、新观点、新论断,形成了习近平传统文化观。

优秀传统文化不仅是社会主义核心价值观的继承之源,也是社会主义核心价值观的创新之源。我们不能丢弃优良传统文化中我国独有的一些理论特质。如中国儒家和道家的自由观与西方的自由观很不相同,中国传统文化强调人的心灵自由,在物质财富、科学技术大发展的今天很有现代价值。习近平总书记指出,要"使中华优秀传统文化成为涵养社会主义核心价值观的重要源泉"。这就是,中国传统价值观是社会主义公德建设的"根基",而以马克思主义为指导的社会主义核心价值观是公德建设的价值"本体",体现了中国共产党人对中华优秀传统文化的独特创造、价值理念的深刻把握以及对中华民族前途命运的文化战略思考。只有极右的观点才会把当代公德看成是与优秀传统道德体系绝对不同、毫无共同之处的事情。

对中华优秀传统文化进行"创造性转化和创新性发展"的一大方法,是在社会主义核心价值观的审视下进行中华优秀传统文化的继承与发展。当代公德建设既不固守传统,又不全面摈弃传统。学者黄玉顺解释,所谓"转化",一言以蔽之,最基本的内涵就是"现代化"①,"儒学之转化与发展的目标,可以概括为'现代性诉求的民族性表达'"②,我国公德建设借鉴中华优秀传统文化的指导思想是马克思主义、社会主义核心价值观,导向正确,目标明确。我们积极倡导的社会主义核心价值观,是对中国传统道德文化的继承与超越。社会主义核心价值观作为适时而生的思想,是非常有力的,是价值观先进性和现代性的表征。社会主义核心价值观蕴含着中华优秀传统文化的底蕴,其大众化既需要依赖优秀传统文化的传承来增强其亲和性,也需要借助公共生活的日常世界得以落地。

我们在坚持社会主义先进价值观的指导下发挥传统文化的渗透力、传统文化的作用。中共中央、国务院 2019 年 10 月印发《新时代公民道德建设实施纲要》指出,"坚持在继承传统中创新发展"。2021 年 7 月 1 日,在庆祝中国共产党成立 100 周年大会上,习近平总书记又提出了"马克思主义与中国传统文化

---

① 参见黄玉顺:《儒家文明发展的时代问题》,《国际儒学》2021 年第 3 期。
② 黄玉顺:《儒家文明发展的时代问题》,《国际儒学》2021 年第 3 期。

相结合"的重大文化使命,为传承和弘扬中华优秀传统文化和推进马克思主义中国化时代化、不断发展新时代中国特色社会主义文化指明了前进方向。"创造性转化和创新性发展"的政策原则,使传统公德文化资源与时代精神相融合,意味着既创造一种保留民族文化特质,又创造出一种适应当代发展又优于资本主义公德的新文明、新传统。中华优秀传统文化融入当代公德建设过程,也就是当代公德建设现代性追求与民族性表达结合的过程。

三、大众化原则

从传播学视角,我们可以把公德建设视为道德文化共同体建构的过程,或者是当代公德文化大众化的研究。"理论形态的文化要真正发挥作用,必须通过世俗化的途径,现在,我们把这一途径称作大众化的途径"①,这是对公德建设定位的新认识,也体现了传统文化尤其是儒家优秀道德文化在塑造当代公德文化上的重要价值。

公德建设大众化就是推进社会主义公德建设的传统性和现代性两个方面的具体化和群众化、全面化,而公德建设现代性的大众化又依赖于公德建设传统性内容的大众化。公德建设传统性的大众化制约着公德建设现代性的大众化,当然也制约着我国社会主义核心价值观的大众化。从系统思维来看,当前公德建设研究另一大问题是缺乏公德规范大众化研究。公德问题本身就是一个极为重要的伦理问题、社会问题。我们有公德建设之名,忽视了公德建设之本、公德之实,公德研究出现机械、僵化、重复的倾向,僵化为宣传教条,难以获得社会成员的认同而实效不高,因而形同虚设。"人应该在公共空间、公共领域怎样行动?"我们既要重视探究"应当怎样"的伦理问题,又要重视"如何怎样"的文化途径问题,实现理论与实践的结合。但是理论理性和实践理性只是同一理性的不同情形,只有关注影响人类行为的文化因素,才能推动公德建设更富成效。当下公德规范出现了细节化的不足,传统礼仪文化则存在精确性、形式性的优势,公德指南需要明确、具体、分门别类的指导,如果不为了合现实性作出规范性,那就无法参与生活。

文化造就人,文化浸润人,文化的本质就是一个人该以什么样的方式去生

---

① 陈先达:《文化自信中的传统与当代》,北京师范大学出版社 2017 年版,第 45 页。

活,文化大众化是在日常生活中就能表现出这种文化的特点,能够像这种文化一样地生活。贯彻理论理性和实践理性相统一的维度是中华优秀传统文化融入当代公德建设的研究方法,也是中华优秀传统文化融入当代公德建设的研究原则之一。公德建设体系包含了规范机制、激励约束机制、内化机制、培育机制、防范机制、监督机制、治理机制、评价机制、反省机制等等,当代公德建设的理论理性和实践理性相统一方可形成当代公德文化。

中国传统学术研究讲究学问的"经邦济世",文化学、功能学、治理学虽然是西方传过来的学术概念,但是在中国传统学术研究中也能找到类似的方法,当今学者研究中国传统文化问题,完全不拘泥于西方的具体理论是什么,中国学者自有其创造、发挥。李泽厚先生认为,中国传统文化具有理论理性和实践理性相统一的特点。"也因此,轻思辨玄想,重实际效用和历史经验,从而形成了从现实、实践中提升而来却不脱离现实、实践的所谓实践理性、实用理性或历史理性"①,李泽厚先生揭示了中华传统文化生命力的根源。

文化是塑造价值观的主要途径之一,是德性形成的支柱。优秀传统文化具有道德教化与内化功能。优秀传统文化的强化,形成文化认同、道德认同、道德习惯。文化即"人化",文化是后天习得的。文化是共有的,它是一系列共有的概念、价值观和行为准则。即便人性自利,人们也渴望社会规范发挥功能,构建互相信任的社会规范。按照弗洛伊德的本我、自我、超我理论,没有文化时,人受"本我"支配,当法律在场时,人受"自我"——现实的我支配;当文化内化时,人受"超我"——理想的我支配。

优秀传统文化通俗易懂、接近日常,具有载体功能、媒介功能,现代价值观的传递、传播还要依赖其传播功能、载体功能。优秀传统文化是公德建设的传播手段、有效载体、文化传递方式,精英文化变迁为群众文化,社会主义核心价值观中的自由、平等、公正、法治建设的实现不是立竿见影的,而是一个渐进式的动态发展过程。优秀传统文化具有道德教化与内化功能,优秀传统文化的强化,形成文化认同、道德认同、道德习惯。优秀传统文化的话语资源与道德记忆、道德载体特征,触发人们的公德情感。优秀传统文化给道德建设带来新的面貌,"是使一定社会经验得以传播和积累的媒介"②,当代公德建设发展过程

---

① 吕佳翼:《从"主体性"到"情本体"——李泽厚哲学的后期进路及其限度》,《青海民族大学学报(社会科学版)》2021年第4期。
② 唐凯麟:《伦理学教程》,湖南师范大学出版社1992年版,第153页。

对优秀传统文化存在着路径依赖。

从儒家道德文化形成及大众化的基本经验来看，有内容上的理性、系统性，有通过意象代码表达的形式上的经验，也有实施上的经验。传统社会推进儒家价值观大众化的实践，具有如下经验：一是家国二维同构的教化机制，形成了蒙童教育、宗族教育、大学教育和制度教育、社会教育、帝王教育等一套完整的道德教育体系。二是强调知行合一，道德教育常规化。发挥榜样示范作用，立"君子"而示范天下，进而形成良好的社会道德风尚。三是教育普及化。底层民众获取道德规范的主要途径在于日常生活与民俗习惯，通过宗族制度、习俗接受来达到与社会的道德同步化。在日常生产、居住、饮食、服饰、婚丧、节庆等方面，传统社会都渗透了儒家伦理的核心原则。四是表彰典型与先进。当公德行为与奖赏性的物质刺激、精神刺激联系在一起，或者通过媒体大肆宣扬，人们不自觉地内化统治者的某种价值取向，推动了儒家文化成为社会意志，极大地促进了儒家思想的社会覆盖面，实际上有经济地位、政治地位、社会地位的调整与之配套，这就是家庭、宗族自觉进行道德教化的动因。

文化的发展具有继承性和累积性。社会精神财富的增长具有累积性，社会意识的发展具有历史继承性，后代人总是首先继承了前代人创造的精华，然后才能再进一步创造更高层次的文化。文化是人的本质的外化、对象化或物化，只有抓住价值观念，才是抓住文化的根本。"社会公德功能的有效发挥，也需要不断'习俗化'或以习俗的形式起作用。风俗习惯具有浓重的道德意蕴和属性，是公共领域的重要遵循，也是社会公德建设与治理的重要载体"①，"总体上，一定的文化所提供的是一种条件性、环境性、整合性、涵盖性的柔性社会氛围，犹如空气一样无处不在、无时不在，不可缺少。"②公共道德推动着社会关系的变化和社会关系文明的进步。人类社会中所有的精神文化，都被打上人类意志的印记，凝固着理性的结晶。传统文化"根于人性，显于理性，成于教化"③，当我国由近代社会向现代社会转型过程中，对传统文化进行拒斥，而又没有提出系统的、完备的、体系化的公德模式，则消解了传统文化人文化成的道德作用，造成了公共秩序的脆弱性。因而，当下的中华优秀传统文化融入当代公德建设，面临一个中华优秀传统文化再度大众化的问题。

---

① 王维国：《当代中国社会公德困境治理探析》，《道德与文明》2022 年第 1 期。
② 种海峰：《科学发展观视域下文化建设思想研究》，人民出版社 2020 年版，第 307 页。
③ 牟钟鉴：《中国文化的当下精神》，中华书局 2016 年版，第 20 页。

所谓的传统文化再度大众化,需要满足以下几层面的要求:一是传统文化在当代公德建设中的内容系统化。二是传统文化在当代公德建设中的功能化。传统文化在当代公德建设中有着治理功能,能满足社会需要,解决社会问题。三是传统文化在当代公德建设中的机制化,如节日实施工程等形式机制。四是日常化。优秀传统文化日常化需要简易化,将文化底蕴极其深厚的传统文化融入日常生活里。五是普遍化。只有被社会成员共同理解、接受、认同和内化,优秀传统文化的公德资源才能充分发挥引领社会生活的作用。

马克思的历史唯物主义告诉我们,人民群众是文化创造的主体,思想家是文化创造的参与者、引导者。把公德建设运动视为道德文化共同体建构的过程,这是对公德建设定位的新认识,体现传统文化尤其是儒家优秀道德文化的当代意义。传统不一定就是文化,但文化一定包含传统,如费孝通指出,"文化本来就是传统,不论哪一个社会,绝不会没有传统的"①,当代公德建设要注重公德理论与公德实践的结合,如孔子始终强调"道不远人"(《中庸》),公德纲领不能停留在少数文化人的圈子里,这便意味着公德研究不能满足于停留在抽象、宽泛的理论研究上——这更多是属于狭义的、上层的、精英的文化,而必须深入到广大社区实践中去。既有的公德研究以社会舆论为教育核心,广涉政策、网络、学校的各个方面,但似乎极少涉及社区层面的公共道德及其教化——"风教",聚焦于民间公德文化的涵育的社区公德文化研究尚付阙如,亟待补上,此研究只是抛砖引玉之作。

---

① 费孝通:《乡土中国》,人民出版社 2008 年版,第 61 - 62 页。

第二章

中华优秀传统文化中的公德资源

传统文化中具有丰厚的当代公德建设资源。传统文化的"爱"的思想及精神能为当代公德建设提供情感动力机制；传统文化的"义"的思想及精神能为当代公德建设提供公德判断机制；传统文化的"礼"的思想能为当代公德建设提供行动机制；传统文化的"君子"人格的内涵能为当代公德建设提供人格范型。再比如，传统文化的"和谐"的思想能为当代公德建设提供目标，传统文化的"诚信"的思想能为当代公德建设提供修养机制，但因为学界关于"和谐"与"诚信"的研究较多，在此只是一笔带过，不再赘述。而中华传统的宗族制度经过创造性转化，也能转化为社区建设的宝贵借鉴，学界从当代公德建设角度研究较少，对此我们将在第四章进行专门阐述。

第一节　传统文化中的爱思想

伴随着西方工业文明的凯歌前进和经济全球化进程，西方博爱话语日益成为全球进程的主导性话语。中国近代以来形成的对传统文化的偏见，窒碍了部分国内学者的研究理性，他们甚至并没有认真研究过传统文化中仁爱、兼爱、齐物之爱的思想，即向西方基督教文化借用"博爱"话语。西方"博爱"由上帝对人之爱而有人对上帝之爱，进而才有人与人之爱；中国墨家的兼爱具有西方博爱的意蕴，而其以手工业交换经济为利益基础，则具有现实性、具体性、功利性，具有与当代市场经济条件下公德建设相契合的特点。

于表达"爱人"的人文精神,后来孔子所说的"人而不仁如礼何?人而不仁如乐何?"已经很清楚地表明了建立礼规范的最初动机是出于仁爱的动机。礼是一种消极方面的仁爱道德。消极方面的仁爱道德有时候比积极方面的仁爱道德还要重要。譬如君子能严格守住自己的公德底线,不伤人,君子之德风,能春风化雨,净化社会风俗。仁是合外内之道也,判断是否为"仁"既要看行为也要看动机。

儒家的仁爱思想具有情、理合一的特征。王夫之指出儒家"尽己"与"推己"分别包含不同的内容,这两个"己"的含义也不一样。王夫之指出,"合尽己言之,则所谓己者,性也,理也;合推己言之,则所谓己者,情也、欲也。"①东西方仁爱理论的源泉和基础不同而已。② 董仲舒的《春秋繁露·仁义法》曰:"《春秋》为仁义法。仁之法在爱人,不在爱我",仁的主体为我,但客体为他人,仁摆脱了人的自我中心主义。孔子《论语·雍也》篇中"夫仁者,己欲立而立人,己欲达而达人,能近取譬,可谓仁之方也已",既有从"欲"出发的"移情"的方法,又有基于"移情"出发得出的理性思维。孟子的"仁"包括心和行两方面,孟子的"仁心"是一种"同感心"即"恻隐之心","恻隐之心"是公德行为的情感机制。《孟子·公孙丑上》中孟子曰:"今人乍见孺子将入于井,皆有怵惕恻隐之心非所以内交于孺子之父母也,非所以要誉于乡党朋友也,非恶其声而然也",恻隐之心成了孟子那里衡量人禽之别的根本标准。《孟子·离娄上》中孟子提到要"尽心""知性""知天",由此可见,"知"对于孟子也很重要。③

(二) 墨家的兼爱思想

墨家创始人墨子提出"兼爱"的思想,"顺天意若何?曰:兼爱天下之人"(《墨子·天志下》)。《墨子·兼爱上》希望"若使天下兼相爱,爱人若爱其身",这就将儒家"爱他人"主张推到了更为重要的理论地位。如果说在孔子的理论中,私德、公德都占有重要地位的话,墨子则是其理论一出场就上升到一种直接研究公德为主题的形态。墨子的"兼相爱""交相利"带有哈贝马斯说的"交互主体性"的现代性特征,反映了当时手工业者对平等、友爱的公共秩序的渴望。"墨子的这种兼爱说是对儒家亲亲尊尊的宗法制度的一种消解,反映了中国人对人与人之间平等相爱、友善相处的社会环境的质朴、执著

---

① 王夫之:《读四书大全说》,中华书局 1975 年版,第 246 页。
② 参见［英］休谟:《道德原则研究》,曾晓平译,商务印书馆 2001 年版,第 153 页。
③ 参见江畅、斯洛特:《关于仁爱与关爱的对话》,《哲学动态》2019 年第 9 期。

的向往之情"①,墨子的这种兼爱说与儒家建立在血缘基础上的仁爱思想有很大差异,墨家兼爱论的提出,很快就以它的平等性冲击了儒家仁爱思想的影响力,以致出现天下不归杨则归墨的局面,宋代学者朱熹认为墨子"只是见偏了,犹自道理在"②,作为儒家学者的朱熹似乎认可墨子兼爱的主张,但对其直接跳过孝的情感过渡到兼爱心的逻辑不太满意。墨家承认了人普遍具有的自利心理,"随着个体主义的兴起,儒家之仁爱、道家之无为、佛家之慈悲等思想其实都无法全面应对个体交互的问题,而墨家兼爱从主体,主体间性,功利性以及平等性等方面可以有很多现实具体的拓展和补充"③,墨家的"兼爱"思想克服了儒家的不足,但又恰恰失掉了儒家的情感根基。

(三) 道家的齐物之爱思想

老子《道德经》中蕴含着"爱"的思想的地方有多处,而道家大爱的代表者是圣人。圣人具有仁慈宽厚的心,"圣人自爱不自贵"。《老子》以"百姓心"即将爱百姓的心作为齐物论的推论,"夫齐物者以百姓心为心"(《老子·第四十九章》),再如"圣人无常心,以百姓心为心"(《老子·第四十九章》)。在庄子哲学中,万物皆源于"道",其他生命和人都是平等的宇宙主体,道家的齐物思想又超越了墨家的"互利"境界,带有非人类中心主义、非功利主义的特点。

《庄子》中"爱"则并不以圣人之心为核心,而是指向了对普通人的要求。在处理人际关系时,做到"顺人而不失己",破除某一个中心,平等相待每一个个体。爱人与爱己不相矛盾,道家这一观点与西方人本主义心理学常说的"你要好好爱自己,才有能力爱别人"的主张类似,"夫不自见而见彼,不自得而得彼者,是得人之得而不自得其得者也,适人之适而不自适其适者也"(《庄子·骈拇》),庄子的爱既反对自我中心主义,又反对消弭个体自我的个性去迁就他人,具有中道的理性精神。

庄子虽然主张爱自己,但却不是自我中心主义者,也不是人类中心主义者。《庄子》中"爱"思想最重要的特点是庄子是"齐物"之爱,破除以自我为中心的"私爱",认为以自身为出发点的爱具有很大的片面性,建立在这种基础上的"爱"也注定是一种"偏爱"和"私爱"。庄子通过"齐物"的方式来破除以自己为

---

① 冯正强、何云庵:《简论墨子兼爱说中的友善价值观蕴涵》,《西南交通大学学报(社会科学版)》2017年第1期。
② 《朱子语类》(第四册)卷第52,中华书局1986年版,第1273页。
③ 陈涌鑫:《"兼爱"与"博爱"比较分析》,《鄂州大学学报》2018年第4期。

中心的"私爱",实现无情之情,从而回归于"道"。"道"没有偏私,对万物一视同仁,所以从"道"的原理衍生的爱是"齐物"之爱,也是平等之爱。

老子、庄子认为任何自我中心的偏见、价值对立是造成人们在社会上歧视他人的原因之一,人们要能"齐万物"则首先需要人的世界观上的开阔,超越自我中心以及人类中心的局限。老子、庄子用"齐物"精神来建构道家的秩序,因而对每一个有生命的个体都十分尊重和慈爱。只要人们存在价值观上的"好恶",就会陷入"私爱"状态。"私爱"一旦进入公共领域,就会影响公共秩序。道家"顺人"就是要尊重他人的诉求,"齐物"就是以平等精神、包容精神看待它物;"不失己"蕴含着一种强烈的自尊自爱的精神。从逻辑上来看,道家关于爱的对象的论证方式遵循了逻辑上的不矛盾律的原则,所以其论说很有力量。

二、传统仁爱、兼爱、齐物之爱思想的差异

传统仁爱、兼爱、齐物之爱思想共同表达了个体与他人、部分与全体、人与自然并非敌对关系,而是可以和谐友爱共生的重要观点。儒家用"和而不同"、墨家用"兼"、道家用"阴"和"阳"的矛盾表达了世界的对立统一,不同于西方传统思维中的主客二分的对立思维方式和斗争思想对人类秩序、人与自然关系的挑战。传统儒家、墨家、道家对于人们公德心的提升,对于处理个人与他人关系、个人与自然的矛盾提出了各自的理论主张。爱作为基本的伦理思想,是儒道墨三家共同的追求,然而三者在爱人的伦理动机、实施方式及实施广度上呈现出不少差异。

首先,孔子的"仁爱"更注重个人内心的道德自觉,强调"为仁由己,而由人乎哉?"(《论语·颜渊》)。"仁"在个体意识中的生成有赖于个体的道德自觉,即使对象没有仁爱意识,也不影响主体爱的发生;墨子的"爱"强调在思想动机上要"兼相爱","爱"不是单方的流动,而是相互流动,在实际行动上也要"交相利"。儒家的"爱"是单一主体利益的让渡与赠予,墨家的"兼爱"带有公平性质,用"交相利"主张解决了人与人之间由于利益引发的人际冲突。但是有时候弱者与强者之间并不存在利益交换的地方,这是儒家的单一主体之爱的价值。

其次,从爱人的伦理路径来看,儒家爱的生成路径,是由自然的"爱亲"之情推己及人,其发展是由里向外地递推,指出了培养公德心的日常方式。墨子将天下之人、天下之亲属、天下之国土视为一体,视作平等的地位,并且这种爱始

终与利紧密相连,爱似乎具有外在动机和个人利益的考量,虽然有利于市场经济的和谐稳定,但让人容易误解墨家的爱是有条件的。老子和庄子则是从天道的广大、包容、平等出发,从哲学和认识论上论证齐物之爱的当然之理,从而形成较为彻底的解决公共矛盾的思维框架。笔者认为,这种大爱可以作为我们当代社会主义人民立场的重要资源。

再次,从实施广度上看,三者呈现差异。先秦儒家把爱扩大到贵族亲属之外的长辈、幼辈;先秦墨家把爱的视域扩大到手工业者群体;先秦道家提出了儒家不曾认识的包容问题。老子说,"善者善之,不善者亦善之,德善矣。信者信之,不信者亦信之,德信矣"(《道德经·第四十九章》),作为旁观者的我如道家一样去除分别心,如此才能做到包容。老子还主张"报怨以德"而非儒家的"以直报怨,以德报德",先秦道家大大扩展了爱的对象范围:把爱给予世俗不能包容的人物,又把爱延伸到人伦关系之外的动物。明代晚期著名学者吕坤说:"爱人,故人易于改过;而视我也常亲,我之教益易行;恶人,故人甘于自弃,而视我也常仇,我之言必不入。"(《呻吟语·应务》)这可以说是综合了儒家仁爱思想、道家宽容之爱思想。道家在爱的对象范围上实现了"一个大的跳跃",从空间角度重构爱理论的哲学基础。在当代公德建设中,我们可以发挥道家平等、宽容之爱的精神,关怀到更多弱势群体。

儒家仁爱思想、墨家兼爱思想、道家齐物之爱思想,乃是春秋以来《尚书》《春秋》等中的民本论的变相发展。儒、墨、道家看到了民生疾苦与现实社会的矛盾,所以大力倡导"爱"的精神,并以此为基础提出了自己调和社会矛盾的方案:儒家着重提出调和家与社会的矛盾;墨家侧重解决经济利益意识发达的市场秩序的矛盾问题;道家重在提出对少数群体、弱势群体的包容之爱。从今天来看,三者如果综合在一起,可以构筑一个以传统文化的"爱"思想为伦理基调的完整公德体系。因此,如果三种爱人思想互为补充、多管齐下,一定能在当代公德建设中彰显更大的现代价值意蕴。

三、传统"爱"文化融入当代公德建设的价值

(一) 传统文化的"爱"的思想及精神能为当代公德建设提供动力机制

"爱"是公德行为的起点。孔子把大量的篇幅都用在了讨论"仁"上面,也因此说明孔子是把"仁"作为其思想体系的核心的。仁者人也,"仁"这种人与人之

间的关系,是一种友善的关系,即"爱人"(《论语·颜渊》)关系,这种爱不是指狭义的血缘之爱,而是一种超越血缘的大爱,即通过爱父母兄弟,逐步推己及人、由内而外、由近及远,渐渐地发展到爱众人,由私爱扩展到众爱,最后到一体之仁、仁爱万物的境界。学者陈来提出,"'仁'有多种表现形式,在伦理上是博爱、慈惠、厚道、能恕,在感情上是恻隐、不忍、同情,在价值上是关怀、宽容、和谐、和平,万物一体,在行为上是互助、共生、扶弱、爱护生命等"①,由此,"仁爱"思想主张的是一种始于血缘之上的大爱情感,强调的是人与人之间对他者的爱。总之,"在孔子那里,'仁爱'首先是一种情感,这一点应该是确定无疑的"②。

根据英国学者吉登斯的观点,"现代社会随着时空分离的形成,时间和空间日趋脱离具体场景,空间联通日益紧密,也就是说,时空分离极大拓展了公共空间之范围"③,为避免公共空间之相互干扰和侵犯,人在公共空间中进行活动时,要避免对他人产生侵染,就要克制自身,互相体谅,尊重彼此的利益以保证公共空间的和谐。这种行为大体看来,就是"忠恕"行为在当代社会中的体现,同样体现着将心比心的心理,即克制己心,充分理解他人的感受和需要,在满足自己的需要时,也应考虑和照顾到他人需要,由身边之亲出发,将这种情辐射至社会大众,进而达到"己所不欲,勿施于人"的高尚境界。

"仁爱"之所以能作为公德建设的始发点,在于情感对于行为的驱动作用。心理学家汤姆金斯认为,"人类活动的内驱力的信号需要具有一种放大媒介,才能激发有机体去行动,起这种放大作用的就是情感"④,因此,"仁爱"文化作为一种爱人的情感,其完全可以作为一种放大媒介,来激励人们行为的产生。但是需要注意的是,不是每一种情感都能激发人们的正向行为,消极的情感会引导其走向社会的反面。"总之,情感的力量,带有很强的任意性冲动性,一旦爆发,就会形成排山倒海之势,不顾一切理性的约束,毫不顾忌地勇往直前"⑤,因此,强调积极情感对人们行为的正向引导是很有必要的。所以"仁爱"作为一种传统的、积极的、正向的情感,以其为公德建设之始,能够保持其内心与行为的真实性,同时激励其做出正确的行为。

---

① 陈来:《新原仁——仁学本体论》,生活·读书·新知三联书店 2014 年版,第 421 页。
② 黄玉顺:《孔子的正义论》,《中国社会科学院研究生院学报》2010 年第 2 期。
③ [英]安东尼·吉登斯:《现代性的后果》,田禾译,译林出版社 1999 年版,第 14 - 17 页。
④ 曾钊新、李建华:《道德心理学》,商务印书馆 2017 年版,第 142 页。
⑤ 同上,第 445 页。

"仁爱"是公德心的内在机制,公德行为是"仁爱"的外在表现。列宁曾经指出,"没有'人的感情',就从来没有也不可能有人对于真理的追求"①,如前所述,情感具有的催化之力,以正向的道德情感——"仁爱"情感为其指导内核,能够催化人外在的道德行为的产生。"仁爱"之心能够催发人的"仁爱"践履,同时能催发人的公德行为的产生。皮亚杰曾说过,"行为的情感方面、社会性方面和认知方面这三者之间事实上是不能截然分开的"②,因此,"仁爱"情感正是起着这种桥梁作用,在人的道德行为发展过程中扮演催化剂作用。

道德情感是道德行为的催化之力,内在的"仁爱"情感是外在的公德行为发生的推动力。"仁爱"情感是促使公德行为发生的始发之点,没有内在的"仁爱"之心,就没有"真诚"的公德行为。何谓"真诚"?"真诚"一词,重者在"诚"。"诚"之本义,在于"真实"。朱子曾云:"诚者,真实无妄之谓。"③王船山亦云,"诚也者,实也。实有之固有之也,无有弗然,而非他有耀也"④,可以看出,"真诚"的意义在于实,在于真实无妄。在儒家学者那里,"真诚"是非常重要的。孟子曾云:"是故诚者,天之道也;思诚者,人之道也"(《孟子·离娄上》)。然而在现代社会,一些人看似遵守公德规范,其实际心理上并不认同;要避免虚伪的道德,就必须坚守"仁爱"为其公德建设的核心,以"仁爱"为动力机制,催化真诚的公德行为。

总之,公德建设的发展,传统"仁爱"文化必是其助力机制。没有"仁爱"文化的助力,当代公德建设就是不知其源头、不知其根、不知其意的。由此可知,爱有差等并不是一些学者认为的阶级差等,只是时间的差等和空间的差等。故《孝经》说:"不爱其亲,而爱他人者,谓之悖德",儒家认识到对他人关怀发生的实际机制与对亲人之爱密切关联。这也告诉人们,"仁爱"的发施是有次序的,"仁爱"的差等,只是远近的差等,而非阶级的差等。因此,认为"仁爱"文化融入公德建设之中是阻碍公德建设的发展,是不成立的。总之,儒家"仁爱"思想以及墨家"兼爱"思想、道家"齐物之爱"思想融入当代公德建设,在理论上能为当代公德建设提供动力机制。"相关学科的前沿研究成果在很大程度上说明了,

---

① 《列宁全集》(第 25 卷),人民出版社 1988 年版,第 117 页。
② [瑞士]皮亚杰、英海尔德:《儿童心理学》,商务印书馆 1980 年版,第 86 页。
③ (宋)朱熹:《四书章句集注》,中华书局 1983 年版,第 25 页。
④ (清)王夫之:《尚书引义》,中华书局 1976 年版,第 116 页。

作最安适的住宅,把"义"比作最正确的道,形象地说明了二者在生活中的重要性。孟子认为"仁"的发端就是"恻隐之心",由恻隐之心而知羞恶之心,由此而辨别是非,判断宜与不宜,这便是"义"。由此可见,"仁"是儒家的核心原则,而"义"则是一种派生性的原则,"义"就是关于合理的准则及按照合理的标准进行的行为。没有"仁","义"的调节则没有了底气,不说"仁","义"则没有了依托。"义"作为一种规定性的原则,在当今社会的体现则是一种规定性的标准,其意义就在于相宜,即所做之事是否符合"仁"之规范,所做之事是否符合公德之准,即要把这种规定和准则融入社会建设之中,融入公德建设之中,就是要以积极公正的仁性化原则判断,来合理规制人在社会中的行为,以内在的"仁"缓和人的过度欲望,从而遏制由人的欲望带来的各种社会矛盾。

因此,不论是从哪个角度来看,从道德的"真诚"角度来看也好,从"仁"与"义"和"礼"的关系来看也好等等,没有"仁",以上所说的概念就没有其存在的内在意义,公德建设也会变得虚假和机械。因此,在公德建设中,必须融入传统"仁爱"文化,因为,"仁爱"是个人道德行为的起点,也是公德行为的起点,离开"仁爱"谈论公德是无实质道德意义的。

(三) 传统"爱"思想能调节公共领域中人与人、人与社会、人与自然的矛盾,有利于当代和谐社会的构建

仁爱、兼爱、齐物之爱作为一种语言符号,是中华民族基于个体需要和整体需要而诞生的社会意识,携带并传递着前人生存、活动的社会理想和经验总结。传统仁爱、兼爱、齐物之爱话语可以为当下公德领域的现实问题的解决提供思路与启迪。

一个健康文明的社会是充满了爱的社会,而不是冷漠无情甚至相互仇视的社会。社会发展的进步应是走向温情脉脉的和谐社会,倡导公德建设,提倡人在公共空间中和谐友爱地相处,正是为走向这种社会而努力。

首先,传统儒家的"仁爱"、墨家的"兼爱"思想可以作为公德建设的调节机制,缓解市场经济及其他公共利益矛盾中人与人的利益冲突。市场经济的负面因素就是因唯利是图、个人利益最大化而导致公德问题频发。诚然,去市场化是绝对不现实的,但借鉴传统儒家的"仁爱"、墨家道德的"兼爱"思想将其作为公德建设的调节机制,缓解市场化所带来的自利欲望,进而促进公德建设的发展是值得肯定的。市场经济的利己主义倾向,影响市场经济正常发展。以传统文化中墨家的"兼爱""互利"精神作为引导,可以推动我国市场经济保持理性秩序状态。

其次,儒家的仁爱思想可以解决当下公共领域的道德冷漠问题。人与人之间的守望相助,才能促进社会的和谐美好,人情冷漠、唯利是图可以通过培养人之仁心来解决。"仁爱"作为一种始发于"孝"之上的非功利性的道德情感,在公德建设中强调它,有利于大众在社会实践中,注意将这种亲情之间真实无妄的情感、这种态度,通过能近取譬、逐级扩散的途径,延展到社会交往之中,将对血缘长辈和晚辈之间的关爱,变成与陌生人和社会大众的敬重与理解,将对长辈与晚辈之间的温情,变成与陌生人和社会大众的共情,正所谓"爱人者,人恒爱之;敬人者,人恒敬之"(《孟子·离娄下》)。通过这种理解他人、谅解他人的途径,以情化难,缓解人与人之间因为市场化而产生的冷漠与逐利之短,进而达到人与人之间的和谐,最终达到社会的总体和谐。

"仁爱"作为儒家文化的核心理念,其核心就在于爱人,在于其积极面的"己欲立而立人,己欲达而达人",也在于其消极面的"己所不欲,勿施于人",两者之合题,即为爱人。其具体含义就是推己及人、尊重人、关心人、帮助人。"仁爱"之要求与现代公德建设在人与人之间所强调的助人为乐原则有极大的相关性,可以说"仁爱"就是助人为乐行为发生的动力。

助人为乐行为指的是,出自主观意愿的、全心全意帮助他人,并且不期望得到报酬,觉得这种行为是让人快乐的行为。诚然,在当今社会,想要每个人不求回报地帮助他人,并以此为乐是非常不现实的,不说帮助他人,能做到不妨碍他人已然是很不错了。从最初震惊全国的"小悦悦事件",类似于此的道德冷漠事件,不停地出现在人们的视野之中,可见在现实生活中,还是有许多人是选择袖手旁观而非助人为乐的。一个社会之中,若冷漠压过了温情,社会的发展绝非是良性的。

道家要人们"齐物",主张爱要一视同仁,看似荒诞不经,其伦理思想却非常深刻和精辟。这不是放弃人的主动性,而是从大系统视角、平等视角看待他物,按照道家主张,人类在自然体系中、个人在社会族群中应摆正位置,不要以主宰者和优越者自居。在过去相当长的时间里,人们并不把对待小人物、对待少数群体、对待动物视为道德问题,因而平等意识缺失,对弱小生命歧视、偏见是一个普遍存在的现象。道家的"齐物之爱"为从根本上改变人们不相爱的价值观提供了思维基础,为当代宽容社会的构建提供了丰富的思想启示。

再次,发挥儒家爱物思想、道家齐物之爱的思想,可以为当代处理人与自然之间的矛盾问题提供解决方案。古典儒家，在"仁爱"文化之中，早已有其解决方法。"儒学是崇尚人与世界、宇宙整体和谐的一种有机思维方式"①"仁爱"之阐发在于亲，亲之情化而展为众，再由众人之爱超越己身而至万物。"仁爱"之爱强调爱人也强调爱物，物即指万物自然。孔子就指出"伐一木，杀一兽，不以其时，非孝也"（《礼记·祭义》），孟子继孔子"仁爱"之说提出区分"仁"与"爱"的不同。"君子之于物也，爱之而弗仁"（《孟子·尽心上》），君子对于物品要爱惜。对于人民，"于民也，仁之而弗亲"（《孟子·尽心上》），仁慈而不用亲近。从孟子与孔子两人的话语中可以看出，君子不仅要做到对众人有爱心，对天地万物、花鸟鱼虫亦要有仁心。不仅如此，程颢也指出："仁者，浑然与物同体"②，由此可知，儒家向来认为，人与自然应该是和谐共处而非相互对立的。总之，融"仁爱"文化于公德建设之中，培育人们的"仁爱"之心，使人们从自然中无节制地掘取转为顺应自然规律，实现人与自然的和谐相处。

道家"齐物之爱"的重要一点就是要善待自然，爱护自然，承认自然与我们是平等的，要像爱自己的四肢手足一样去爱自然。在自然与人的问题上，道家天人合一的主张是人与自然和谐发展的本体依据，道家"天人合一""万物与我为一"的思想是人与自然和谐发展的世界观基础，庄子指出天地万物都是互相联系、互相依赖的。"齐物之爱"教导给我们保护环境的道理应是"爱自然如爱己"。这是一种注重人与自然和谐共生的非人类中心主义的生态观，其对当代公德建设中所强调的保护环境的思想，有很强的借鉴意义。

传统文化这种"仁民爱物"的思想对缓解今天人与自然关系紧张、对立的状况，有极其重要的借鉴价值。我们尊重和保护自然，以爱人的要求去爱护自然，不是回到刀耕火种的时代，这都不是我们的目的。我们要注意人与自然、人与动物的和谐，力所能及地去保护环境、保护自然。

第二节　传统文化中的个体正义思想

"义"是中国传统文化中最重要的道德观念之一，早在春秋时代就被人们提

---

① 邵龙宝：《全球语境下的儒学价值与现代践行》，同济大学出版社 2010 年版，第 155 页。
② （宋）程颢、程颐：《二程集》卷 2 上，中华书局 1981 年版，第 16-17 页。

了出来。从"义"意识的发展历史来看,"义"既是一个社会的、历史的概念,不同社会、不同阶级与阶层对它的内容有不同的理解,但又是一个一直不断寻求共识的概念。只要有社会经济矛盾、人际矛盾,中西方就都需要出现正义规范调整,并不存在中西方的重大差别。黄玉顺先生惋惜地指出,"中国正义论'以仁行义、以义制礼'这个由周公、孔子、孟子、荀子等所开创的博大精深而源远流长的传统已经被遗忘了,人们懵然不知中国正义论为何物,以至今日思想界、学术界的正义论研究,其实只是'西方正义论',亦即囿于西方学术的问题意识、思想视域,乃至在某种程度上不过是在表达着西方的正义话语、传达着西方的正义观念、代表着西方的正义立场"①。从行使正义的主体来看,正义可以区分为制度正义和个体正义。矫正正义、分配正义、交往正义,中国文化古已有之,中国古代虽然没有专门系统的理论学说,但"义"在儒家、墨家、道家那里都是他们思考的重要问题。一般来说,正义观是人们提出的关于社会应当怎样或者个人应当怎样的观点,关于社会应当怎样的观点支配着古代的政治观与法律观。正义观受到一个社会的核心价值观念、主流意识形态的影响,但是任何观念的形成与出现都有其理由与根据即内在规定性。在本部分我们主要探讨的不是制度正义,更多的是探讨个体正义对公共生活的影响以及个体正义对实现制度正义的影响。个体对"义"的追求是中华民族延绵发展的推动力,是中华民族最危难时刻的精神支柱,从路见不平、拔刀相助到止戈为武,作为中华正义文化本质和核心的中国精神从未改变。

一、传统个体正义思想的多重意蕴

传统文化中"义"的一般释义,据东汉许慎《说文解字》,"义"(義)之本义乃"己之威仪也,从我从羊",具有尊严、利益的含义。传统文化日常生活中的"义"具有情感、意志、认知、行为实践四个层面的维度。学者黄玉顺指出,"尽管人类社会都追求正义,但是分为不同的种族和国家、拥有不同的文化传统和信仰体系的族群,他们解决社会正义问题的方法却是有所不同的,甚至言说社会正义问题的话语,乃至提出社会正义问题的方式也是有所不同的"②,中华传统独特

①	黄玉顺:《中国正义论的形成——周孔孟荀的制度伦理学传统》,东方出版社 2015 年版,自序,第 1页。
②	黄玉顺:《我们时代的问题与儒家的正义论》,《东岳论丛》2013 年第 11 期。

的正义思想在公德领域理论研究和实践研究方面都具有重要的价值。

国内学界在传统正义特质的理解上存在刻板印象，如仅仅把传统文化之"义"理解为侠义，这些误解在近几年的一些文献中仍在不断出现，要真正提升传统正义的现代价值，还需要挖掘传统正义观的多重特质和资源。如果仅仅从一个层面去研究，那就有损对传统文化"义"深刻性、全面性的认识，继而也就低估了传统"义"文化的现代价值。

（一）情义之义

第一层面，由仁慈之心推己及人的美德之义。在儒家话语中，义一词常常不单独出现，其经常与仁结合在一起，即仁义。许慎的《说文解字》解释，"义者，仁之断制。"如上，义，就是依据仁来做事，是不是宜，关键看其是否符合仁，显仁即为义。凡符合仁的要求的即是"义"，反之便是"不义"。所谓"义然后取，人不厌其取"（《论语·宪问》），由此看来，仁是核心，义是依托。孟子也说义，"仁，人心也；义，人路也"（《孟子·告子上》），孟子认为"仁"的发端就是"恻隐之心"，由恻隐之心而知羞恶之心由此而辨别是非，判断宜与不宜，这便是"义"。

孔子以"爱"释"仁"，"仁者，爱人"（《论语·颜渊》）。孟子将"恻隐之心"例举为"不忍人之心者"（《孟子·公孙丑上》）。明代心学大师王阳明对孟子"恻隐之心"作了进一步的理论发展，称之为"一体之仁"，从而提出恻隐之心重要的心理基础便是共情的原理。"己所不欲，勿施于人"，万物一体，推而广之即为"义"，违背"忠恕"之道即为"恶"，"羞恶之心，义之端也"（《孟子·公孙丑上》）。儒家看到，仁爱情感是正义行为的源头，内在的仁爱情感是外在正义行为发生的推动力，仁爱情感是促使正义行为发生的始发之点，没有内在的仁爱之心，就没有真诚的正义行为。仁也是人与人之间情感连接的纽带，更是道德发展的重要指标以及预测正义行为的重要因素。

从关系来看，儒家之义多数时候是一种指向家庭之外的社会关系的伦理建构。孟子将其与"人伦"联系起来："敬长，义也。"在《礼记·中庸》载"义者，宜也，尊贤为大"。将"义"解释为合理、公正的意思。"义"的释义在此处与"亲亲"不同的"尊贤"。"尊贤"，为尊重陌生人尤其是尊重非血缘关系的贤人，就是应该的，行所当行之事，这是对非血缘关系如何对待的伦理建构。

仁爱是正义心的内在机制，公德行为是仁爱的外在表现。如韩非子在《解老》中所说："义者，仁之事也。……礼者，义之文也。"如前所述情感具有的催化之力,以正向的道德情感、仁爱情感为其指导内核,能够催化人外在的正义行为的产生。仁爱之心能够催发人的仁爱践履,同时能催发人的公德行为的产生,正所谓能近取譬,可谓仁之方也。

总体而言,个体"义"的价值理念诉求,是对人的生存境况的关注,是人类对更美好、更平等、更自由社会的诉求。郭齐勇教授指出,"'义'德亦可以说是'仁'德的具体分别,敬(爱)其所当敬(爱),行其所当行,行仁有一定的范围、等级、边界、节度、分寸感。"①孔子用"仁"的概念丰富了"义"。"仁",是爱人,是维护正义,即通过"武"来帮助弱者,抵抗强权,维护正义。② 黄玉顺先生指出,"在中国传统语境中,不仅理、义、礼相通,仁、义、礼亦是相通的,而且仁是义、礼的上位概念,涵括并支配着义、礼"③,所以说正义它需要仁作为源头,仁爱也需要正义对其加以节制,但总的来说,没有仁,正义就无法评价,正义就失去意义,公德建设也是机械而不知其源。在情感上,正义行为是仁心与羞恶之心等的推动。孔子所言的"君子无终食之间违仁,造次必于是,颠沛必于是"(《论语·里仁》),道德意志的作用与公民仁爱美德形成的过程和规律是内在融合的,也是与公民正义美德的形成的过程和规律内在融合的。

(二) 意志之义

第二个层面是意志之义。作为道德意志的气质、气节之义,是正义人格的外在标识,其特征是"羞恶之心"。孟子指出:"羞恶之心,义之端也"(《孟子·公孙丑上》)。宋代程颢还做了正气和偏气之间的区分,"人与物,但气有偏正耳。独阴不成,独阳不生。得阴阳之偏者为鸟兽草木夷狄,受正气者人也"④,程颢试图从"气"的角度探讨正义感的形成。按照马克思历史唯物主义观点,正义感是人的社会性认知发展的产物,是个人正确认识了个人与社会、个人与他人关系的产物,有其存在的社会基础和社会需求。正义感是个体在社会中公正感、公共责任感的昭示,是人寻求道德尊严的确证。正义感的形成标志着道德主体道德自觉性的提升,有助于塑造独立公共人格。

正义感是陶冶道德情操、锤炼正义品质、确立正义信仰、铸成正义行为的

---

① 郭齐勇:《再论儒家的政治哲学及其正义论》,《孔子研究》2010 年第 6 期。
② 参见邓高胜:《先秦游侠的侠义精神与江户武士的义、勇、仁思想》,《哈尔滨师范大学社会科学学报》2018 年第 5 期。
③ 黄玉顺:《中国正义论的形成》,东方出版社 2015 年版,自序,第 1 页。
④ (宋)程颢:《二程遗书》(卷一),上海古籍出版社 2000 年版,第 4 页。

基础。正义可以分为消极正义和积极正义,消极正义是正直公正,不去作恶;积极正义是主动去制止非正义、帮助他人和社会实现正义。弗里德里希·包尔生指出,"义愤可以被规定为对另一个人所遭受的非正义待遇的不持偏见的气愤,义愤推动我们站在受害者一边,推动我们去惩罚这种不公正行为的制造者。报复的冲动是我们社会惩罚的本能基础"①,个体的正义感使自我感到不公时产生求得公正的冲动,同时他人所受的不公正也唤起正义者的强烈义愤。

孟子提到士大夫要"尚志",要立志塑造仁慈、正义的人格,即"居仁由义,大人之事备矣"(《孟子·尽心上》),在孟子那里,正义感成为一种高品位人格操守、道德人格的品性。道德意志其结果必然形成一种道德人格,正义人格是对道德原则毫不动摇的坚定信仰和绝对服从,在孟子那里是一种自觉选择的价值范式,孟子关于"大丈夫""富贵不能淫,贫贱不能移,威武不能屈"的名言,体现了其对正义意志的重视,体现了思想家对正义人格的渴慕情结,孟子此说对形成中国人的民族精神有深远影响。道德意志是衡量道德水平的重要标志之一,首先,正义意志的强弱直接关系着一个人正义水平的高低。其次,正义意志具有巨大的能动作用。一方面,正义意志能使个体按照正义准则的要求,以勇敢的正义行为战胜自己的怯弱行为。另一方面,正义意志能使个体按照正义准则的要求,帮助处于困境中的社会他者。

不作恶的道德意志是正义感的一个重要方面。消极方面的正义感是正直公正,不去作恶,"不做不当之事","实际上,在现实生活中,道德意志的作用除了可以驱使人们求善,在很多情形中也在阻止人们行恶,即避恶"②,这点在人遇到困境和诱惑时特别重要。孔子则强调"义"作为君子道德标准的重要地位,即君子要"义以为质"(《论语·卫灵公》)。《孟子·尽心上》曰:"故士穷不失义,达不离道。"积极道德义务方面的正义感是从仁爱之心到正义行为的关键阶段,这个阶段是正义践行的阶段。尽管很多行为从仁爱之心出发,但其行为却与"勇气"没有关系,没有形成正义行为,更谈不到正义信念。陈来指出,"朱子很强调义是面对恶的德性,突出义是憎恶,是对不善的憎恶"③,正义信念转化为道德行为是对道德的一种践行,只有把正义信念转化为实际行动,才能完成正

---

① [德]弗里德里希·包尔生:《伦理学体系》,何怀宏译,中国社会科学出版社 1988 年版,第 520 页。
② 周斌:《试论道德意志在个人品德形成中的重要使命》,《伦理学研究》2010 年第 1 期。
③ 陈来:《论古典儒学中"义"的观念——以朱子论"义"为中心》,《文史哲》2020 年第 6 期。

义行为的过程,提升正义素养。如上所述,正义意志是连接正义感的内在心理与外在行为的关键环节和纽带。孔子提到的"见义不为,非勇也"(《论语·为政》)是人道德意志薄弱的表现。荀子也谈道:"小人可以为君子,而不肯为君子;君子可以为小人,而不肯为小人"(《荀子·性恶》),君子与小人区别在于道德意志的强弱之分,但是道德意志不全是关于正义行为的意志,也有可能是关于践行仁或者礼的意志。

中唐李德裕在《豪侠论》中说:"义非侠不立,侠非义不成"[1],李德裕称许袁盎、汲黯,贬斥贯高,认为游侠尚气,必须有正义贯穿,如若不然,废义行气,即为盗贼。把"义"与侠忠联系在一起,强调"义"是意志和信念的坚定[2],通晓民族大义,以全局为重,以民族为重,是侠义的另一种表征,是谓大义。大义者视国家安危重于个人生命,痛民族积弱,站在民族国家的公义上。

由于正义感主要依靠人的内心信念、传统习惯来维系,因而其机理重在培养"羞恶之心",达到内省、自律或者见义勇为。中国传统文化的"知、仁、勇""三达德"说,类似西方人的理智、情感、意志三分说,但不强调三者区别,而更重视三者融合相通之处。钱穆先生认为儒家很重视意和志,但没有形成独立的意志哲学,而是在情感的作用下形成了道德意志。从发生机制来看,正义行为的道德意志的养成需要通过外化—内化—外化—内化的过程加以实现。这一过程中,主体被激发了正向的道德情操,养成坚定的道德意志,形成崇高的道德人格。

(三) 理性之义

第三层面是理性之义。理性之义是准则之义、道义之义,是遵守客观的道德准则即天理、天道,或者说对人伦道德原理即人道的遵守。这共理在天为阴阳、在地为刚柔、在人为仁义。"义"是道德准则,也是高层次的道德规范,也是道德规范体系构建的根本导向及道德行动的重要守则。"义"是欲望的节制,在个人则是与重义轻利、重理性轻本性联系在一起,"义"在公是与廉洁联系在一起。程颢指出:"天下之事,唯义利而已。"朱熹则说:"义利之说,乃儒者第一义。"孟子曰"人皆有所不为,达之于其所为,义也"(《孟子·尽心下》),义是理性

---

① 邓高胜:《先秦游侠的侠义精神与江户武士的义、勇、仁思想》,《哈尔滨师范大学社会科学学报》2018年第5期。

② 参见邓高胜:《先秦游侠的侠义精神与江户武士的义、勇、仁思想》,《哈尔滨师范大学社会科学学报》2018年第5期。

的自觉,知道什么该做什么不该做,是正确承担社会责任的道德基础,是齐家、治国、平天下的优良德性。

理性之义的特征是把握事物发展的趋势、遵循客观事物的规律。"义者循理"(《荀子·议兵》);"义者理也"(《荀子·大略》);《淮南子·齐俗训》曰:"义者,循理而行宜也;礼者,体情制文者也。义者宜也,礼者体也。""义"是正当。"义者,谓各处其宜也。"(《管子·心术上》)《中庸》也说:"仁者,人也,……义者,宜也,……","义"为德的权变提供了准则。《淮南子·缪称训》曰:"义载乎宜之谓君子,宜遗乎义之谓小人。""理性"强调主体行为检视,防止矫枉过正,过犹不及。传统伦理思想以情感为主题,但并不忽视或否定理性。如管子说:"礼出乎义,义出乎理"(《管子·心术上》)。蒙培元指出,"义"是任何社会都需要的,也是任何社会都适用的。① 正义是一种精神的人格超越,以精神超越的高低程度来论述,对正义的认知是有程度深浅的差别的,有关正义的知识的传播、了解、接受是公共场域培养正义感和正义行为不可忽视的因素。

儒家把义看作是道德生活的最高层次。孟子曰:"大人者,言不必信,行不必果,惟义所在。"(《孟子·离娄下》)孟子提出"由仁义行,非行仁义也"(《孟子·离娄下》),"以仁行义,以义制礼"是中国正义论的特征,一如韩非子在《解老》中所说:"义者,仁之事也。……礼者,义之文也。"因此,这是一个从伦理正义到制度正义的完整结构。这意味着伦理正义是法律正当性的理据所在,"具体说是从传统中国社会这个特定的时空环境,亦即由特定的自然环境、社会环境和文化环境所构成的历史性场域中生长起来的"②,中国的伦理正义很发达。

在孔子看来,义是人间的正道。孟子曰:"仁,人之安宅也;义,人之正路也。旷安宅而弗居,舍正路而不由,哀哉"(《孟子·离娄上》),正义观帮助人们明确应当与非应当、好与歹、善与恶、是与非的伦理观,形成正确的道德判断。正义公德建设的基本价值是促使人们树立和形成正确的道德判断标准,理性之"义"对理想社会的追求,是一种不断推进的社会进程。从这个层面上来说,正义只有进行时,没有完成时。正义乃是人类生活不可或缺的精神信仰与崇高追求,它所唤起的是一种强烈的社会责任感,反映了对理想人格、理想社会的追求。

---

① 参见蒙培元:《略谈儒家的正义观》,《孔子研究》2011 年第 1 期。
② 张中秋:《中国传统法律正义观研究》,《清华法学》2018 年第 3 期。

一个民族的正义感也是一个民族对现存社会始终保持批判精神、实践改造的指向,它的断层会导致民族灵魂的缺失。

(四) 行为之义

正义不是一个停留于口头说说而已的概念,而是一个不断对不合理旧事物进行改造、实现新事物发展的进程,所有关于正义的理论学说、关于正义理想的设计论证,都必然要转化为不断实践的力量,才能真正称为正义精神,这是中国传统正义观的特性,也是马克思主义正义观的核心要义。无礼义,则天下乱,行为之义是投身于理想和现实极其复杂的矛盾中,迸发个性激情,在以自己生命为原料的燃烧中完成的。行为之义,作为精神文明、民族特质发挥着无可取代的推动功能,这就与个人的道德觉悟、道德良心、道德意志分不开了。

正义一方面是按照优秀或卓越来定义,表明一种个体美德,正义的美德从属于正义的规则,并只能按照正义的规则来定义。《礼记》指出:"礼之所以为尊,以其义之可尊耳。"唐士其指出:"如果从区别的意义上说,义是一个'当为'的概念,指的是一种道德上的应当"①,在一般日常生活中,个人正义感遵循规则之义转化为正义行为的重要手段——礼。有的时候,义者仪也,义与礼同义,有时候它又与仁同义,"爱在人,谓之仁;义在我,谓之义。仁主人,义主我也"(董仲舒:《春秋繁露·仁义法》),"仁"的情感由他人激发,而"义"的情感则由自己内心激发。普通民众生活于社会最底层,面对不公正的遭遇,他们难以反抗,迫切需要伸张正义的侠士出场,"别人并不去请他,他却自来迁就;当真要去求他,又无处可寻"②,侠士如此低调处理遇到不平之事,很受百姓欢迎。

"行"既然是儒家正义的根本目的所在,如何"行"或曰如何"求仁"便是问题的关键。司马迁为游侠立传,从一个知识分子的角度传播了中华侠义之道和游侠之风。受到儒家文化和宗法制度的影响,中华传统文化形成了独特的正义伦理视野,对社会弱势群体进行救助是儒家社会理想的重要内容。马克思在《1844年经济学—哲学手稿》中明确指出,"最可靠的心理学家们都承认,人类的天性可分作认知、行为和情感,或是理智、意志和感受三种功能,与这三种功

---

① 唐士其:《儒家学说与正义观念——兼论与西方思想的比较》,《国际政治研究》2003年第4期。
② (清)唐芸洲:《七剑十三侠》,钟涛、黄良玉点校,十月文艺出版社1995年版,第2页。

能相对应的是真、善、美的观念"①,侠义文化的流行曲折表达了人自尊的需要、被爱的需要、审美的需要、求成的需要、自我完善的需要。恩格斯说:"在社会历史领域内进行活动的,全是有意识的、经过思考凭激情行动的、追求某种目的的人"②,也就是说,情感正义与行为正义在个体道德意识中是密不可分、互相渗透的。

墨子把义看得比生命还重要,提到"万事莫贵于义""贵义于其身"(《墨子·贵义》),墨子正义观凸显了"义"的重要性。《墨子·贵义》主张:"万事莫贵于义……争一言以相杀,是贵义于其身也。"这反映了墨家对待个人与国家、个人与社会、个人与他人关系的道德认知、价值旨趣。正义论的本质是一种关于应当行为的建构活动,正义的本质在于从公正的角度处理人与人、人与社会的关系。传统文化崇尚个人尊严、社会本位,人通过正义选择、道德尊严来实现、确证人的卓越的价值需要。儒家确立了整体本位主义取向的正义原则,实现社会正义一直是儒家的理想,制度实现不了,让道德实现、道德担当;制度要实现的,还是让道德先行、正义者敦促。

在西方正义论里,"知"要剥离"情"才能达到真"知",而在儒家思想体系中,"知"与"情"是分不开的。郭店楚简《性自命出》提出:"性自命出,命自天降,道始于情,情生于性。"③儒家思想中"情"不仅是指向人心的情感、情绪,而更多指向人心经过修养后能够达到的"道德情感","由欲转情",儒家将人作为历史性、群体性的人,个体不是通过理性的"知",而是通过感性的"情"来通达意志。

从历史发展来看,正义的内涵也受到时间和空间因素的制约。正义是公共道德的高级层次,需要情感、意志、理性、行动的合体,一方面,维护正义是社会的本质需要;另一方面,正义也是人确证社会价值感的需要。情感维度、气质维度与理性维度及行动维度在一定程度上相对脱离,四者之间存在着较为明显的缝隙,各种维度之间未能有效实现有机融合与贯通。研究传统正义文化不仅能够挖掘传统侠义文化所蕴含的丰富的道德意义,而且有助于全面地进行评估和审视,以利于传统正义文化的继承与转化。我们在现代公德精神的关爱他人、

---

① 马克思:《1844年经济学—哲学手稿》,人民出版社1979年版,第78页。
② 《马克思恩格斯选集》(第4卷),人民出版社1977年版,第243页。
③ 荆门市博物馆编:《郭店楚墓竹简》,文物出版社1998年版,第179页。

见义勇为美德塑造中,不能没有民族的传统正义观底蕴作支撑,不能在中国公德话语的建构中遗漏它的正义话语,中国人不能丢掉"侠"气,不能丢掉"富贵不能淫、贫贱不能移,威武不能屈"的浩然正气。

二、传统个体正义文化的人格载体与社会价值

(一) 传统个体正义文化的人格载体

考察传统正义的内容,包含制度正义和个体正义两个层面。作为一种社会存在,人们追求社会价值和自我价值的统一,中国传统民间故事对"正义人格"的痴迷体现了人类落难时有被拯救的欲望,也有发达时拯救别人成为英雄的欲望。从史学、文学角度和公众认识来看,中国传统文化的"正义人格"可以分为以下几种。

1. 士人之义——君子

在孔子的语境下,君子与"义"关联在一起,"义"是君子的重要内涵,"君子谋道不谋食……君子忧道不忧贫"(《论语·卫灵公》),则表明孔子的君子以"道"为基本的人格理想与终极人生目标。作为知识分子的史鱼,如箭一样正直,"邦有道,则仕;邦无道,则可卷而怀之",知识分子的正义是一种勇敢又平和的正义,如《淮南子·说山训》里说"喜武非侠也"。

北宋大家张载说的"为天地立心、为生民立命",正是知识分子正义精神的表现。知识分子识仁求仁,好仁恶不仁,为天地树立是非曲直的标杆,是正直的表现;杀身成仁,舍生取义,为生民立命,是侠胆仁心的表现;孔孟先儒所弘扬的学问是人间大道,恢复这种道统是追求真理的表现;面向未来寻找世世代代和谐安宁的治道,可谓道了。了解了知识分子的正义追求,更能全面理解南宋时期思想家们重新恢复儒家道统的努力。

中国传统文化很看重"义"的品质,大都认为"义"是人具有的高贵的品质。文人对正义人格表现出的是仰慕,其深层次的原因大致有以下三方面:一是对人间正义的渴望;二是对独立精神的追寻;三是塑造君子品格的需要。文人的君子品格追求社会道义,情系苍生胸怀天下是士人的使命,而经过文人理想化的"侠"人格与君子品格有很多一致。而文人实现其社会责任的前提,是能进入官僚集团成为一分子,成为一支参与制定社会正义规则的社会力量。但是,儒者向往自由的意识从来只能作为一种理想而存在。蒙培元指出:"儒家的正义

观,就其实际意义而言,可从两方面去说。从一方面说,利于他人、利于社会,即促进和实现他人和人民的正当利益者为义"①,从另一方面说,士人之义更重视理性之义。

2. 官吏之义——清官

中国古代行政所要实现的目标就是义,理性之义往往是"中庸"、"中立"、公正。在行政裁决中,正义是一种坚持公正的行为。《白虎通义·性情》中说:"义者,宜也,断决得中也",所以古代中国的法律中清官是实现正义价值的手段和途径。法律的价值目标是仁义礼等道德价值,法律被看成是正义的体现,法律是用来维护正义的刚性工具。官吏之义的作用在于通过法律治理禁止人们放纵欲望,惩罚社会犯罪,主持公道,伸张正义,最终目的是维护每个人正义的品德。公正是中国传统法律正义观的支点,和谐则是中国传统法律正义观的追求。官吏正义的理想人格类型是道德情感、道德意志、道德规范、道德理性、道德践行的有机统一,即清官。这样的说法并非拔高了中国传统正义的特质,追求正义是人类道德的最高理想,也是法律、政治的最高理想,还是公共领域的重要理想。由于理想正义与现实生活之间存在差距,人们对法律正义理想的追求一直孜孜以求,"法律正义价值观的实践和结果,亦即它的内在价值的外在化,虽然与价值蕴含与追求有关,但那本质上不是同一个问题"②。张中秋指出,"所以,从学理上揭示和阐释中国传统法律正义观的内在价值,与从实践上来探讨这种正义观内在价值的实际状况,对于我们来说都是不可缺失的"③,这揭示了法律正义思想对现实生活的促进作用,而传统社会的清官则是遵从法律正义践行清正廉洁政治的官僚群体。

在小说《三侠五义》中,书中的包公成为侠义之士的总指挥。元杂剧《蝴蝶梦》和《鲁斋郎》中的包公,关注的是市井小民,反对的是倚强凌弱。在《三侠五义》中,侠士与清官结合得越来越紧密,形成有机的整体,侠士行为准则的变化是时代造成的,因为明清时代是中国封建社会专制统治最严厉的时代,在侠士群体、侠士精神上也有反映。官吏之义重视行为之义,而其行为标准则是按照封建礼制的忠臣标准来的,奉行清正廉洁的职业道德,是国家政治秩序的守护者,他们在老百姓心目中也有很崇高的地位,并且在戏曲作品中频频出现。

---

① 蒙培元:《略谈儒家的正义观》,《孔子研究》2011 年第 1 期。
② 张中秋:《中国传统法律正义观研究》,《清华法学》2018 年第 3 期。
③ 同上。

3. 平民之义——侠

中国传统文化对伦理道德与公平正义人格、公正乌托邦的追求,是"侠"产生的天然土壤,中国自春秋侠士的留风遗韵一直演绎着千载不衰的侠义精神。"游侠"最早出现在《庄子·盗跖》的"侠人"之说,《吕氏春秋·音律》也有"侠"字的出现。但最早提及并论断侠的是《韩非子》,汉代司马迁的《史记》传播了游侠之风。

汉代侠义精神开始成为一种社会风尚而影响着人们,墨侠道德中诸如"均贫富"、"除暴安良"、仗义行侠等道德规范符合小生产者的人生理想和道德需求,一部部侠义小说几乎是由"爱""敬""仁""礼""义"交织而成的平民史诗。跌宕起伏的故事里抒发出来的除了英雄崇拜之外,是回到人类最普遍的情感价值与观念仁爱或者良心那里,继续进行与人为善、打抱不平、诚实守信等优秀品格,成为当时国人的励志榜样。侠义小说既满足拯救者情结,也满足被拯救的情结。侠义精神是人们面临生存困境时的精神寄托,侠义小说对人性的信念,是苦难时代的慰藉。在当今中国经济快速发展的大背景下,传播的是仁、义、礼、智、信的核心理念,迫切需要用社会主义核心价值观和正确的道德评判标准去引领大众文化的发展走向。

对游侠来说,"侠"是他们的表现形式,"义"则是他们的道德追求和行为准则。侠客重"义",义是侠客的一种行动方式。一方面,建立在以爱人为号召的利他主义道德理论本身,存在着明显理想化的弱点,是难以为大多数人实现的行为。另一方面,只要人类还处于私有制和阶级的社会,公共霸凌现象就会存在,人们需要正义的行为。从哲学和心理学的角度说,人类始终有被拯救的欲望和对自由的渴望催生了侠的产生。中唐李德裕在《豪侠论》中说:"义非侠不立,侠非义不成。"他指出"义"是判断一个人行为是否为"侠"的一个内在标准,甚至提出了"士之任气而不知义,皆可谓之盗"的说法。

侠与侠义精神,与儒家礼文化、道家浪漫文化等影响着中国人的民族心理。实际上,侠与侠义精神与儒家文化有很多交汇点。民族精神的传递很大程度上依靠了侠的阐释和推崇,在民族精神的塑造中具有独特的价值。《七剑十三侠》开篇就叙述了剑侠除暴安良的本领,或代人报仇,或偷富济贫,或诛奸除暴,或锉恶扶良。侠小说所记载的便是个人与邪恶势力斗争的故事,所展示的是逃逸于封建专制之外的自由灵魂。侠小说的流行反映了人们对见义勇为、顶天立地的人格精神的赞赏,当然也以曲折的方式表达了百姓对社会现实的不满和对社会公平正义的呼唤。

从《水浒传》开始,侠官对抗的故事模式转为侠官合作的故事模式。在清代,侠客统统纳入了清官的麾下,是这一时期侠义公案小说的基本模式。在爱国的旗帜下,大众的愿望与君王的意志统一起来,社会的公正原则与统治者的利益统一起来,君与民的矛盾消除了。到了明代,由商品经济萌芽所带来的个性解放的呼声在文学上产生了重要影响。《三言二拍》中有不少情节反映了市民要求公正、平等的愿望,以《三侠五义》为代表的侠义小说,激起了整个晚清社会尚侠的文化风潮。

侠客最终成为中国底层社会理想的主要承担者。中国文学历史上,武侠小说一直被中国的文人墨客看作是一种娱乐性读物,也就是所谓的市井文学、通俗文学。侠客用他们的存在方式,倡导着一种挑战权威、冲击伦理规范的理想主义精神,这是和儒家文化不大一样的,它像是一条文化副线,凸显人性重建秩序、改造秩序的强烈需求。

而在平民之"侠"的观念中,有一个非常重要的主题:报仇和报恩。一个人把自己的生命与报恩和报仇牵系一起,看起来非常快意,但从另外一个角度来看,又何尝不是对自己生命的轻视。在报恩或者报仇的过程中,恩怨情仇成了侠客的终极目标,这是一种让今人看来并不认可的正义行为。

知识分子的正义是道义之义,侧重于抽象的意识形态建构,与大众生活之间保持着一定距离。知识分子的侠义主要是流行于著作之中的话语表达,较之于平民之义与官吏之义,它更多地停留在理性经验层面的话语表达,在政治领域与民间领域一般均难以被接受。

时代变了,侠士这种人物都消亡了,即便存在,也在慢慢改变形式。总体来说,侠士对统治者起着约束的作用,对士大夫起到鼓励的作用,对下层人民起着安慰的作用。而文士与武士之判然两途,顾颉刚在《武士与文士之蜕化》一书中指出,"文者谓之儒,武者谓之侠"。"侠与儒在精神追求上具有高度的一致性和渊源关系,可谓是源同流殊、枝生同株"①,"侠之'义'是精英文化濡染且民间化了的结晶,其抑私扬公,张扬的是民间细民或小团体的利益,并常常有与官府正统势力'不义'的抗争意味,且灌注了平民大众互相扶助、彼此团结的深厚情

---

① 刘薇:《侠义精神在我国文学中的渊源》,《语文建设》2013年第26期。

谊"①,李白在《侠客行》中便有"纵死侠骨香"的抒情,"侠骨"实际上就是体现于武侠的一种精神,一种英雄气质。

(二) 传统个体正义文化的社会价值

1. 攸关国家安危的政治价值

人们认识到"义"是维护国家秩序的基石,是统治者治国理政的重要手段。在正义状态下一切将处于和谐的状态,而一切难以控制的、混乱的状态,都与不公正有关,正义因而成为思想家们的重要关注点。②《管子·戒第》中界定为"义者,宜也,谓各处其宜也",更多地强调礼的适用,如"君臣父子之间事谓之义"(《管子·心术》)。管子认为教导人民知道道义特别重要,"夫民必知义然后中正,中正然后和调"(《管子·五辅》),对于维系社会稳定十分重要。王充在《论衡·非韩篇》指出,"国之所以存者,礼义也。民无礼义,倾国危主"(王充:《论衡·非韩篇》)。王充还指出,要解决国家深层次矛盾、预判不确定因素,得重视正义,"贵耕战而贱儒生,是弃礼义求饮食也"(王充:《论衡·非韩篇》),一个组织良好的社会必须由公平、正义来调节,才能发展社会成员的善。激发社会矛盾的真正原因是不公正的关系,个体正义感表面是激发社会矛盾之导火线,从长远来看,个体正义感是协调公共社会矛盾、促进社会文明进步之推动力。

2. 关系天下良心指向的伦理价值

正义是传统社会最基本的价值诉求。郭店楚简《性自命出》曰:"义也者,群善之蕝也。"义是道,安顿社会人心。孟子曰:"天下有道,以道殉身;天下无道,以身殉道"(《孟子·尽心章句上》),以"良心"的声音弥补法治不够、公权力不够的缺陷,消弭看不见的不公。"羞恶之心"则关涉价值判断,两者显然不同。孟子一再申述:"仁,人之安宅也;义,人之正路也"(《孟子·离娄上》),法律上"不告不理"的制度、高额的诉讼成本让人望而止步,以"信仰"的方式,正义及其精神信仰为社会提供道德良心。正义感是连接仁爱之心与正义行为的关键环节和纽带,一旦形成就是社会公共场域的守护神,具有巨大的调控力量。正义是社会进步的内在要求,"在任何社会公共体中都是一项必不可少的道德原

---

① 陈建平:《水浒戏与中国侠义文化》,文化艺术出版社 2008 年版,第 21 页。
② 参见刘白明:《略论老子的公正思想》,《求索》2008 年第 10 期。

则"①,从古至今,正义感和正义追求是推动中国社会发展的精神动力。中华民族道德文化建构与民族精神的历史叙事中,正义观、正义理想发挥着举足轻重的作用,正义观对中华民族精神的形成所发挥的积极作用是值得肯定的。

3. 具有激发人们树立高尚人格的教育价值

"君子义以为上"(《论语·阳货》)。孔子曰:"非其鬼而祭之,谄也;见义不为,无勇也"(《论语·为政》)。正义感激发人们做高尚的人,承担社会责任。"义"这种公德与"仁"的不同之处是:从消极方面来看,"义"是一种高度自律的美德,它抵抗了欲望、利益的诱惑,是一个人遵守了道德准则、发挥了道德意志的结果;从积极方面来看,求"义"行为是明知会损伤自己利益和自己家庭利益的情况下作出的。相比其他美德,"义"行为牺牲最大,有时候甚至以牺牲自己的生命为后果。所以,积极的正义行为具有高尚性。无论在任何时代,自律之"义"和利他之"义"都是需要的,所以"义"这种公德具有很高的价值。

传统个体正义观具有道德教化的功能。汉代《淮南子》说:"仁者,百姓之所慕也;义者,众庶之所高也。为人之所慕,行人之所高,此严父之所以教子,而忠臣之所以事君也"(《淮南子·人间训》),《淮南子》注意到正义行为的教化价值。唐代史书《贞观政要》指出:"故圣哲君临,移风易俗,不资严刑峻法,在仁义而已。故非仁无以广施,非义无以正身。惠下以仁,正身以义,则其政不严而理,其教不肃而成矣。然则仁义,理之本也;刑罚,理之末也"(《贞观政要卷五·论公平》),此段言论指出了正义在移风易俗、引导社会价值观方面的价值。《扬子法言·修身》曰:"修身以为弓,矫思以为矢,立义以为的,奠而后发,发必中矣。"

传统个体正义观帮助社会树立良好社会风尚,发挥道德引导的功能。《中庸》曰:"修身,则道立。尊贤,则不惑。"在《论语》中孔子提到治理国家要重用正义之士,"举直错诸枉,则民服;举枉错诸直,则民不服。"(《论语·为政》)孔子在春秋时代呼唤正义之士的出现,"隐居以求其志,行义以达其道;吾闻其语矣,未见其人也"(《论语·季氏》)。

4. 调节义利矛盾的道德规范价值

传统正义观为人类评价自身和他人及社会制度的行为提供了终极的道德标准。在儒家文化里,义是比功利甚至生命都还值得追求的价值。公共生活中利与义的矛盾时常会发生,如果没有一个道义标准,其结果可想而知。在利与

---

① [英]米尔恩:《人的权利与人的多样性——人权哲学》,中国大百科全书出版社1995年版,第58页。

义发生矛盾之时，从儒家的道德视域来看，毫无疑问应把"义"置于首位。在调节私人之间、私人与社会之间的矛盾时，要求作出合乎社会主流道德规范要求的判断和选择。西汉的扬雄谈到"仁、义、礼、智、信之用"时，"仁，宅也；义，路也；礼，服也；智，烛也；信，符也。处宅，由路，正服，明烛，执符。君子不动，动斯得矣"(《扬子法言·修身》)，他发挥了孔子的观点。

传统正义观以对己的道德底线或者对他人的道德境界的方式，提供公共场域的约束或者价值导向。传统正义观有助于化解冲突、实现人际和谐。孔子曰："君子义以为质，礼以行之，孙以出之，信以成之。君子哉！"(《论语·卫灵公》)西汉的《扬子法言·问明》曰："君子以礼动，以义止，合则进，否则退，确乎不忧其不合也。"意志坚强者正是因为可以克制私欲才得名。实现正义是法律与政治治理的目标，也是社会公共生活消除矛盾的根本途径。古人还主张用法律的手段如法律惩罚以及因果联系的规律教导人民，培养人民的正义观念，"多行不义必自毙"(《左传·隐公元年》)。罗尔斯指出，"一个组织良好的社会也是一个由它的公开的正义观念来调节的社会。这个事实意味着它的成员们有一种按照正义原则的要求行动的通常有效的愿望。……当制度公正时，那些参与着这些社会安排的人们就获得一种相应的正义感和努力维护这种制度的欲望"[1]，公正的环境塑造公正的精神追求和公正的品性，公正环境与正义感之间互相影响。

公共道德是调整公共场域平等主体互动关系的道德。公正是公共场域关注的焦点，正义是调节公共生活矛盾的根本道德准则。公共场域正义不明将会增加公共场域道德失范的概率，带来互不信任的冲突，导致道德冷漠和道德缄默，进而道德缺位、法律难以执行。传统文化的正义观的提出与小农经济、宗法社会文化相适应，与传统社会生活的道德诉求相匹配，为公共场所调和价值矛盾和冲突提供了理想原则和具体标准，为解决日常交际生活冲突提供了选择方向。传统文化的正义观部分表达了对道德原则和人类普遍的道德观念的追寻，与现代道德文明的价值理念相契合。我国传统正义思想是社会主义的公正、平等、诚信、法治等核心价值观的重要来源，是民族精神的来源，是中华民族道德追求的结晶。

儒家调节利益矛盾时，不是一味地为了和谐而和谐。孔子曰："何以报德？

---

① [美]约翰·罗尔斯：《正义论》，何怀宏等译，中国社会科学出版社 1988 年版，第 441 页。

以直报怨,以德报德"(《论语·宪问》),孔子主张以正直对待怨恨,而不是以眼还眼以牙还牙,也不是一味妥协,体现了孔子务实、灵活、中庸的解决方法。子贡问曰:"有一言而可以终身行之者乎? 子曰:'其恕乎! 己所不欲,勿施于人'"(《论语·卫灵公》),这个需要强大的克制能力,换位思考能力对个人的消极正义行为即个人道德底线的养成具有重大意义。

"正义感"是人们追求正义过程中伴随的一种道德情感。就发生机制而言,正义感教育与正义认知教育同样重要。引起社会广泛关注的"网络暴力"等现象,固然反映了当前理性正义维度的缺失,但综观我国的正义教育,主要症结除了缺乏健全的认知判断的训练,还在于忽视了正义感的引导作用。在公民正确道德认知与内在情感升华有机融合的理想氛围下,可用真诚、理解、同情的态度尊重网民遇到的委屈,以仁的情感为内在动力,以理性的道德认知为方向,培育人们正确的网络正义感。

三、中国传统正义内涵多维探究的意义

传统文化中的"义"具有情感、意志、认知、行为实践四个层面的维度。如果仅仅从一个层面去研究,那就有损对传统文化"义"认识的深刻性、全面性,继而也就低估了传统"义"文化的现代价值。蒙培元指出,"首先,它是在仁即普遍的生命关怀之下的正义,主张'以人为本',而且包含了对自然界一切生命的关怀与公正对待的原则,因而是一种广义的正义观。其次,它以善为自身的最高价值,重视人的全面发展,视人为目的,而不是工具,这就避免了工具主义(包括理性的工具)的侵害。这两点,是现代正义论所缺乏的"[1],这从个人研究的经验指出了儒家正义观的现代价值。

本研究针对国内学界在传统正义上的特点理解上存在的刻板印象作出澄清,因为这些误解在近几年的一些文献中仍在不断出现,要真正提升传统正义思想的现代价值,挖掘传统正义观的多重特质和资源是必不可少的。中国传统正义内涵具有多重性的学术意义,具体而言,主要有以下三种。

(一) 有助于对中国传统正义思想全面深刻的理解

由于"中国传统正义"实际上是许许多多道德意见的泛称,因此,以前笼统

---

[1] 蒙培元:《略谈儒家的正义观》,《孔子研究》2011 年第 1 期。

的侠义就应当具体化为多层正义观,如行为正义、理性正义、规则正义、情感正义等。研究针对国内学界在传统正义观这一主题上存在的广泛刻板现象,从全面挖掘传统正义观的内涵做起,用马克思主义的辩证法分析传统正义观,真正提升传统正义观在当代公德建设中的价值。

知、情、意、行本是浑然一体,这几个要素循环往复,便能铸成崇高的人,这从根本上为情感与理性、认知与行为的互补指出了必要与可能。罗尔斯认为,"正义感产生出一种为建立公正的制度(或至少是不反对),以及当正义要求时为改革现存制度而工作的愿望"[①],正义感是理解、应用和践行正义理念,判断事物正义与否,并为这些判断提供理由的能力、愿望以及相伴的情感体验。在道德生活中,只有伴随情感体验的正义实践,才是真正的正义,反之就是冷冰冰的"教条",同时理性也只有与情感一起,才能有效发挥行为制约机制的作用。同时,情感在关键时刻如个人利益受损时也可起到帮助个体坚定道德信念,在个体道德实践中发挥积极的推动作用。没有情感的催化作用,理性正义虽然可以让人辨识善恶是非,却无法过渡到正义实践。

正义的"情"与"理"是一个内外表里的关系,是一个内容与形式的关系。从这个意义上,我们可以说,正义"情理"之说实际上是提出了一个内容与形式如何完美统一的问题。这个反映了"义"词内涵的复杂性和多样性。我们从四种维度挖掘了传统正义的多重内涵,但历代学者对"义"词的解释,是各自选取了不同的角度,有的从气质角度解释,有的从理性角度解释,它们互为表里,不可分割,各自表达了对"义"的某个内涵的理解。道德情感教育是正义感的重要环节,对公民正义感的养成起着无可替代的作用。传统正义思想化是今日构建"文化自信"、价值观自信的重要思想资源,深入挖掘提炼传统正义文化中所蕴含的多重维度,对于弥补当前正义思维里情理分离、知行脱节的偏差,具有重要研究价值和良好的社会效果。

(二)有助于辩证地对待各种内涵的传统正义观

我国的传统正义研究还处于起步阶段,导致我国传统正义研究在西方正义话语面前"失语"。从发现传统正义的唯一内涵转到承认传统正义的内涵是多元的,可以使传统正义研究者和西方正义论研究者辩证地对待各种内涵的传统正义观,在实践工作中根据各种具体情况而灵活选择和实施不同的正义教育。

---

① [美]约翰·罗尔斯:《正义论》,何怀宏等译,中国社会科学出版社 1988 年版,第 461 页。

第一，制定系统的正义教育环节及其重点。正义教育环节包括仁义教育、气质正义教育、理性正义教育、行为正义教育四个方面，这个过程由情感教育为其开端，气质正义为辨析点，理性正义为讨论点，行为正义为落脚点。对于道德感不强的群体，重视对他们进行正义规则教育，而对于感性思维发达的群体，可以重视理性正义教育；对于善于理性思维的群体，可以加强道德情感教育，对个性过强或个性怯弱的个体，都应当重视正义理性教育。第二，不同情境下需要实施不同的正义教育。例如，当今公共场所出现道德冷漠现象，所以传统的正义感要加强。而网络空间因为其匿名性，因此我们就不能简单倡导品德教育，而应重视理性正义教育、道德批判教育。

（三）有助于纠正对传统文化无正义观的偏见，有助于中国当代正义话语的丰富和创造

传统社会对正义的多维认识，符合社会生活实践多样性与理性认识多样性的客观事实，也展示了中国正义文化的丰富性。如前所述，人类社会中进行的正义调节活动不是机械的、固定的行为，而是稳定中存在着差异的。罗尔斯认为，"具有某种正义感以及具有和正义感相关的某种理念是人类生活的一个部分"①。无论是"中国的""东方的"还是"西方的"，在正义文化的资源上，理应摆脱任何形式的"文化传统中心论"。尽管西方早期文化中没有可以对应于中国"侠"概念的形象，如英国12世纪末期传说中的"侠盗罗宾汉"、塞万提斯塑造的"唐吉诃德"、西班牙1919年小说家麦克·卡利作品中的"蒙面侠客佐罗"（Zorro）等。西方的正义理论研究经久不衰，研究者沈晓阳指出："如果说西方正义观侧重的是对于正义的制度规则的理论阐述，那么中国传统思想中的正义观念侧重的则是对于正义的精神实质的艺术把握；如果说西方正义观侧重的是对于正义的制度规则的理论阐述，那么中国传统思想中正义观念侧重的则是对于正义的精神实质的艺术把握"②，这可能与中国传统文化是道德伦理型文化而西方传统文化是法理戒律型文化的特征有关。

传统正义观最大的理论贡献是从各个侧面揭示了"正义"的发生机制及哲学思想，情感是前提，理性是底线，气质是必要条件。个体只有具备起码的正义气质，才能有能力去知行合一。理性是正义德性判断的重要标准，不正确的道

---

① ［美］约翰·罗尔斯：《政治哲学史讲义》，杨通进等译，中国社会科学出版社2011年版，第385页。
② 沈晓阳：《正义论经纬》，人民出版社2007年版，第374页。

德认知、扭曲的道德情感、薄弱的道德意志等存在就产生不了正义感。中国传统文化的"义",对于担负国家责任或具有社会使命感的人来说,是一个道德应然判断,强调的是道德义务;对于一个普通百姓来说,是一种道德境界,它主张道德主体应该超越私人利益追求精神境界,发挥勇敢精神、反抗强权、帮助社会弱者,以此来提升道德境界。它不是突出权利,倒是强化义务,这种特征极大地弥补了西方基于权利和个人主义的正义观的缺陷。不可否认,传统正义思想的理论建构虽然有其自身的完整性,但也难免有传统时代的不足。

第三节　传统文化中的礼思想

礼是中国最古老的社会公德规范。作为礼仪与礼意的结合,礼是中华民族公德文化的集体记忆。李景林指出,"儒学以其对世俗社会礼俗礼仪的思想诠释和提升作用,构成了与社会生活相辅相成的关系。这是儒家思想能够成为中国文化的教化之本的原因所在"[①],礼是一个国家公德的窗口,是一个国家公德水准的展示和标识。2019 年 10 月,中共中央、国务院印发《新时代公民道德建设实施纲要》特别指出,"充分发挥礼仪礼节的教化作用。礼仪礼节是道德素养的体现,也是道德实践的载体。要制定国家礼仪规程,完善党和国家功勋荣誉表彰制度,规范开展升国旗、奏唱国歌、入党入团入队等仪式,强化仪式感、参与感、现代感,增强人们对党和国家、对组织集体的认同感和归属感。充分利用重要传统节日、重大节庆和纪念日,组织开展群众性主题实践活动,丰富道德体验、增进道德情感。研究制定继承中华优秀传统、适应现代文明要求的社会礼仪、服装服饰、文明用语规范,引导人们重礼节、讲礼貌"[②]。《新时代公民道德建设实施纲要》的颁发,激发了传统礼文化融入当代公德建设的研究活力,也为传统礼文化融入当代公德建设研究提供了政策基础,有利于形成传统礼文化融入当代公德建设的社会共识。

礼与中华文明形象的建设息息相关,将传统礼文化继承转化,在自由主义思潮盛行的时代赓续传统礼文化的文明叙事,是一件塑造新时代中华文明独特

---

① 李景林:《教化儒学论》,孔学堂书局 2016 年版,第 7 页。
② 《新时代公民道德建设实施纲要》,人民出版社 2019 年版,第 18 页。

气质、独特风格的工程。

一、礼与公德

（一）概念辨析

广义的礼文化包括礼制、礼仪、礼俗、礼意。狭义的礼文化包括礼仪、礼俗、礼意。狭义的礼文化体现了儒家"因人情节人欲"的主张。从要素层面看，礼仪包含仪礼、礼节、礼貌三个方面。仪礼主要涉及家庭或者社会重大事件的仪式，具有集体性、符号性；礼节是约定俗成的各种角色规范；礼貌则体现对人的恭敬态度。礼不仅是人与人之间交往的基本准则，也是一个国家社会秩序稳定的基石。

1. 礼与礼制之别

关于传统礼文化的理解一直具有复杂性、多面性，但是本研究主要探讨"公共性"的文明之礼，而非体现为"三纲"的专制之礼。"古代礼仪与封建时代中后期形成的封建礼教是不同的，古代礼仪是社会必需的秩序体系，而礼教则把礼仪中的一些思想、规范绝对化、片面化、宗教化了，使许多礼仪行为容易走向极端、偏激。从总体上来讲，封建礼教严重制约了中国近现代的发展与进步"①，现时代的文化背景能够让我们更好地理解和超越传统文化的全盘肯定论和全盘否定论的对峙，我们清楚传统礼文化的积极意义和消极方面，且因为马克思主义的辩证态度，我们会从时代要求出发自发地制衡其消极方面。

因此，中国古代社会的政治制度之礼，本质上是统治阶级各阶层冲突力量与斗争选择的结果。与此相适应，公共礼仪活动同样受制于齐家治国平天下的家国建设与发展需要，但是起伏盛衰路径完全不同于政治礼制，具有很大的稳定性。礼在公共秩序建立上有独特价值，表面上看，日常公共生活之礼是生活琐细的行为规定，实际上学习和自觉应用礼，也在客观上实现了礼的社会化，完成了封建秩序的教化过程。

再来看礼与法之异同。日常公共生活之礼，属于公序良俗，本身属于习惯法。日常公共生活之礼仪重在通过践履、教导、评价、赞赏、劝阻等教育方式来提高它的约束功能，其所辐射的范围，远比法律大得多，囊括了法律没有涉及的边边角角。费孝通指出，"礼并不是靠一个外在的权力来推行，而是从教化中养

---

① 张继春、李宗泽：《中华礼仪文化与文明北京》，中国社会科学出版社 2013 年版，第 107－108 页。

成了个人的敬畏之感,使人服膺"①,礼与法律相比,是一种柔软而有效的社会调控机制。

2. 礼建设与文明建设的异同

"文明是当代中国的核心话语和实践范畴",从党的十二大到十九大报告,"文明"在党的最高文献中表述了 232 处。恩格斯在《英国状况·十八世纪》中指出:"文明是实践的事情,是社会的素质"②。中国文化里,文明的标准是建立在文化的基础上的,文明不仅包括守礼,还包括人道、守法等。礼是中国人优雅、谦和、自尊、庄敬的生活方式,礼有自律和他律的双重作用,是文明的外在标识。近代以来,中国思想界受西方文化影响,将人向自然本性的复归视为文明,片面地将遵守社会性的规范视为压迫。如何解决个人与他人在公共场域里的矛盾?礼,"是人类在长期的社会实践中提炼出来的人文基因,无论是农业文明,还是工业文明,都不能或离或弃,你可以不断完善它,但永远也不能抛弃它,否则,社会就会出大问题"③。今天我们谈公德建设,要总结公共生活无序的根源,要汲取历史的智慧。"或说,中华礼仪是农业文明的产物,节奏慢,早该淘汰了,因为如今是工业文明时代,生活节奏快。将农业文明贬为落伍的低级文明,将工业文明奉为时兴的高级文明,这种喜新厌旧的思想极之有害"④。即使社会进入了工业文明时代,依然需要传统礼仪的规约。

遗憾的是,过去的礼学研究自成一支,今日礼学研究被文明研究取代了。今日的文明研究,或是以人的权利为核心,或是以道德建设这个总称的名词取代,传统形态的礼学便在现行学术体制内逐渐消失了。礼学没有了,礼的要素被匹配到其他道德领域,成为一种碎片化的附件,礼传统的形态便不复存在了。礼原有的神圣光环不在,直降为一个普通的道德概念、道德名词。过去的礼仪在大部分情况下,作为过时的和陈腐的象征来对待。在文明研究中,礼的地位不是没有被意识到,只是几声干喊。如何使传统的礼学起死回生,在当下的文明建设里不可不学习传统礼文化的精髓。

3. 礼的渊源与本质

礼仪的源起有多种观点,如起于人的欲望与环境矛盾说,礼从民俗说等。

---

① 费孝通:《乡土中国》,人民出版社 2008 年版,第 63 页。
② 《马克思恩格斯全集》(第 3 卷),人民出版社 2002 年版,第 574 页。
③ 彭林:《当代工业文明与传统礼乐文化》,《学习月刊》2008 年第 11 期。
④ 同上。

周公本人也因此成为中华传统之"礼"公认的奠基者,《说文·示部》曰:"礼,履也,所以事神致福也",郭沫若就曾认为"大概礼之起,起于祀神",礼最初的功能是和谐天地人神。《礼记》云:"礼也者,合于天时,设于地财,顺于鬼神,合于人心,理万物者也"(《礼记·礼器》),把礼起源于祭祀之说和礼生于理说以其作为礼的起源。从流变上来说,礼经历了由宗教礼仪为主向政治礼仪转变、再由政治礼仪转化为公共礼仪为主的过程,经历了神本主义时代转向人本主义时代,人本主义时代转向民本主义时代等阶段。自武王克商之后,中国开始脱离神话时代,文化转向人本主义时代,儒家提出了"礼之用和为贵"的主张。儒家礼文化从源头上来看,并非全部是阶级社会的产物,而是有着维护人类秩序的全民性的价值。到了今天,在公共场域里,礼大多数有符合维护人的价值和尊严的内容,符合社会和谐的目的。

礼的变迁,经历了一个由所谓的习俗规则、道德规则、组织规则、政策法律规则等四种承载形式所构成的演进过程。古代礼仪形成于夏商西周时期,两汉隋唐时期是系统确立时期。汉代将古礼儒家化,隋朝将礼规范化,唐朝将礼完备化,宋元明清时期将古代礼仪僵化。礼的历史过程并不是连续的,历史上对礼文化进行过数次反思,其中也有过漫长的贫瘠期、松散期。但是公共生活的礼文化一直维护着延续性,后来的时代都在享受其成果。从社会稳定角度出发,礼为解决社会失序问题提供了良方。

礼,从等级之治到平等之治,从身份社会转型为公民社会,礼经历了从特权到公器角色的转变,从工具理性到价值理性的转化。建设传统礼文化,着力发展特色公德文化,不仅是让人们记住"回家的路",而是通过独特的传统文化发挥现实的功用,引领文明优雅风尚,推动"美好生活"早日实现。礼文化在中国文化的发展中发挥过巨大的作用,我们需要将这些复杂的礼仪文化再次创造性转化为具体、生动、直观、方便、好用的形式载体,通过将传统文化形式化,使儒家文化向人们的生活深处渗透,进而向人们的心灵深处沉浸,使传统礼文化与现时代相生相容。

传统礼文化的本质是中华民族道德理性的结晶。《礼记》说:"礼也者,理也。"《管子》说:"礼也者,谓有理也。"《礼记·冠义》说:"凡人之所以为人者,礼义也。"中国人的"礼"是要教会人内外兼修,两者之中,我们中国人更看重"内"。《礼记》上讲:"德辉动于内,理发诸外。"这反映了中华民族对礼与道德关系的认识。礼是"理"与"履"的结合,礼是道德的显象、表象或者符号标记,是文化的产物。王国维在《殷周制度论》说："周之制度、典礼,乃道德之器械"。礼作为价值导向者、公共生活的调节者,以社会共享的规范培养人们的文化认同,增强社会的凝聚力。礼是文明的标识,"有人说中国的礼是形式繁冗的虚礼,实则礼与德为表里关系"①,礼让人们感受到中国传统礼文化的博大精深,增强人们对公共道德规范的认同,具有教化价值。

(二) 礼意与礼仪的关系

礼意与礼仪相辅相成、相须而用。儒家认为,人的内在道德素质与外在礼仪是统一的,内在道德素质需要外在的礼仪规范表示出来。礼要有美好的心灵内核,但仅此还不够,还需要通过相应的仪节来展示内心的真诚,"貌(容貌)、色(脸色)、声(言语)众有美焉,必有美质在其中者矣;貌、色、声众有恶焉,必有恶质在其中者矣"(《大戴礼记·四代》)。礼仪仪式的特征主要有七:第一是文化性;第二是道德性;第三是实践性;第四是可重复性;第五是外显性;第六是教育性;第七是公共性。仪式是道德文化的象征载体,仁、敬、和等观念都会汇集其中。传统礼文化追求尽善尽美,美的修养促进善的修养。善的也是美的,善高于美;德成于内,而文见乎外。美国人类学家克利夫德·格尔茨将仪式作为一种"文化表演"②,强调仪式的象征、娱乐性质。钱穆先生认为,"礼乐,非技能,非智慧,亦非品德。乃在三者之上,而亦在三者之内"③,礼意以"仪"为载体,礼仪是中国文化在意象思维主导下比类取象的成果之一。礼意诚于中,礼仪形于外,通过学习、模仿,礼的意象思维由道德主体之外进入道德主体之内,通过礼仪实践由外显内,可以观测到一个人对礼的态度、掌握礼文化的程度。因而儒家把礼乐作为修身养性的工具,《礼记》说:"道德仁义,非礼不成。教训正俗,非礼不备"(《礼记·曲礼》),培养道德仁义品质、教训正俗,没有礼就落实不到实处。儒家巧妙地将这一难题化解在礼的细节之中,"性急仪慢",儒家以慢的仪式调节人急躁好斗的性情,以文明克服野蛮,就是人的心性反复内省、存养、进取的过程。

仪与礼是如何具体相关联的? 从发生起源来说,与神秘化祭祀有关。从思想上来说,与内圣外王修齐治平相关联。从技术上来说,与虚实之辩、象数之学

---

① 彭林:《中华礼乐文明的承传与愿景》,《中央社会主义学院学报》2020 年第 6 期。
② [美]格尔茨:《文化的解释》,纳日碧力戈等译,上海人民出版社 1999 年版,第 129 页。
③ 钱穆:《第三期新校舍落成典礼讲演词》,载《新亚遗铎》,生活·读书·新知三联书店 2004 年版,第512 页。

的兴起、文质并重的儒家看法有关;从推动来看,与儒家的体用关系、经邦济世精神、实用主义态度有关。《周易》有义理之学与象数之学。《周易》象数化即是一种哲学的具象化努力,与正名定分思潮相关联。中国人的敬是对天道的践履,也是对人文的推崇。人们表达敬的态度怎能失去仪式、行为的依托? 所以用外在的服饰、礼貌行为修饰内在心性。礼貌符号化、形象化、仪式化了,就可以教育百姓。郭店楚简曰:"教,所以生德于中者也。礼作于情,或兴之也,当事因方而制之"(《性自命出》),礼是用来教化的符号,也是表达情感或约束情感的符号。孔子对礼仪的内在素养更加看重,孔子以"绘事后素"来解释《诗经》,认为以"仁"为礼的材质,再以"礼"为"仁"的外形,就是君子的人物形象素描。孟子提出君子"以礼存心",强调礼的动机出自恭敬仁爱,告诫人们注意坚守礼的内涵防止礼的形式主义。

(三) 传统礼文化的公德意蕴

《礼记·曲礼》上下篇、《礼记·内则》等篇讲解人际交往中言行举止规范。《礼记·月令》篇记载的是协调人与自然的公共道德规范,通过顺应时令节气的变化进行生态环境保护等。我们要对礼文化的现代性公德意蕴进行研究,深入挖掘现代因子,唤醒民族对礼的文化自觉。

1. 以"仁""敬"为内核

"仁"是礼具有合理性、稳定性和实践性的基础。"仁"是礼、义、智、信等的核心和动力机制。儒家礼仪文化通过"克己复礼为仁",提升个体的品德。正如钱穆先生所言:"要了解中国文化,必须站到更高来看到中国之心。"仁是礼的本意和发动机制,礼文化吻合中国传统文化内圣外王致思理路,是中国儒家特有的思路,身体力行,便是履,即礼也。

"敬"具有感动人心、温暖社会的道德温度。礼之主题,如彭林所言:"礼是以对方的存在作为前提的"[①],这是对个人与他人、个人与社会、个人与自然关系如何处置自身与客体关系的思考,是中华智慧找到的最好方式。在迪尔凯姆看来,道德行为是指向非个人的、共同的目的。《左传》曰:"礼,国之干也;敬,礼之舆也"(《左传·僖公十一年》),以"敬"为重要支撑。《左传》又曰:"礼,身之干也;敬,身之基也"(《左传·成公十三年》)。《左传》又指出,"礼,政之舆也;政,身之守也"(《左传·襄公二十一年》),如此等等,不胜枚举。《礼记·曲礼》开篇

---

① 彭林:《为什么我们要讲礼》,《传承》2012 年第 21 期。

第一句话便是"毋不敬",朱子认为"毋不敬"一语总领《曲礼》全篇,形成宋儒修身讲究"持敬"的传统。《礼记》云:"夫礼者,自卑而尊人。虽负贩者必有尊也,而况富贵乎"(《礼记·曲礼上》),儒家的尊严来自人的内在价值,这种价值并非经济地位、社会地位等外在价值。人的内在价值在于人有"礼"等文明行为,弄清礼的人文精神,破除"'礼是阶级压迫之礼'之说,至为紧要"①。在没有宗教信仰的国家里,敬非常重要。礼仪大抵起源于古代的祭祀活动,表达对祖先、天地和鬼神的敬重。礼仪文化区别于其他文化的特质是什么?《礼记》中有言:"毋不敬。"敬畏与抒情,包蕴着阴阳相成,"一阴一阳之谓道"的朴素哲学思想。所谓的礼,是规范,是约束。《论语·宪问》中记载:"修己以敬。"为了礼而失了仁,那便是舍内而求外了。孔子担心礼与敬的分离,说过"居上不宽,为礼不敬,临丧不哀,吾何以观之哉"(《论语·八佾》)。

2. 以"节""让"为手段

礼的功能,《礼记》认为"因人之情而为之节文,以为民坊者也"(《礼记·坊记》),因人情节人欲是礼的基础,也是礼的基本原则。1993年湖北省荆门市郭店村出土的战国楚简(语丛一)曰:"礼,因为之情而为之节度者也",与之意思相近。《礼记》里说:"是故先王之制礼乐也,非以极口腹耳目之欲也,将以教民平好恶而反人道之正也"(《礼记·乐记》),礼乐虽用到精致的仪式,但内涵却是教人节约和节制。日本思想家梅原猛先生指出,"欲望的无限解放"是近代文明的本质,其结果是现代人对外"破坏自然",对内"破坏人性"②,一旦礼背离了仁、敬、节等伦理精神——道,礼就成了虚空的形式。离道解释礼,使得礼偏离原意,这相当于割断了礼的道德之根,影响了礼的正常发展,导致礼的异化。反之,礼离开了履,难以落实、维持、推行。二者同归大道,内圣以正道,外王以行道。

在社会生活中机会平等、规则平等的情况下,还有一个施行先后的问题。好比两个驾车者从两条支路同时行驶出来汇合到一条主路,如果没有"让",怎么办? 类似情形在公共生活中大量存在。有时候需要"让"这一礼貌,比如"女士优先""老人优先""儿童优先"等。《左传》曰:"让,礼之主也"(《左传·襄公十三年》),《左传》又曰:"让,德之主也"(《左传·昭公十年》)。让,不仅是礼的准

① 彭林:《从中华礼乐文明看"乡射礼"》,《江苏建筑职业技术学院学报》2016年第9期。
② 参见[日]稻盛和夫、梅原猛:《拯救人类的哲学》,曹岫云译,中国人民大学出版社2009年版,第41-44页。

则,还是德的基础。让也是"仁"的核心。《左传·隐公十一年》曰:"恕而行之,德之则也,礼之经也。"可见,此处间接地说出了"让"的义理。"让"来源于"仁","仁"来源于"恕"。市场经济的发展,人们个人利益的意识越来越强烈。在公共场所中,很多冲突并非起源于多大的利益矛盾,而是"个人利益意识"强烈后产生的"自我中心主义",人们把"市场经济"的"交换准则"扩大到社交关系中,以至于人们因此产生了经济越发展、道德越堕落、社会越分裂的观念。

3. 以"和"为目标

儒家的"让",不是无原则的"为和而和",在面对他人错误行为时,是"以直报怨",而道家的"以德报怨"的态度是儒家所反对的。"中和"是礼文化的价值取向,"和谐"是礼文化的基本诉求。礼的作用,是让人情达到"中"的规范,"始者近情,终者近义",做到"发而皆中节",时时处在"中"的境界,使人的情感发出时有节有度,勿过勿不及,是礼之大旨。

孔子提出"礼之用,和为贵"(《论语·学而》),《礼记》进一步说:"喜怒哀乐之未发,谓之中。发而皆中节,谓之和"(《礼记·中庸》)。从结果上来看,"民皆有别则贞,则正亦不劳矣"(《大戴礼记·主言》),当所为而为之,治理成本大大降低。思想家们看到了礼法之间的关系,不过是"礼者禁于将然之前,而法者禁于已然之后"(《大戴礼记·礼察》)。现代社会忽视传统礼文化的作用,人们的公德观念生长受到阻滞,中国人在公共场所的文明追求将受到极大影响,中国人的文明习惯难以贯穿于细节。公共场所的矛盾一般都是细小的矛盾,只要发挥礼的精神,就能化解矛盾。《礼记·乐记》曰:"礼以道其志""礼乐刑政,其极一也,所以同民心而出治道也。""和"是礼的目标和现实功用。在与周围的关系中,按照礼的要求,人们要"和相邻""和朋辈""和社交""和自然"。由于礼能够有效地防止人与人之间的冲突,维护社会的和谐,所以,它历来受到统治者和儒家的极度重视,把"和"作为礼的根本和基础。

4. 以"君子"为引领

君子是社会中遵守礼的典范。《礼记》里说:"是故君子服其服,则文以君子之容;有其容,则文以君子之辞;遂其辞,则实以君子之德"(《礼记·表记》),君子成为大众的道德表率,以礼自律,是多方面修为的结果。《礼记·儒行》历数了儒者的高贵品质,儒家提倡内外兼修,"博学于文,约之以礼"。儒者修齐治平内圣外王,以圣人、贤人为理想,以君子为日常修养,始终具有引领社会风尚的长久魅力。

在"礼"当中,有对政治秩序的制度建构,也有对家庭秩序的伦理建构,也有对社会秩序的规范建构等内容。传统礼仪具有行为规范功能、社会治理功能以及文化传承功能。"礼形于外,德诚于中",礼仪规范是儒家思想的精致创造,两千多年来作为社会调控机制得到大众的普遍认同。传统礼仪文化核心在于仁、本质在于敬、基础在于诚、根本在于和。

二、礼的特征

"礼"是修身和教化的工具,那么礼区别于其他公德范畴的特质是什么?

(一) 礼具有明确具体的规范性

礼具有场景性、角色性。礼是儒家思想家建立"日常生活的确定性"的一种尝试,一定时期的礼具有确定性和明确性。礼是儒家公共道德观念的生活化、体系化,而今日家庭、学校对人们公共行为的指导缺乏一以贯之以及细节化的标准,众说纷纭的行为规则不能培育出人们自律性与自主性的公德。社会学习理论认为,身教重于言教,模仿学习是儿童理解成人行礼的表情、态度、身姿在内的重要学习方式。彭林指出,"礼属于柔性化的条例,着意调动每位民众遵纪守法的积极性,加之没有强制性的色彩,民众反而愿意服从,久而久之,可以培养民众的自觉自律的意识"[1]。在传统社会,礼的稳定性、传承性营造人们顺应习俗的默契,成为一种社会信任机制。在传统社会,礼是塑造社会关系的实实在在的知识。和谐是"公共性"美德的核心,无序是人们最讨厌的状态。今天,人们以反对形式主义为名反对礼,殊不知,没有礼,公德难以落实到细节,"问题的症结在于,我们常常分不清形式和形式主义,因而错把形式当成形式主义"[2]。礼是表达道德素养的一种形式,只有超过了度才会产生形式主义的弊端。

(二) 礼具有实践性,是古今公德的重要表现形式

"君子人格"是儒家公德社会化的成果,是公德实践性的载体,实现公德从知到行的转化。讲道容易修道难,如老子说过"修之身,其德乃真"(老子)。德国的泡尔生指出,"道德哲学之不能使人为高士,为君子,为神圣,犹亦美学之不

---

① 彭林:《儒家礼治思想的缘起、学理与文化功用》,《湖南大学学报(社会科学版)》2016 年第 6 期。

② 彭林:《当代工业文明与传统礼乐文化》,《学习月刊》2008 年第 11 期。

能使人为大诗人及雕塑、绘画、音乐诸名工也"①,礼具有可实践性,架起了道德哲学与生活之间的桥梁,弥合了理论与现实之间的鸿沟。

清代凌廷堪的礼学思想就是在面对当时儒家思想空灵化背景下形成的,凌氏提出"舍礼无学""舍礼无教"的思想观点。由于宋代以来,理学兴盛,儒家教化反而受到忽视,凌廷堪为修正理学的不足,提出"以礼代理"的主张,即学人通过识礼明礼,便可在日用礼行的过程中复性尽道,与圣贤同。此一思想在本体论层面上消解了人性与外物的隔阂,从而给儒家的修养提供了一个方便法门。

(三) 礼具有教育性

礼具有鲜明的教化功能,具有情景感化力。荀子说:"礼也者,理之不可易者也"(《荀子·乐论篇》),"它不是局部的、短暂的真理,而是按照道德理性的要求制定的,具有恒久的合理性"②,凌廷堪在《复礼》中阐述了礼学的重要性:"古圣使人复性者,学也,所学即礼也。"礼是公德心的外在表现,礼是礼仪与礼意的统一,是沟通与拒绝的统一,是自尊与尊他的统一,充分体现人个体性与社会性的统一,从而展现礼仪文化的亲和性和特殊魅力,有利于礼仪的大众化进程。彭林指出,"近几十年来,尽管有关部门不断提出建设精神文明的要求,但效果并不理想,我认为重要原因之一,是没有建立具体的、可以操作的规范"③。礼是人人遵守的,人人是礼的榜样。李景林指出,"它作为一种生活的样式,与民众生活具有一种内在的关联性,能够对人的教养和社会良性的道德氛围的养成起到潜移默化的作用"④,成人行礼有榜样性,对儿童能起到榜样教育的作用。

(四) 礼具有形式美

礼仪之美,首先表现为它所具有的美的感性形式。它具有优美的姿态,多姿多样的形式,礼仪这种感性的形态蕴含着人们对善的追求和美的创造,感性的礼仪中藏着抽象的义理,人们通过"既善又美"的外在形式,传达着人们的价值观念。礼,不仅满足、抒发和表达情感,而且还对人的情感进行节制和规约。仪则是这种制度和义理的感性呈现,反映着民众独特的生活情趣,包含着丰富深刻的社会历史信息,代表着民众的审美理想。早在《诗经》中,许多有关"礼"的各种仪式就被记载下来。在这个时期,人们已经开始用审美的眼光将"礼"作

---

① 〔德〕泡尔生:《伦理学原理》,蔡元培译,天津人民出版社 2017 年版,第 26 - 27 页。
② 彭林:《为什么我们要讲礼》,《传承》2012 年第 21 期。
③ 彭林:《当代工业文明与传统礼乐文化》,《学习月刊》2008 年第 11 期。
④ 李景林:《教化儒学论》,孔学堂书局 2016 年版,第 34 页。

为审视的对象。《礼记》言："容体正,颜色齐,辞令顺,而后礼义备"(《礼记·冠义》),在与人交往时,服装、仪表、言辞是人与人之间交流的主要接触对象。荀子提出"由礼则雅"的观念,诉诸具有社会评判含义的礼规范,表达了社会交往中个体对自己和对他人尊重的态度。颇具中国特色的礼文化,以美学和艺术的方式表达仁爱友善,是儒家文化的一种重要尝试。但因其承载的礼意功能、文化意蕴往往重于事务本身,以至于时常出现审美性能超过了实用性能的现象。

三、传统礼文化在公德中的独特价值

礼,与仁、义相比,无疑具有自己的特殊性。那么,它在当代公德建设中能起到什么作用呢?我们必须从理论上说明此问题,否则,就将无法理解礼融入当代公德建设的重要性。

(一)礼作为显文化具有引导公共行为的功能

礼适应社会公共生活需要而生。"礼"成为贯通全体"人""事"与"国家"的规范。归根结底,对于人性的约束管理,才是礼文化创建的目的。礼文化承载着创建者对公共秩序感、公共安全感、政治稳定度的重视,通过对日常行为的设置、调控与管理,创建者将"人与人的关系"以礼的方式表现出来,体现着"个人—他人—国家—社会"的关系,即从深层次上体现出古代和谐社会的重要理念与原则,反映了个人与他人既区别又共生的关系。"仪者,宜也。"与他人相处,其实质是一种适当关系的实现。礼文化告诉人们怎么选择,礼具有现实的实用性。礼是一种社会关系的塑造方式,社会学家乔纳森·特纳指出,"社会结构通常被视为在个体和集体成员中持续存在的社会关系模式"[①],不可否认,现实生活中确有人利用礼伪饰自己,但这是行礼者的人品问题,而不是礼的问题。

礼是实现社会公共秩序治理的工具。从行为来说,礼具有外显性的特征,是公德的外在展示。从文化来说,礼还具有相对稳定性,所以礼具有培育公德行为的文化示范功能。礼的外显性还具有感染力,在教化方面以身作则,润物无声。美国文化人类学家克罗伯提出"文化包括各种外显的和内隐的行为模式",人们内心的道德心灵是看不见摸不着的,如何让它们变成可以传递的道德

---

① [美]特纳(Turner, J. H.)、[美]斯戴兹(Stets, J. E.):《情感社会学》,孙俊才、文军译,上海人民出版社2007年版,第177页。

行为是一大问题。礼是公德建设中不可或缺的外在性规范,表征着社会的价值体系与伦理风貌。古人把道德分解成为很多德目,教人一方面明辨慎思,另一方面通过循规蹈矩,达到内外兼修的目的。礼仪的缺失,使人在公共生活中手足无措,部分人深感生活失去方向。礼文化经过了当代人的诠释和改造,都要面对"谁是标准? 谁是正统?"的质问。礼历史的学术之路,就是这样在建构—解构—反思中向前伸延。

鲍尔诺(O. F. Bollow)(1903—1991)提出了"高尚道德"与"基本道德"的分析概念,礼的规范更多扎根于"基本道德",而不是"高尚道德"①,这些基本道德,是我们道德生活的基础。中华礼文化就是,扎实地在我们共同生活中起作用的、朴素的日常道德规范。

(二)礼作为显文化具有协调公共矛盾治理公德失范的功能

礼"化人情性",具有通过治理缓解个人与他人矛盾的功能。荀子认为,"使欲必不穷于物,物必不屈于欲;两者相持而长,是礼之所起也"(《荀子·礼论》),既要使欲望得到限制,又要使合理欲望得到满足,礼是协调物欲矛盾的文明规范,"故古者圣人……为之起礼义,制法度,以矫饰人之情性而正之,以扰化人之情性而导之也,始皆出于治,合于道者也"(《荀子·礼论》)。礼文化具有调和心性功能,礼既"化人情性",在各种公共场合引导人的行为方式,又起到调节人与自然矛盾的作用。彭林指出,礼具有多方面的调节功能,自上至下包括五大方面:政治思想、天人关系、官民关系、人际关系、修身养心②。总之,礼具有节制性情的作用,从而减少了社会矛盾的发生。

荀子认为,"礼者,人道之极也。然而不法礼,不足礼,谓之无方之民;法礼,足礼,谓之有方之士"(《荀子·礼论》),礼从正面规范了人们的思想和行为,预防和化解了公共矛盾冲突,支撑了法治秩序。礼被公认为是有利于生存发展和社会进步的核心价值观念,使得礼文化不仅对个人的成长起到作用,更是对社会的安定起到了积极的作用。现代社会从实体与虚拟公共空间之间的交流互动到官方的、经济的、民间的大规模的有组织活动,礼都是推动社会和谐的关键力量。中国古代为了解决社会不和谐制定了礼,社会的礼治思想具有合理性,礼是社会和谐的基础。

---

① 参见钟启泉、黄志诚:《西方德育原理》,陕西人民教育出版社1998年版,第24页。

② 参见彭林:《多元时代需要更强大的民族精神——中华礼乐传统的现实意义》,《人民论坛》2013年第10期。

礼者理也,礼是依据道德理性制定的,中国语言中的"非礼"与"非理"几乎是等同的。"法律是维持社会秩序的底线,而不是做人的标准。不能说不犯法就是好公民。真正的好公民必须要有道德情操和人生境界"[①],一个法律良好的社会只能说给人提供了道德底线,也只是满足了人们的基本需求。"矫饰人之情性",礼是界限感和自律的一种表现形式,礼是公众进行自我管理的一种形式。礼在培养道德习惯、塑造道德榜样、稳定社会秩序方面,可以发挥其他道德范畴没有的优势,从而具有强大的社会治理功能,从而为社会移风易俗发挥了重要的作用,为人们实现"美好生活"的追求提供了具体的道德途径。

礼通过具体而微的角色规范处理各种社会关系,从而在社会公共生活中达成一种各守本分、秩序井然的环境,以礼来提高道德的引导力,以礼来提高人的社会责任感,以礼来促进社会的文明和谐,以礼来促进传统文化的传承,以礼来提高公民的道德素质等等。"古礼是一种社会联系方式,是一种社会管理体制,是一种社会运行机制,是当时社会制度的主要内容,是古代社会最大的政治"[②],礼这种具有稳定性和实用性的生活准则,极大地降低了族群冲突的几率,有利于各族群的长期和平共处。

(三) 传统礼文化有利于共同体情感的培育

礼是人合乎理性的创造物。理性,是合规律性或者合理性。"礼起于敬,而止于仁",先人制定的规矩礼仪,不是为了杀灭人情,而是为了守护人情。"礼出乎义,义出乎理,理因乎宜者也"(《管子·心术上》),礼是从理论理性到实践理性转换的重要环节,也是公德文化大众化的重要环节。因为礼文化的理性精神,所以它是可以传承也必须传承的,共同的礼文化的传承有利于共同体的认同感培育。

在当代,仪式已然成为一种社会团结的文化符号。仪式是社会变迁时代陌生人社会获得共同体意识的重要机制,在传统节日的仪式上,居民能消除人际隔阂,形成互帮互助的集体主义精神,而仪式上的礼物交换,交换的是对他人的尊重,满足了他们被人尊重的需要。集体意识在人们有分享、庆祝、纪念自然、社会、人生重大事件习惯的传统社会中更为强烈,仪式赋予了文化符号神圣意义,具有唤醒成员高强度情感的力量。礼的仪式环节在当今社会也能缓解市场

---

① 彭林:《当代工业文明与传统礼乐文化》,《学习月刊》2008 年第 11 期。
② 卜工:《历史选择中国模式》,科学出版社 2009 年版,前言,第 5 页。

经济下陌生人个体之间的疏离。在农村,传统延续下来的礼仪和各种仪式是一种需要分工合作一起完成的集体活动。在当代旅游和商业营销文化下,人们创造了一场场激情与浪漫的仪式盛宴,将商业活动、社会组织、传说故事和仪式交织在一起,仪式成为人们"重要情感联想的永久性载体"。

在所有地方性的大事和节日中,同属一个村落的人们团聚在一起,互相协作互相帮助。礼仪的认同展示了中国人的一种和谐生活美学兼智慧美学的情趣。礼仪的背后还有另外的期盼,在公德建设中人们最关心的是什么呢?人们为什么又如此关心这个问题呢?礼仪是生活传统与追求社会安宁的生活态度的体现。礼仪之乐是感知幸福和生活乐趣的一种方式,这才是从礼研究中获得的最大回报。礼带有交换性质,是指礼的互动中给予与获得有价值的资源的过程。人们的确在礼的交换中具有互换礼物的目的,但是他们也同时交换着社会信息、社会见解。礼是民族之间交往的共同纽带,是各民族共同的道德基础。随着中国社会建设的发展,给这样的时代提供一个相匹配的社会文明秩序成为当务之急。如果没有共同的礼,一个民族、一个国家就会行无所依,情无所定。

第四节　传统文化中的公共性人格

君子人格是中华传统文化的落脚点。君子人格与雷锋人格均为"公共性人格",但又各自具有相对独立的人格特点,其内涵各自适应社会某些方面的公共需求。君子人格兼具文化、文明的人格表征,道德内涵丰富,与一般的某个范畴的道德榜样又有所不同。君子文化是中华文明道德自觉的标识,它强调举止文明、关心社会,蕴含着丰富的公德文化精神。君子文化所承载的社会情怀、道德信念、人格力量,涵育了一代又一代中国人,推动着中华民族不断进步。

一、君子文化的缘起与核心内涵

(一) 君子文化的缘起

"君子"原义是君主之子,我国古代历史上最早用来称在上位的统治者,"君子"纯粹就政治身份而言,与个人道德无涉。儒家充分认识到君主制度下,君主本身的德行在维持国家稳定中所起的榜样作用,一方面向君主宣扬"敬德保民"

思想,一方面制礼作乐时将礼文化进行顶层设计,将君子人格推而广之。到了孔子那里,他充分发挥敬德的精神,君子指的是清流或士族,这时期人们从身份上谈论君子转到从道德上来判别君子了。周代君子的道德意蕴,是周代重德思想的发展。"君子"是孔子分析人的行为的核心框架之一,在孔子的话语中,我们不难看到具有担当、文质彬彬的君子形象。君子是积极人生价值取向的一种自觉选择,是独立人格的一种自我塑造。君子明义利之辨、理欲之辨,能让利益、能节制自己的冲动,在公共生活中君子重义轻利、以理节欲的人格对公共生活的和谐具有十分重要的价值。儒家经典基本说的是"君子之道",这些经典著作直接推动了君子精神的传播。

《易传》中君子出现 104 次,是指道德高尚的德位君子。对"君子"一词的具体说明始于孔子。在《论语》中,"君子"一词就被提及 107 次。在《论语》中,将"君子"与"小人"对举,大约有 13 处。《论语》对君子的道德品质及行为方式有所阐发,如"君子怀德,小人怀土"。在辜鸿铭看来,君子之道在孔子学说中占有核心的地位①。"君子"的人格构建,与"小人"人格有一个比照,"春秋时局变动之际,伴随着贵族堕落,统治阶级中的贵族君子失德,彼时君子已名不副实。以孔子为代表的儒家学派,致力于在平民阶层中培养新的人格范型,德高行洁,积极入世,以期改变时局"②。孔子的话语中,"士""仁者""贤者""大人""成人""圣人"等,都与"君子"相关,但"君子"是普通人皆可追求的人格,而非需要已有一定社会声望的人物才能达成。

(二) 君子人格的内涵

"君子"是孔子的理想化的人格。涂可国先生认为,"围绕君子与物、己、人(他人)、社会(狭义的)和天下之间的关系,历代儒家进行了实质性的阐发"③,君子超脱了物欲的迷雾,挺立了自己的人格,心系天下而又忠诚于国家。孔子曰:"君子道者三,我无能焉:仁者不忧,知者不惑,勇者不惧"(《论语·宪问》),孔子将仁、知、勇当作君子之德。君子以行仁、行义为己任,君子也尚勇,但勇的前提必须是仁义,是事物的正当性,君子处事要恰到好处,要做到中庸。

"君子"人格是传统社会道德教育的首要目标。君子是社会公德文化应该塑造的传统人格形象。一个人在公共道德方面选择什么样的目标,从根本上决

---

① 参见辜鸿铭:《中国人的精神》,海南出版社 1996 年版,第 50 页。
② 侯晶岩:《周代君子精神与中国文学中的君子人格》,《学术交流》2021 年第 8 期。
③ 涂可国:《儒家君子的伦理性特质论析》,《烟台大学学报(哲学社会科学版)》2021 年第 2 期。

定和影响着他在公共场所的生活态度、生活目标、行为选择。"君子"具有感染人、教育人的人格魅力。先秦儒家对君子型人格提出了一系列规范要求,如"三达道"(仁、智、勇)、"五常"(仁、义、礼、智、信)。在内涵上,孔子认为君子德的核心特质是仁、义、礼三者兼具,孟子则向内发掘人的道德意志部分,荀子则主张人认识"礼"的道德理性而自觉地修养。《中庸》指出,"君子之道,淡而不厌,简而文,温而理,知远之近,知风之自,知微之显,可与入德矣"(《中庸·第三十三章》),展现了"君子"的丰富内涵。

归纳起来,传统文化的"君子"人格通常具有如下内涵。

第一,由内而外的德行修养。君子怀仁,君子心里面存在着"仁","仁"是君子人格形成的基础。"君子而不仁者有矣夫"(《论语·宪问》),君子是诚心诚意的修行者,荀子说"君子养心莫善于诚。致诚则无它事矣,唯仁之为守,唯义之为行"(《荀子·不苟》),君子与仁二者是有密切联系的,仁是君子的内质,君子是表现仁的实体。君子行仁,"君子成人之美。不成人之恶,小人反是"(《论语·颜渊》),君子因为有仁心,乐于成就别人。君子仁心不是一时之善,而是君子无论遇到什么挑战,君子都笃定地行仁。孟子说:"君子莫大乎与人为善"(《孟子·公孙丑上》)。孟子说:"人之所以异于禽兽者几希,庶民去之,君子存之"(《孟子·离娄下》)。君子独处时也坚守道德,叫作慎独,"莫见乎隐,莫显乎微,故君子慎其独也"(《中庸》)。君子一直善良行事,不做伤害他人的事情,所以没有忧愁和害怕。

"礼"是君子的外在表现形式,也是"君子"与"侠"的区别。"礼"是"仁"的一种独特的外在表达形式。"礼"与"仁"两者紧密联系、互为表里,以"礼"践行道德是君子立足于社会的根本。君子用"礼"来约束自己的行为,遵守礼仪准则,以"礼"来实现人际关系的和谐。君子与他人的社交是和谐社交。"人不知而不愠,不亦君子乎"(《论语·学而》),别人不了解我而我不生气,才是君子。"君子矜而不争,群而不党"(《论语·卫灵公》),君子既能坚持"和而不同",又能"求同存异"。"君子敬而无失,与人恭而有礼"(《论语·颜渊》),君子与人发生矛盾时,具有以礼相待、和而不同、动口不动手的平和气质。

在气质上,君子庄重,心境平和,气定神闲,没有骄矜之感;小人傲慢、自大,带有攻击性,充斥着骄矜的气息。在修养的路径上,"君子求诸己,小人求诸人"(《论语·卫灵公》)。孔子对君子的气质有更进一步的描述——"文质彬彬,然后君子"(《论语·雍也》),君子不是天生的,而是文化修为的结果。君子内外兼修,既注重自己的内心修养,又在外在行为上约束自己,从内而外地给人以优雅的风度感。君子具有鲜明的道德自觉和道德辨别力。君子具有知性美,君子自始至终都保持着鲜明的主体意识,君子与侠士的区别是君子有学、有智、有辨别力。君子是有文化有智慧地修养自身坚守道德节操的人,具有道德自觉。《中庸》指出君子的修身路径是"君子尊德性而道问学"。君子磨砺品格与切磋学问并举,"博学于文,约之以礼"(《论语·颜渊》),"志于道,据于德,依于仁,游于艺"(《论语·述而》),君子严于律己,宽以待人,孔子还说过"躬自厚而薄责于人,则远怨矣"(《论语·卫灵公》)。

第二,不惧流俗、坚守真理的知性。孔子指出君子"就有道而正焉"(《论语·学而》),"求道"是君子的重要特征,君子具有文化教养与道德判断力。君子来源于普通人,生活于普通人之中,与普通人不同的是,他具有道德认识、道德情感、道德意志、道德信念和道德行为习惯等。君子追求真理,爱好求知。孔子说"君子学道则爱人"(《论语·阳货》),《中庸》提出"好学近乎知(智)",孟子对孔子的"智"也有更深的理解,他认为"是非之心,智也"(《孟子·告子上》)。荀子说:"君子博学而日参省乎己"(《荀子·劝学》),"知明而行无过"(《荀子·劝学》)。

第三,抵抗诱惑、抗拒冲动的道德意志。"义"是君子的最高境界。首先,对自己,君子辨义利之分,君子洁身自好、束身自修,先义后利,重视道德修养。君子特别注重做人的尊严、道德操守,"君子喻于义"(《论语·里仁》),"君子固穷,小人穷斯滥矣"(《论语·卫灵公》)。君子也是有血有肉的人,也需要物质的满足,但君子在利益面前,首先会用"道义"去规范得到利益的途径,"富贵不能淫,贫贱不能移,威武不能屈"(《孟子·滕文公下》)。在君子道德人格中,正义感的能力更多地与道义的理念和充分自律的理念相关联,君子以德立身、以德施教,"望之俨然,即之也温,听其言也厉"(《论语·子张》)。其次,崇尚人格追求,追求正义也是君子的重要特质。孔子提出"君子义以为上"(《论语·阳货》),"仁者必有勇"(《论语·宪问》)。《中庸》曰:"君子和而不流,强哉矫。中立而不倚;强哉矫"(《中庸·第十章》)。荀子把君子之勇理解为"义之所在,不倾于权,不顾其利,举国而与之不为改视,重死持义而不桡"(《荀子·荣辱》)。

第四,奋勇而出的道德勇气和社会担当。在社会领域,君子承担着临危受命的职责与义务。曾子曰:"可以托六尺之孤,可以寄百里之命,临大节而不可夺也。君子人与? 君子人也"(《论语·泰伯》),君子具有助人为乐的古道热肠。

除了仁慈,"信"也是君子的修养。君子诚实、光明磊落,"言忠信,行笃敬"(《论语·卫灵公》)。嵇康《释私论》曰:"夫称君子者,心无措乎是非,而行不违乎道者也。"《论语》中子曰"修己以敬""修己以安人""修己以安百姓"(《论语·宪问》),都强调了中国社会强烈的家国意识和君子所承担的社会责任。

二、传统文化中君子人格的特征

君子人格总体上反映了儒家文化的"入世"精神、中道思维。

(一) 超越性

因为"君子"的概念并非孤立地存在,它经常与这些意义相近或相反的概念被同时讨论,通过彼此映照对比,从而更准确地凸显"君子"的特性。

与小人相比,君子人格具有超越性,是儒家工夫论的理论基础,因而小人看问题不是从"安天下"出发,而是从自己的私利出发。君子和小人的本质区别在于各自所看重的东西不同,君子看重的是"义",小人看重的是"利"。"中国古代对传统理想人格的塑造,凸显出取法乎上、追求至高至善的理想色彩"①,儒家所塑造的人格形象也受到越来越广泛的认同和肯定,"周代社会因德治而旺,因失德而衰。周人咏唱重德的君子精神,反映了周代社会对仁德君子的渴望"②,孔子就曾发出"圣人,吾不得而见之矣"(《论语·述而》)的喟叹。

当孔子提到"小人"的时候,其实说的就是我们这些芸芸众生身上的那些弱点。"君子喻于义,小人喻于利"(《论语·里仁》),"君子固穷,小人穷斯滥矣"(《论语·卫灵公》),显示"小人"缺乏自律精神。在外表举止上,"君子泰而不骄,小人骄而不泰","小人"缺乏平和的心态,容易得意忘形。在为人处世上,"小人"缺乏原则性,严以待人,宽以待己,"君子易事而难说也。说之不以道,不说也。及其使人也,器之。小人难事而易说也。说之虽不以道,说也。及其使人也,求备焉"(《论语·子路》)。《荀子·劝学》里有一段话很经典,讲君子跟小人的区别,"君子之学也,入乎耳,着乎心,布乎四体,形乎动静。端而言,蝡而动,一可以为法则"(《荀子·劝学》)。君子的学习能达到内外贯通,而小人的学习只是停留在表面。

---

① 钱念孙:《从中国传统树人体系看君子人格的普遍价值》,《学术界》2020 年第 12 期。
② 侯晶岩:《周代君子精神与中国文学中的君子人格》,《学术交流》2021 年第 8 期。

（二）现实可行性

"君子"在和"小人"对举时是被尊崇的形象，但与"神人""圣人"等概念并列时，"君子"又居于次一等的地位，根据自己的信仰来建构。"圣人，吾不得而见之矣；得见君子者斯可矣。"孔子认为圣人是不可企及的，但君子是世人敬德修身便可做到的。

与德高望重的"贤人"相比，君子在影响力上略逊一筹，但比"贤人"更具亲和力。《论语》中贤人指德、才出色，声望很高的人，但有时也专指隐士。君子则不一定声望很高，也不一定有社会地位。儒家树立的君子形象，是现实社会中可以找到、可以做到的人，君子"穷则独善其身，达则兼济天下"（《孟子·尽心上》）。君子的贤能、知识、辨识、明察并不是周全的，君子有过则改，君子不隐其短。君子不知则问，不能则学，君子不是高高在上的人物，十分靠近普通人的生活，克服了圣人人格、贤人人格的狭窄性和抽象性。儒家思想十分注重学以致用、知行合一，所谓"礼者，人之所履也"（《荀子·大略》），体现儒家重行动、轻言词，重实践、轻思辨的特征。相较侠义人格，儒家"君子之德"的意涵更丰富，更具有选择上的亲和力和行动上的达成性。

（三）应当性

一个人的道德成长不仅是社会的期望，也是每个个体的要求。周代统治者"以德配天"的思想觉悟，发展到君子、凡人都要遵道守德，《周易》曰："夫大人者，与天地合其德，与日月合其明，与四时合其序，与鬼神合其吉凶，先天而天弗违，后天而奉天时"（《周易·乾·文言》）。孔子曰："君子有三畏：畏天命，畏大人，畏圣人之言。小人不知天命而不畏也，狎大人，侮圣人之言"（《论语·季氏》），君子心存恭敬之心，遵守社会教化，顺应自然法则和社会秩序，也是遵道守德的表现。积善之家，必有余庆；积恶之家，必有余殃。做一个道德人不仅具有社会的意义、历史的意义，还具有宇宙论的意义。君子与小人在本来上没有分界，在行动过程中相互可以转换。荀子指出，"材性知能，君子小人一也。好荣恶辱，好利恶害，是君子小人之所同也"（《荀子·荣辱》），"若其所以求之之道则异矣"（《荀子·荣辱》），这是因为"君子人格在传承、接受、流布、扩散的过程中，显现出更大的包容性和吸引力，成为中华民族广泛认同和推崇的可学、可做并应学、应做的人格榜样"[①]。在政治稳定时期，"儒家的君子人格被统治者奉

---

① 钱念孙：《从中国传统树人体系看君子人格的普遍价值》，《学术界》2020 年第 12 期。

为人格典范加以倡导,成为社会主流人格形态"①,"君子作为孔子心目中的崇德向善之人格,理想而现实、尊贵而亲切、高尚而平凡,是可见、可感,可学、可做,并应学、应做的人格范式"②,君子人格虽然做到并不容易,但并不是一座可望而不可及的道德高峰。明代的《菜根谭》里说君子"君子处此,固不可少变其操履,亦不可露其锋芒","标节义者,必以节义受谤;榜道学者,常因道学招尤。故君子不近恶事,亦不立善名,只浑然和气,才是居身之珍"。

三、传统君子人格的历史价值

(一) 树立了人们在公共场合等日常生活中的人格典范

君子人格的特点,可以给我们今天道德人格的构建,提供深刻的启示。察远照迩,如果说圣人、贤人是普通人很难达到的道德理想,那么后来的"君子"则成为平民也可以追慕向往的一个道德文化理想。在传统社会,人们歌颂着君子仁义礼智信的故事,赞美着君子高风亮节的行为,受到君子人格的鼓舞,也跟随着君子学习为人处世之道。从这一历史发展趋势中,可以窥见"君子"文化的当代启示:时至今日,物质文明得到了极大丰富,追求平等公正成为社会共识,正可谓"仓廪实而知礼节,衣食足而知荣辱"(《管子·牧民》),成为"君子"不再是少数人垄断的特权,而应该作为一种才德、人格上的普遍理想。君子理想激励公民在日常公共生活世界的自我约束,作为榜样,让不同层次的公民统一理想人格观,认可、践行个体对他人、社会、国家和自然的道德规范和道德准则。概言之,君子理想能激励公民在生活世界中践行道德理想实现社会价值。

(二) 为传统社会培养了诸多人格高尚的人物

君子人格理想的树立很好地反映了春秋以来人们对政治生活、社会生活中理想人物的理性思考。传统文化对君子在气质、品德、尊严等方面的各种特质都有所阐释,我们通过君子精神流传的历史梳理,可以看到其关键在于个体与群体关系的处理,君子人格既重视个体的自我人格的独立,又将社会整体价值追求置于个人物欲追求之上,超拔于人对个体欲望的沉溺,追求道德人格的挺立,高扬人的主体性存在,把个体性与社会性协调起来,塑造了既内在身心协调

---

① 钱念孙:《君子文化在传统文化中的地位和影响》,《学术界》2017 年第 1 期。
② 同上。

又适合外部环境和社会需要的人格特征。儒家对君子人格的重视及宣传深入人心,为传统社会培养了许多道德人格高尚的君子人物。

君子以文化和文明及社会责任的承担者为使命,君子成己、成人、成物,有责任感、美感的人格,君子品学兼修,在经济、政治、教育等各行各业发挥着榜样作用。君子文化是中华文明道德的精髓。诚然,形成于农业经济时代的君子文化在当今市场经济时代的适用中,会遇到一定的挑战,但君子精神所具备的先义后利的德性是当今市场经济特别需要的。人们感知公德水平,往往根据人们的精神品质来评价,公共人格是公共善的"外部现实性"的表现形式,是对公共文化的伦理精神体认的结果。中华传统文化的君子文化给人提供一种塑造自己人格的思想理论和人格目标,君子精神大众化,被社会大众所接受和认可,化为个体的精神品质,可推进公德建设目标的实现。

第三章

传统文化公德资源向当代公德
的创造性转化

第一节　传统爱思想融入当代公德建设
的情感话语体系

当今国际政治、思想领域,对"爱"的话语权的争夺非常激烈。众所周知,鸦片战争后我国历史上开始大规模国外道德理论汉译实践,受"被译介的现代性"的影响,仁爱、兼爱、齐物之爱的本土原创术语让位于"博爱"这个西方神学概念。当今社会的全球化和现代化亦使国人习惯沿用西方现代概念作为评判、转换和传播儒家伦理的标准,忽略了中国爱文化的源流始末与话语张力,其作为"中国式"公德话语的支撑力也随之被湮灭了,其张力自然也难以得到充分的发挥,自然也谈不上发展与创新。我们需要在道德情感研究上摆脱西方博爱话语的路径依赖,支撑起中华传统爱思想为基础的话语格局,增强中国情感话语的国际影响力,从而建立既能面向世界展现普遍性又能坚持传统彰显特殊性,既体现出中华民族特别的精神风貌,又可以对当今世界的全球性问题提供本土的公德情感动力支持。

一、以马克思主义为视角挖掘传统爱思想的时代内涵

我们可以站在马克思主义人道主义视角,深入挖掘传统仁爱、兼爱、齐物之爱思想的时代意蕴,彰显传统仁爱、兼爱、齐物之爱话语的现代价值。以马克思主

义人道主义为视角,结合当今社会现实需要对仁爱、兼爱、齐物之爱进行时代化。

首先,从学术角度看,以马克思主义人道主义为视角,深入挖掘传统仁爱、兼爱、齐物之爱思想的现代理论意蕴。这样可以深化对传统仁爱、兼爱、齐物之爱思想的认识,消除对传统仁爱、兼爱、齐物之爱思想的误解。2016 年 5 月 17 日,习近平总书记《在哲学社会科学工作座谈会上的讲话》中提出,"要按照立足中国、借鉴国外,挖掘历史、把握当代,关怀人类、面向未来的思路,着力构建中国特色哲学社会科学,在指导思想、学科体系、学术体系、话语体系等方面充分体现中国特色、中国风格、中国气派"①,习近平总书记提出了对待传统文化的开放性立场,鼓励从中国传统文化中寻找可以解决世界性问题的话语资源,站在马克思主义人道主义立场审视中国传统文化"爱"的话题,我们对仁爱、兼爱、齐物之爱等问题的看待和认知更加科学化。在中国传统文化中很多"爱"的话语内容与马克思主义的人道主义内容是相似相通的,即其话语体系的内容与马克思主义宗旨具有契合性。春秋时期孔子对殉葬提出"始作俑者,其无后乎"的批评,马克思、恩格斯通过对资本主义社会中的"异化劳动"和"商品拜物教"等对人的奴役的批判,希望建构一种自由、平等、人人都可全面发展的理想社会。马克思和恩格斯一直以来都站在无产阶级立场推动人的解放,把"人道主义"的希望建立在了改变经济基础的无产阶级革命上,把"共产主义"视为"现实人道主义"的题中之义。马克思在《德意志意识形态》中把"现实人道主义"与"共产主义"相等同。"异化""非本真性""物化",这些在马克思那里出现的概念,早在老子、庄子那里就有。老子、庄子以人为中心,强调人的自由,关注人的存在状态也类似马克思主义的人道主义的哲学范畴。马克思认为只有消除私有财产制度,才能消解人的异化现象,而古代的老子、庄子却独辟蹊径地从世界观、认识论上的"大世界观""万物一齐"观为消除"异化"提供了哲学依据。

其次,传统仁爱、兼爱、齐物之爱话语与中国共产党尊重人民在公共社会中的主体权利具有一致性。中国共产党反映人民的意志与利益,把传统文化关心人的公共处境和中国共产党为人民服务的目标统一起来,引导传统文化的仁爱、兼爱、齐物之爱话语在为人民服务的话语中实现自身理想。一方面,为人民服务这一表达需要体现民族性和亲和力,另一方面,为人民服务这一主旨需要不断细化、扩充为一个丰富的话语体系,传统仁爱、兼爱、齐物之爱话语可经过

---

① 习近平:《在哲学社会科学工作座谈会上的讲话》,人民出版社 2016 年版,第 15 页。

再阐释再发展纳入为人民服务话语体系之中。

再次，马克思主义对社会主义当代仁爱话语体系的系统化、人民化、生活化、大众化提出了现实要求。当代公德建设面临的难题之一便是它在一些话语方面脱离了民族传统，可以借鉴和使用传统文化中仁爱、兼爱、齐物之爱的思想资源，纠正目前存在的以西方情感话语体系为尊的道德思想倾向，为公德话语体系的建构作出理论贡献，促进中国特色社会主义学术体系的生成。《新时代公民道德建设纲要》不仅要求"激发人们形成善良的道德意愿、道德情感"，而且要求"组织开展群众性主题实践活动，丰富道德体验、增进道德情感"，推动道德实践养成。

二、在传承传统爱话语基础上构建当代公德情感话语体系

公德情感话语体系建设是公德体系建设的基础，是民族公德水准、公德风貌的载体。核心话语往往也是话语体系的中心，话语原创性及其体系性是理论话语影响力得以持续的根本。话语理性及其可行性是理论话语影响力得以扩大的重要原因，话语运用是理论话语影响力得以扩大的重要条件。在公德理论体系建设中，话语体系建设是基础，它是民族概念思维的成果。而情感理论又是公德话语体系建设的基础，仁爱、兼爱、齐物之爱术语是典型的"厚概念"，具有深厚的文化积淀和特有的历史厚度。我们有必要重新认识并确定仁爱、兼爱、齐物之爱话语在公德建设中的核心作用，以这些术语为中心，进行一种深层次的话语挖掘与话语生产活动，发展出一套情感概念体系，从而构成当代公德话语的知识网络。进而在此基础上丰富、发展中国的情感主义理论，创造新时代情感主义理论体系，让中国情感主义理论滋润中国人情感家园，成为激发国人公德行为的动力源泉。

（一）构建中国公德的情感话语体系

首先要立足历史视角，以传统仁爱、兼爱、齐物之爱为当代公德建设的情感话语基础，将当代公德情感建设与传统仁爱、兼爱、齐物之爱紧密结合，体现两者之间的承继关联。刘勰在《文心雕龙·序志》中说："不述先哲之诰，无益后生之虑"，梳理中国情感话语史的理论体系是建构公德情感机制的重要前提。尽管古今有别，但公德情感理论的发展具有前后相承的一贯性。在中国道德传统的发展历史里，人们可以找到，"仁"的概念始终占据着中国人道德观念的核心。

这一特点可以说贯穿中国传统道德始终。公德话语历史,确切说来,不外是人类思想活动的历史而已。回归到中国古代的思想文化语境以及具体的社会环境之中,可以结合历史来把握话语的内涵。学界要对传统仁爱、兼爱、齐物之爱思想进行挖掘、整理、传承、演进等理论分析。习近平曾强调:"要深入研究中华文明、中华文化的起源和特质,形成较为完整的中国文化基因的理念体系"①,这正是马克思主义逻辑和历史相统一的方法的运用。传统仁爱、兼爱、齐物之爱是对人类价值的深刻凝练,具有伦理和教化属性,它对于个人行为的约束力,增强团体内部的凝聚力具有重要作用。传统仁爱、兼爱、齐物之爱不仅限于合作共生,而且还具有生命、道德和审美的本源性意义,一旦深刻嵌入人们的心理结构与生活方式,将对重建人与人的关系发挥重要指导作用。它们分别代表了儒家、墨家、道家的核心思想,如果对它们进行现代性的转化、添加与创新,由此形成具有影响力的话语是完全可能的。中国当代道德情感话语体系只有深耕于丰厚的历史泉源,才能发展出被广泛认同的时代语汇,形成推动中国走向世界的磅礴伟力。

传统文化在公德动力上的自觉构建,为当代公德的建设提供了源远流长的精神支持,传统儒、墨、道的"爱"文化构造了当代公德话语体系的文化基础。另一方面,传统文化的仁爱、兼爱、齐物之爱等话语元素和符号符合当代公德建设的目标要求。传统仁爱、兼爱、齐物之爱话语内隐着特殊的知识内涵与理论价值,而这些是能够超越时间而存在的。只有深挖藏于传统文化中至善追求,将中华民族的胸怀、情感、良知揭示出来,在此基础上凝练爱的时代样态,呈现民族情感特征和心灵特质,弘扬中华文化的包容精神,呈现中华之爱的博大精深,才能构建丰腴深刻的公德话语体系。

传统文化的仁爱、兼爱、齐物之爱等话语元素和符号是构建当代公德情感话语体系的基础。理论的创新一般建立在已有的理论基础之上,遵照时代的需求,按照自身的逻辑进行理论发展。2022 年 4 月 25 日,习近平在中国人民大学考察时指出,"加快构建中国特色社会科学,归根结底是构建中国自主的知识体系"。要让道德滋养净化人心,就必须首先建设好相应的话语体系,形成彰显中国传统特色、并能产生世界影响的情感主义理论,这应当是一条最为直接、最为迫切、最为必要的路径与选择。"当一个民族作为历史性的文化有机体立足

---

① 习近平:《在教育文化卫生体育领域专家代表座谈会上的讲话》,人民出版社 2020 年版,第 6 页。

世界之林时,它亦具备了'独'的地位。因此,民族文化要从'自国自心'的理路中得到自主发展,语言、历史、风俗的独立平等不容侵犯"①,文化自信离不开历史自信,讨论文化自信要研究如何保护民族的语言、风俗资源。

继承传统话语不是对传统话语墨守成规,也不是封闭传统伦理话语的发展,而是确信只有在继承民族创造精华的根基上,我们才可能科学汲取各种其他民族的积极因素,建立先进的公德情感话语体系。儒家仁爱思想虽然也有其内在不足,但实践证明,只要把儒家仁爱思想和马克思主义的人道主义、社会主义人民至上思想结合起来,就会形成最优的理论,会极大地增进人们改善世界的能力,并由此带来整个社会的进步。

(二)开拓视野,在传统爱思想融入当代公德建设时加强对话和文明互鉴

客观地讲,对于"爱"文化的丰富,既要追本溯源,又要开阔视野,建构有本有源、先进适用的道德情感理论。当代公德建设的情感语境,呈现了传统仁爱文化与马克思主义人道主义、西方情感话语的共融空间。习近平总书记指出,"要坚持古为今用、洋为中用,融通各种资源,不断推进知识创新、理论创新、方法创新"②,对待传统文化不是孤立地继承和发展,我们可以对国外情感主义学派予以分门别类的梳理,我们可以与西方情感话语对话,更好地理解传统仁爱、兼爱、齐物之爱话语的价值,重新解释传统、活化传统。儒家"仁爱"思想与"关怀理论"的对话,墨家的"兼爱"与当代"主体间性"理论之间的对话,道家"齐物之爱"与西方非人类中心主义的对话,通过文明互鉴,进一步提炼出蕴含其中的理论思维与全人类共同价值,可以通过与西方情感话语对话,发现其中值得借鉴的话语创造方法,从而更好地构建中国的情感主义理论。

(三)发挥自己的创造力,丰富中国特色的情感话语体系

中国情感主义话语构建不是单纯地返回传统,传统文化话语为当代公德建设营造了良好的话语环境,对于增强公德建设的体系性、理论性、实效性具有重要作用。我们可以运用马克思主义兼传统文化仁爱话语、范式来阐释当代中国公德活动,形成了一套具有民族标识与时代特色的综合性话语系统。传统仁爱文化与马克思主义人道主义、西方情感主义话语的共融,最终是在以我为主、综

---

① 孟琢:《中国哲学视域中的自由平等:〈齐物论释〉的思想主旨与价值建立》,《中国哲学史》2021年第5期。

② 习近平:《在哲学社会科学工作座谈会上的讲话》,人民出版社2016年版,第16页。

合创新的基础上,结合时代以发展传统"爱"话语的内涵,提炼出有学理性的新理论,要建立中国自己的话语体系。习近平总书记指出,"只有以我国实际为研究起点,提出具有主体性、原创性的理论观点,构建具有自身特质的学科体系、学术体系、话语体系,我国哲学社会科学才能形成自己的特色和优势"①,中华优秀传统文化形成于自己的实际生活,在情感话语方面具有自己的原创性,当代我国"爱"的理论体系化建设方面的工作仍有待加强,清代诗论家叶燮在其著作《原诗》中提出,诗是"本其所自有者而益充而广大之"的知识生产与话语构建活动。其主张可以推广到"爱"话语的创造。此处所谓的"创造",无疑是传承的要旨所在,在广阔的视野下进入以中华传统仁爱、兼爱、齐物之爱为基础的更多"爱"的新思想、新理论、新主张、新路径的创造之中,在传统"爱"思想的底色上,构建系统的中国"爱"的理论、中国"爱"的学术体系,让世界听到中国之"爱"的声音,了解中国的价值观,提升中国国际话语权。

与国外学者对道德情感的兴趣相比,除却少数儒家文化研究者注意到"情"在中国传统文化的意义外,我国公德情感研究尚缺乏一支专门的研究队伍,忽视话语继承,缺少话语创新、没有学术流派、缺乏学术争鸣。因此,培养年轻人进入研究队伍,传承前辈研究成果,深耕、拓展、创新公德情感生发的阐释机制研究也就成为当务之急。

因而,在当代中国社会已经确立马克思主义与中国传统文化相结合的方针政策下,作为继承传统道德话语特别是优秀情感道德话语的一项关键措施,阐明发扬传统仁爱哲学积极功能的必要性就十分紧要。一方面要注重传统仁爱思想与马克思主义的契合,不断趋向人民性和可实践性,使其汲取传统文明的营养,并在现代社会中生根,展现人文关怀,直指社会的全面发展;另一方面要注重公德话语应保持"中国特色",结合新的国内外知识状况和时代问题发展传统仁爱文化。

三、让传统仁爱话语与民族当下的生活建立关联

让传统仁爱话语与民族当下的言行、习俗、规范之间建立关联。用传统话语讲述当代公共道德现象,让传统仁爱话语进入民族当下的言行、习俗、规范之

---

① 习近平:《在哲学社会科学工作座谈会上的讲话》,人民出版社 2016 年版,第 19 页。

中,用现代数字传播方式传播传统仁爱话语,让传统仁爱话语融入当下日常话语之中及政治领域,从"话语"向"规范""信仰""行动"转变。

我们可以凭借传统仁爱、兼爱、齐物之爱话语对道德冷漠问题、弱势群体处境问题进行反思性描述,也包括对公德现象中的道德动机、道德行为使用传统话语进行描述性刻画,呈现中国的、民族的、活化的"爱"的话语方式,促成传统"爱"的问题和答案与当代"爱"的难题、破解思路的交汇视域,这有助于为当下公德建设过程中"爱"的知识性话语的创造提供思路借鉴,助力中国特色社会主义"爱"的思想的阐释工作。

我们促进社会各方面积极营造仁爱友善的社会环境,推进各地"文化记忆"整理及其数字化工程,将"仁爱文化"教育元素融入党的政策、政府管理、公德宣传、社区营造、学校教育、家庭教育、外交活动等环节,将"仁爱文化"教育元素融入实践教学、志愿者服务、社会服务等环节。"对中国传统文化中所蕴含的志愿服务伦理思想进行挖掘和分析,可以发现中国特色社会主义志愿服务的诸多伦理理念以及精神,均可从中国传统文化中找到其思想根基和理论渊源"[①],中国仁学的未来发展,也是要在问题意识的引领下,不断回归传统和重读传统仁爱、兼爱、齐物之爱思想和马克思主义的经典著作,紧密结合当代中国的现实问题,比如在开展社区抗疫的宣传中,可以引入《孟子·滕文公上》"出入相友,守望相助"的传统文化,帮助人们结合传统仁爱、兼爱、齐物之爱思想,进行关爱他人、团结互助、爱护生物的活动。结合传统文化,从历史传承、文化底蕴、文化脉络等角度深入阐释团结抗疫活动,则能够给公民带来更多的精神激励。

信息化助力文化传承。媒体有更为突出的感染力和吸引力,在潜移默化中深化公民社会责任感、使命感,提升公民的思想境界。"媒体"话语传承意识上的缺席在很大程度上影响了民族传统的传承和发展,从现实情况来看,人民的传统文化观念淡漠,对于传统"仁爱"思想的价值认知有限,需要借助各种媒体,对传统仁爱话语逐步予以强化,特别需要借助国家重大的仪式性活动进行示范和倡导,激发人们对于传统文化的价值的感知,尤其要在学校对青少年群体进行宣传和教育。

在对外传播中活化传统仁爱、兼爱、齐物之爱话语。"要推动中华文明创造

---

① 彭柏林:《墨家志愿服务伦理思想及其当代价值》,《北京大学学报(哲学社会科学版)》2022 年第 2 期。

性转化、创新性发展,激活其生命力,让中华文明同各国人民创造的多彩文明一道,为人类提供正确精神指引"①,加强中华优秀传统"爱"文化在海外的宣介力度,拓展中华优秀传统"爱"文化在海外的宣介广度,挖掘中华优秀传统"爱"文化在海外的宣介深度。把握好"爱"在文化领域的既有优势,将中华民族的胸怀、情感、良知展示出去。如"批判地继承和弘扬墨家'兼相爱、交相利'的志愿服务伦理思想,有助于培养广大志愿者博爱的道德情怀,激发其参与国际志愿服务活动的热情和干劲,推动国际志愿服务事业的发展"②,加强传统"爱"话语的继承、转换和传播,增强民族认同感,维护中华民族优秀文化的根基。

总之,从人性本身寻找当代公德建设的基石,正是中国传统文化的殊胜之处。所以,探究传统仁爱思想不仅具有思想上的学术价值,更重要的是能为当代国人的道德生活和现代公共秩序的重建提供有益借鉴。尤其值得注意的是,在新冠疫情发生之后,国内民众纷纷将目光转向中国传统文化从而汲取相关的理论资源,这一事实更加彰显了传统仁爱思想的当代价值。

第二节　传统侠义向现代正义的创造性转化

中国传统正义思想是构建当代中国正义话语体系的历史之根,中国传统正义思想塑造着中华民族思考公平正义问题的基本范式,也是分析和解决当代中国正义问题的思维与智慧之源。中华侠义精神伴随着咏侠诗、咏侠小说、咏侠戏曲等侠文化的全面繁荣,它深深地积淀在民族心理深处,融化在民族精神的血脉里。自马克思主义传入中国,中华民族的正义思想开始了从传统正义思想向现代正义思想的转型。新中国的成立及其改革开放后的法治建设,为中华民族正义思想的转型奠定了制度基础。从经济上看,我国从农业社会逐步转化为工业社会,当代语境下的正义观是在过去一个世纪中不断吸收新的时代精神,同时也在消解了与时代不符的内容的过程中发展而来的,孕育着与工业化、城市化发展相适应的,与现代化道德理想、文明社会的价值目标紧密相关的思想。

---

① 习近平:《在哲学社会科学工作座谈会上的讲话》,人民出版社 2016 年版,第 17 页。
② 彭柏林:《墨家志愿服务伦理思想及其当代价值》,《北京大学学报(哲学社会科学版)》2022 年第 2 期。

中华传统正义文化需要创造性转化的三个背景：一是中国社会由农业社会向工业社会转变；二是政治体制由专制体制走向民主共和体制，民主法治成为根本制度和治理理念；三是网络公共空间已成为迫切需要科学正义观指引的关键场域。虽然目前国内学界有不少研究制度公正问题的学者，但一些马克思主义研究者对传统正义观缺少研究，使传统正义文化如何经过创造性转化融入当代公德建设缺乏相应的理论研究，那么其研究成果自然无法得到受传统正义观影响的广大人民群众的认可。

一、传统侠义向现代正义的创造性转化的几种方向

中国共产党人的侠义精神，推动了中国传统侠义精神的现代转型。敬"侠"慕"侠"，是中国人自我人格的精神投射，是中国人对人间正义的渴望。在近代历史上，中国共产党继承了传统个体正义思想的爱国意识、民族意识、抗争精神，但中国共产党人的侠义精神在马克思主义指导下进行了转化和升华，具有坚定的共产主义信仰、开阔的心胸，其侠义模式的现代性特征体现为具有人人平等的法律意识和马克思主义的平等意识、人民意识、为全人类解放而斗争的奋斗目标。中国共产党人意识到传统个体正义思想的一些狭隘，于是经过马克思主义思想的现代性洗礼，对传统正义观进行理性的制度改造和思想改造。

（一）从矫正伦理关系的动机来看，正义动机从传统的个人英雄主义到现代的社会主义的公民责任、集体主义动机的嬗变

个体正义观的一项重要内容是关于个体行为何谓正义的赞赏标准。现代正义与传统侠义存在以下几方面的显著区别：

首先，传统侠义大多基于个人的报答心、报复心，而现代正义基于共同体意识，把正义作为公民责任和道德境界。现代公共正义适用于调整公共空间中的公共交往关系，古代侠义多用于调整个体熟人之间的私人交往关系，对象具有特定性。现代社会公共生活的充分发育，陌生人交往是现代社会公共交往之常见现象，人际交往关系日趋复杂，我们对他人的见义勇为是一种"对陌生人的见义勇为"，侠义变为勇敢、正直的美德，注重行动、摒弃空言。而像君子人格中的"仁""义""忠""信"等原则，也是侠者身上的一种基本品质。侠义精神中的血性气质可弥补文人性格之柔弱，其中对侠的向往可理解为侠义精神对文人性格的

激励和感召,也可理解为对文人依附性格的反思和批判①,中国文人接纳了传统正义思想的积极有益的因素,摒弃了其过激的主张,侠义精神得到质的提升与境界的升华。

其次,关怀转向——从传统正义的熟人关切到现代社会的对陌生人在内的社会关怀,狭隘的报恩心态转变为以理性正义为原则。"义"之本义乃"己之威仪也,从我从羊",表示为尊严、利益而战。侠客重"义",义是衡量侠客的一个主要标准,也是侠客重要的精神和道德准则。这种基于中国传统经济文化背景下产生的高阶道德,往往具有历史性和现代性并存的特点,如麦金太尔所说传统即是一种通过时间而延伸的论证。当代社会主义正义观接受了马克思主义的民主、平等、自由、革命等观念,也受到了西方正义思潮的影响,当正义的现代精神与传统正义的精华相结合,传统侠义精神的价值便更加鲜明。当然,因循守旧或者推倒重来,均会导致人类思想观念的萎缩。故新旧交互融合的模式为当代公德文化建设提供了一种新的方式。古代也赞成侠之大者,为国为民,李贽《昆仑奴》中说:所谓"自古忠臣孝子,义夫节妇,同一侠耳"。但是,普通公民由过去的私义转变为公义,则是中国共产党成立后开始出现的社会进步。

在现代社会,正义感有由传统的个体体验向现代的公共性体验转向的趋势。在传统社会,个体正义因为其发生时刻意的隐蔽性,难以直抵公共空间的核心,个体正义追求无法与公共话语实现同频,而现代正义既有单个个体的关怀又有整体主义的关怀。传统社会的个体报复正义、泄愤正义在今天看来不仅不可取,而且是违法犯罪的行为,这些行为伤害更大范围的社会公正和社会文明,这点我们要有清醒的认识。在民众中制造对立的公正不是好的公正,受害者心态弥漫的社会必然缺乏宽容。为不道德辩护是更高的正义境界,对有些恶放弃干预,也是一种善良,也是一种法治。"侠义精神的成熟,最为明显的就是侠义精神开始和时代精神相结合,能够与时俱进地形成新内涵"②,中国传统的侠义精神的发展跟随着时代的变迁也相应地更新了自己的内容,网络舆论引导员、伦理委员会、"长安剑"、"朝阳大妈"在继承了传统侠义精神的同时,也带有了法治时代、网络时代、公民时代的特征。

再次,从激情型正义走向情理兼容型正义。《三侠五义》中侠客的行为方式

---

① 参见李永贤:《谈谈中国古代文人的侠义情结》,《河南师范大学学报(哲学社会科学版)》2006年第1期。

② 刘薇:《侠义精神在我国文学中的渊源》,《语文建设》2013年第26期。

具有从激情型正义到情理兼容型正义的变换,侠客的人格形象也表现为墨家型重气到儒家型关注民族大义的转变。在我国电视荧屏上、网络游戏中,侠士仍然展示着独特的"生态景观"。受人欢迎的谍战小说、谍战电影则更表现出对国家责任的更宽泛的侠义观念,武侠剧在弘扬传统侠义思想观念的同时,吸纳当下的时代精神和科技成果,不断地变换自身形式。民间侠义由激情正义走向理性正义的演化是时代精神变化的结果,具有一定的必然性。但当前理性正义研究也面临多方面的难题和挑战。例如,社会正义适用范围与规范要求的扩大化趋势与该概念核心内容(最简单、最起码的公共生活准则)保守化趋势之间相互矛盾。当代正义要求践行者不仅要有高的道德素养,还有法治素养、仁爱之心、践行能力。当代正义对行义者提出了正义行为科学化的要求,与传统的侠义行为相比,当代正义在行为上由隐而显,组织上由单打独斗变为有科学组织的救援行动。我们可将传统侠文化的那种激情正义感转化于利国利民之中,从民间文化转向精英文化与民间文化共通的一种正义力量。如章太炎《儒侠》说的"当乱世则辅民,当平世则辅法",成为当代社会发展的一种正面推动力量,这显然与对社会表示不满、与社会抗争的传统的侠士有了质的区别。侠通过"创造性转化"为当代见义勇为的民间公益志愿者,既在民间实现自己的道德信仰,又可以找到当代归属感,并成为重要的社会组织成分,引领着社会公德风尚。中国共产党的创立与侠的精神也有相同之处,即皆有历史缘起和现实针对,都有助人为乐、除暴安良、纠偏除弊的主观意图和客观功效。中国共产党的建党精神"坚持真理、坚守理想,践行初心、担当使命,不怕牺牲、英勇斗争,对党忠诚、不负人民"①,中国共产党的正义感,是对中国人民民族精神的继承,是对中国传统侠文化的继承与超越。二者的区别在于:中国共产党有最先进的马克思主义理论指导、最严格的自我修养规范、最彻底的为人民服务立场;而传统侠的精神观念、自我修养、人民立场都需要转化和提升。但不可否认的是,中国传统侠文化是中国共产党人抗争精神的源泉,是中国精神的重要内容。

(二) 传统的"义"之准则应当拓展到民主、自由、平等、公正、法治、爱国、诚信等规范

公正就是平等(相等、同等)的利害相交换行为;不公正则是不平等(不相等、不同等)的利害相交换的恶行。出于道义的公正是无私利他的,是至善。出

---

① 习近平:《在庆祝中国共产党成立 100 周年大会上的讲话》。

于侠义的公正是报恩行为，"为己利他"。学者王海明指出，"就公正的道德价值——亦即公正对于道德目的的效用——的大小轻重来说，却远远大于、重要于仁爱和宽恕，远远大于、重要于无私利他，也大于、重要于其他一切道德：公正是最重要的道德"①，公正是正义的最基本内涵。而自由成为现代正义的标准，首先在于它是人类的一种基本需要，是最深刻的人性需要，因而也就是现代社会追求的最根本的人道，是人道根本原则。公正需要裁判、计算，机会平等原则是最重要的现代公正原则，传统文化里的公平是"各得其分"。随着社会嬗变，传统的"义"之准则包含的爱国、公正、诚信精神应当拓展到民主、自由、平等、法治等其他规范，即把社会主义核心价值观的内容涵盖进去，如此这样，方可让社会风尚焕然一新。

（三）伦理正义与制度正义相互补充

维护正义的途径是多样化的。一般情况下，普遍的认识是侠义精神与法治精神相对立，侠义与否取决于主观上的判断，这种主观性因人而异，表现出来的行为也大不相同。但是，要强调的是"侠义"本身并不与法律相冲突。侠义是精神层面上的认识，是"公正、利人、守信"的精神，这种精神从本质上来讲是积极的，引导人们向善的，与法律基本精神并不矛盾。当今时代，网络发声、法律援助、舆论救助等这些伦理正义推动着制度正义的完善、社会正义的实现。

张华认为，"正义，是法追求的最高目标，是法的必然原则。正义对于法的进化，法律地位的提高，内部结构的完善，提高法的实效性有重大的作用。所以，法与侠义观念存在内在一致性，法倡导的正义和信用与侠的正义和信用相吻合"②，一方面，侠义精神对中国人法治意识的影响是深远的，是造成中国人忽视或轻视法律作用、法治意识淡薄的原因之一。究其实质，"侠文化与侠义精神的产生，很大程度由于法律制度的不健全。立法的不完备、司法的不公正、执法官僚的专横残暴以及在自然经济下诉讼缺乏一定物质基础等等，这些情况使法律难以很好地调节一切社会关系，保证社会秩序，代表公平公正，而人们自然就将希望寄托在'锄强扶弱''打抱不平''杀尽不平方太平'的侠者身上，自然对他们所代表的侠义精神推崇备至，甚至将'义'视为高于法"③，在当代社会，法制日益健全，法律已经成为调整社会关系、管理社会秩序的主要手段，在这种时

---

① 王海明：《国家制度的价值标准和取舍原则》，《浙江社会科学》2017年第2期。
② 张华：《"侠义与正义"在法治社会共存的可能性探讨》，《法制与社会》2011年第13期。
③ 潘琦：《中国侠义精神与法治》，《中南民族大学学报（人文社会科学版）》2003年第S2期。

理性驱动的,社会呈现非理性运行的极端状态,完全违背了中国传统文化中庸之道的理性正义精神。但理性思考的习惯是应该且可以培养的。虽然传统社会有中庸之道、理性正义观,但父权家长制的农业社会不提倡独立思考,因而大多数教育程度低的人不懂独立思考也不会理性思考,而面对市场竞争、提倡个性的现代社会需要独立思考和理性思考。异域的、主要来自政治领域的西方正义话语及其分析框架,难以有效应对中国日常生活世界的网络公共领域,因而亟须构建一套生活领域的正义判断标准来应对当今层出不穷的网络舆情事件。但是,生活领域的正义判断标准的构建也不是无源之水、无本之木,实际上,中国传统正义文化中存在丰富的理性正义知识资源,可以为网络等公共场域的治理提供深刻的启示。在网络表达方面,我们要对公民的情感表达与理性表达给予充分的空间与及时的是非澄清,要着眼于情理健全的公民人格的培育。

理性正义如何可能?在互联网公共空间,理性正义缺失则容易出现"道德缺位"、网民极化现象。"群体极化是指团队成员一开始即有某种偏向,在商议之后,人们朝偏向的方向继续移动,最后形成极端的观点"[1],群体极化是容易出现的一种网络现象,以正义旗帜引导社会舆论机制是当务之急。高校思想政治教育的主导者和引领者,应传播宽容意识、良心意识、人道意识、公正态度等,倡导良好的正义道德,这也是在守护人们孜孜以求的精神家园。

随着侠义的主体由臣民身份向公民身份的转变,随着"数字公民"成了人们的第二身份,人们倾向在网络世界谋求公共正义的共识,网络已成为推动公共正义的巨大力量。互联网侠客不应是互联网黑客,而应是维护风清气正的互联网公德的人。"网络群体性事件的制衡机制是指促使网络群体性事件发生的动力和减少网络群体性事件发生的阻力之间持续发挥作用的综合系统,即培养网民的社会正义感并以此来规避网民的非理性行为。网络群体性事件的驱动力来自网民正义感(阻力)和非理性(动力)的博弈,而两者的合力决定了网络群体性事件的形成与发展"[2],网络群体事件因为非理性和理性力量的此消彼长,特别引发关注,对网络非理性行为的治理成了一大焦点。尽管传统正义观的理性与今天的理性主义思潮诞生背景不一样,但也不能对传统理性正义观轻率地弃

---

[1] [美]凯斯·桑斯坦:《网络共和国:网络社会中的民主问题》,黄维明译,上海人民出版社 2003 年版,第 47 页。

[2] 李燕、孙颖:《网民正义感:网络群体性事件中非理性的博弈及消解》,《中国海洋大学学报(社会科学版)》2013 年第 3 期。

置不用。面对网络公民道德素质、正义素质的发展不均衡，如何引导人们在网络环境下走出正义困惑的窘境，为不断满足人民群众日益增长的对公平正义美好生活的需要助力，中华传统正义文化可以在互联网社交中重新焕发出新的价值，获得一次勃兴的社会契机。《论语》中提到，"或曰：'以德报怨，何如？'子曰：'何以报德？以直报怨，以德报德'"（《论语·宪问》），这表明，孔子主张以公正的态度来对待怨仇，而反对凭主观好恶的感情来处理怨仇。孔子主张根据是非对错理性行事，有利于化解因为怨恨产生的社会矛盾。

孔子认为只有真正的仁者才能关怀好人，憎恶坏人。对于八面玲珑的好好先生，孔子批评说："乡愿，德之贼也"。在《论语·宪问》篇中说："有德者必有言，有言者不必有德。仁者必有勇，勇者不必有仁"（《论语·宪问》），孔子把"知"视为"情"的补充，"情"是"知"的基础，"仁者安仁，知者利仁"（《论语·里仁》），孔子认为"知及之，仁不能守之，虽得之，必失之"（《论语·卫灵公》），虽然人的认识水平很重要，但是如果没有仁作基础的话，也就是德不配位的话，获得的东西终会失去。在古希腊思想家认同的"四主德"中，"智慧"总是先于"勇敢""自制""正义"，而在传统伦理思想中提倡的"五常"中，"智"是在"仁""义""礼"范畴之后的。在苏格拉底看来，美德在于它是对事物本性和善的认识，要获得美德，必须具有相应的知识。苏格拉底提出"美德即知识"的判断，苏格拉底就直接把人的道德能力与人的认知能力关联起来，把理性知识视为行善的根本原因。苏格拉底认为德性即是理性，而孔子等儒家学者则认为知识不一定带来德性，但情感可以产生德性，影响着中国传统文化中正义问题的独特架构和视野。

公众常常把"理性"与"激情"对立起来，往往是捍卫一方而反对另一方。其实，理性与激情二者存在着互相限制的一面，也有互相转化的一面，当今社会人们需要确立理性正义和激情正义相统一的正义观，激情引领理性作伴。但不是每一种正义主张都能够让我们在情感上给予赞许，情感可以影响我们对正义观和正义规范的选择，为我们正义感的生成提供具体的内容。从某种程度上讲，正是通过发挥共情的作用，我们才可能将正义付诸实践。儒家情感正义观倡导网民正义情感的德性升华，以仁爱之心推动正义意志的建构以及正义行为的实践，儒家仁爱文化指引网民正义行为的实践创新。

人的理性能力对事物本质的认知及其行为选择的明智倾向也为情感主义者所认同，理性可以告诉我们行为的有害或有益趋向，理性可以对人的品行的善恶、好坏作出区分。理性的价值辨析能力能够促使人产生正义的价值诉求、正义认同,从而培植人的正义感。儒家理性正义观启示公民正义认知的理论建构,以"博学、审问、慎思、明辨"等学习、澄清、辨析等建构模式推动正义思维的建构,推动是非识别能力、认知能力的发展。

(二)融入传统正义理性精神的网络治理

传统正义的理性精神可以在网络言论治理、情绪治理、行动治理中提供启发。怎样使人们在网络上具有正义感的网民言语适当,以取得较好的积极效果?《论语》中孔子关于语言的见解中,有不少还能适用于今天的语境,这些现在来看也是形成风清气正的网络语言、网络环境的好方法、好途径。

1. 提高对网络事件的理性认识能力

"理性是指人对客观对象的认识、判断、评估、推理以及发挥主动性使人的行为合目的的认知能力,我们也可将之视为人类对法则、秩序、规范等的遵守,主要表现为理性的控制能力。理性的认知和控制能力贯穿于正义感生成的全过程,是正义感生成的主导性因素"[1],儒家无论是"己所不欲,勿施于人"的理性推理还是"九思"的认知方法,都可以提高对网络事件的理性认识能力。儒家"学"不仅是对知识的学习,更是一种道德修养方式,实现人在现代世界的意义生成。在网络空间中,网民存在从众心理的现象很普遍。情绪极端的言论不断发酵,以激情正义之名得到越来越多的附和,儒家"博学、审问、慎思、明辨"的话语表达可以帮助人们从纷乱的网络信息中理清正确认识外部世界的思路;"己所不欲,勿施于人"的情感传播帮助人们建立有利于他人、有利于社会、有利于国家民族团结稳定的情感。随着教育水平的提高,思辨能力提升,根据科尔伯格的理论,道德规范在道德意识、道德判断发展到比较高的水平以后,超越了语境,道德规范自身的正当性和道德规范应用适当性明显分离开来[2],人的道德判断能力有一个发展的过程。孙中山先生曾认为,无论是在古代中国还是当代社会,始终是"知难行易",而不是"知易行难"[3],强调认识准确比行动更难,但更重要。

根据儒家的真理认知方法,可以设计调查式、全局式、观察式、辨析式等理

---

[1] 蒋洋洋、洪明:《正义感生成机制及大学生正义感培育的基本思路探析——基于理性和情感交互作用的视角》,《马克思主义与现实》2018年第2期。

[2] 参见强乃社:《道德规范应用适当性的话语论证》,《哲学动态》2016年第4期。

[3] 参见孙中山:《孙中山选集》,人民出版社1981年版,第159页。

性认知模式,以推动正义认知提升及实践能力的发展。

2. 名实相符的言论治理

语言揭示着人的欲望和愿望,是表达人的情绪和情感的工具。孔子曰:"不知言,无以知人也"(《论语·尧曰》),言语是人心灵的窗口。马克思说:"语言是思想的直接现实"①,网络为进一步显现语言的作用打开了一条通路。网络言论的放开,提供了人们表达正义感的一个重要平台。百姓之"言"成为观察公德走向的一个切入点,百姓之"言"不可堵塞只可疏导,"防民之口,甚于防川。川壅而溃,伤人必多,民亦如之。是故为川者决之使导"②,如统治者、君子之"言"成为"政道"得以践行的有效工具。对网络社区语言的治理,也成为当代公德建设的一个重要任务,也是当代网络公德建设的一大难点。

首先,求真、求实的语言思维。孔子开创性地围绕"名实"问题,以正名理论为基础,展开对语言哲学的探索。孔丘提出:"政者,正也"(《论语·颜渊》),当对他人的语言所表达的意义进行确定性追问的时候,是能够产生出理性见解和行为的。孔子指出"言思忠""言忠信"的基本标准,这是言语"真"的前提,如果"道听而涂说,德之弃也"(《论语·阳货》)。孔子又说:"狂而不直,侗而不愿,悾悾而不信,吾不知之矣"(《论语·雍也》),孔子从九个方面阐述提高个人修养的途径,实则这也是人们应当时时自省的九个方面,"君子有九思:视思明,听思聪,色思温,貌思恭,言思忠,事思敬,疑思问,忿思难,见得思义"(《论语·季氏篇》),孔子多次提出求真、求实的语言思维,不被外界信息所蒙蔽,能够以求真、求实的态度对待每一件事。在《周易·文言传》中,孔子提出的"修辞立其诚"的观念,更是把道德人格与对语言的修饰联系起来,至今有不可忽视的借鉴意义。如同《中庸》里说的"自诚明,谓之性;自明诚,谓之教。诚则明矣,明则诚矣",仔细体会,这个思路启发我们辨析今天网络空间的真问题和假问题,对因谣言引发的事件有很大意义。孟子所言"尽心知性而知天",亚里士多德指出,"获得真其实是理智的每个部分的活动""理智本身是不动的,动的只是指向某种目的的实践的理智"③,理性的要求会走向真的求知。

其次,全面思维。孔子提醒人们言语时注意个人知识的有限性。孔子提出"勿意,勿必,勿固,勿我"(《论语·子罕篇》),不凭空猜疑,不绝对偏执,不拘泥

---

① 《马克思恩格斯全集》(第3卷),人民出版社1960年版,第525页。
② 左丘明:《国语·卷一》,韦昭注,胡文波校点,上海古籍出版社2015年版,第7页。
③ [古希腊]亚里士多德:《尼各马可伦理学》,廖申白译,商务印书馆2003年版,第168页。

固执,不惟我独尊。孔子指出,"多闻阙疑,慎言其余,则寡尤"(《论语·为政》)。孔子说过,"好仁不好学,其蔽也愚;好知不好学,其蔽也荡;好信不好学,其蔽也贼;好直不好学,其蔽也绞;好勇不好学,其蔽也乱;好刚不好学,其蔽也狂"(《论语·阳货》),一个人即便拥有仁、知、信、直、勇、刚等良好的品质,但是不经历"学"的过程,最终也会出现愚蠢、飘荡无所归、易被人利用、不通情理、犯上作乱、胆大妄为等弊病。孔子提到了全面思维的具体方法,"子曰:吾有知乎哉?无知也。有鄙夫问于我,空空如也,我叩其两端而竭焉"(《论语·子罕》),精妙在于中庸之道。庄子"辩也者,有不见也"之语也极具启发性。他们启发我们注意自己思维的狭隘性,发掘自省意识,促进自我成长。

再次,要培养正义领袖进行语言的源头引导。"君子之德风,小人之德草。"孔子对榜样在社会秩序方面的引导功能充满信心。孔子借君子进行教化是一种值得推崇的方式。春秋时期郑国思想家子产认为理想的统治者是"君子"掌握国家的权力,犹如西方柏拉图提出的"哲学王"构想。

君子具有"师者"品质和"儒者"本色。正义领袖还会主动对偏激声音加以提醒与纠偏,运用唯物辩证法对网络言论进行理性引导与真相澄清。言语本身是伦理道德的显现和托言寄志的表达工具,孔子认为,"有德者必有言,有言者不必有德"(《论语·宪问》)。网络舆论中出现的大量的主观化言论,可能会误导人们。孔子一再告诫人们像君子一样"敏于事而慎于言"(《论语·学而》),新闻报道当中的主观情感,容易构筑对政府反感的刻板印象。面对公共领域当中的情绪激化,政府并非束手无策,而是应当看到和依靠意见领袖这一"超级参与者"在其中的情绪引领作用。《论语·为政》篇中提到孔子的治理见解,"(樊迟)问知。子曰:'知人。'樊迟未达。子曰:'举直错诸枉,能使枉者直'"(《论语·为政》),孔子重视道德榜样的作用。荀子也说:"上公正,则下易直矣"(《荀子·正论》),即是对孔子观点的发挥。

网络言语引导要注意时机、事务。孔子说:"可与言而不与之言,失人;不可与言而与之言,失言。知者不失人,亦不失言"(《论语·卫灵公》)。孔子曰:"侍于君子有三愆:言未及之而言谓之躁,言及之而不言谓之隐,未见颜色而言谓之瞽"(《论语·季氏》),也说的是言辞的时机问题。

部分网民不清楚新闻、文学、传言甚至谣言的真正边界何在。《中国新闻工作者职业道德准则》指出,"鉴于虚假新闻的巨大影响,社会成员都会通过举报虚假新闻、抨击造假者、提供真实信源等多种方式,为新闻真实提供社会支持"①,杜绝虚假新闻要正义网民的积极参与。《中庸》曰:"修身,则道立。尊贤,则不惑",澄清网络是非的一个重要方式是积极主动地培养"网络正义领袖"。网络空间一直存在正义与非义的博弈。网络情绪化信息对公民社会正义感有着模糊误导作用。实际上,面对网络非理性信息,只要及时加以引导就可能会是一场培育正义感的机会,关键调节者是意见领袖,网络正义领袖是网络正义的先驱、带头人。相比传统文化的侠意识,他是先驱意识、知识分子意识与侠意识的融合,他的正义感来源于传统正义文化,又超越了传统正义文化。网络伦理委员会、网络舆论引导机制、网络思政工作机制、《人民日报》《求实》等,即是起着舆论引导作用。

3. 发而中节的情绪治理

在网络空间,传播个体需要情绪自律。在儒家那里,应发乎情,止于礼。孟子提出,"故声闻过情,君子耻之。"(《孟子·离娄下》)孟子这里的"情"主要泛指具体的客观事物的"情况""情实""实际情况"。《中庸》首章说:"喜怒哀乐之未发,谓之中;发而皆中节,谓之和。中也者,天下之大本也;和也者,天下之达道也。致中和,天地位焉,万物育焉",孔子教学生教以中行,目的在于纠正气质之偏,确立义理之正。《论语》记载孔子的评论:"师也过,商也不及"(《论语·先进》),孔子提出"过犹不及"的主张,又使用"中行"的概念,并用"狂"和"狷"描述其反面状态。子曰:"不得中行而与之,必也狂狷乎!狂者进取,狷者有所不为也"(《论语·子路》),如此等等,都表明孔子对情绪、情感宣发适度的重视。

认识情感,首先必须明晰情感的复杂性。表达情绪还是表达正义要分清楚。孔子曰:"唯仁者能好人,能恶人"(《论语·里仁》),从正面价值来看,情感是驱动人们关注他人不幸状态的动力机制,增进人们积极的社会联系,促进共同体意识,调动正义力量,有助于观照到司法体制、政策机制关注不到的事务。公共管理者可以认同网民有积极情绪的言论,学会与网民产生共鸣或理解一个人的情绪含义,成为网络公共治理的重要步骤。儒家认为消极情感导致情绪,情绪受到个人喜怒哀乐习惯的影响,而普遍流行的社会情绪则会产生动摇人心、影响社会安定的后果。所谓"好利而欲得者,此人之情性也"(《荀子·性恶》),这里的"情性",往往就是从"情欲"的角度来定情,"故顺情性则不辞让矣,辞让则悖于情性矣"(《荀子·性恶》),合理的情欲是可以满足的,反之则违背人

① 顾理平:《新媒体时代虚假新闻的治理》,《新闻战线》2019年第11期。

性。荀子认为,"性之好、恶、喜、怒、哀、乐谓之情"(《荀子·正名》),儒家大多数时候是从"消极情感"角度来看待情绪的。情感在当今公共领域的呈现,有三类:随意的公众情感、喜欢造势的媒体的情感、一呼百应的意见领袖的情感表达。互联网管理者应及时识别具有传染性的消极情感,营造正向情感,用正向情感影响消极情感,维持情感的平和、理性、向上向善状态。公共管理者的倾听,是维持情感空间正常宣泄、及时疏导的重要手段。有些(并非所有的)政治哲学家将愤怒看成是自由、正义、自治以及正确判断的障碍,理性正义观可以转化群众的激情,那种想要堵塞群众激情的办法是不可取的,堵塞群众表达自己的观点和意见,只会导致治理问题越来越多。

孔子认为:"乱之所生也,则言语以为阶"(《易传·系辞传上》),"怨"字在《尚书》中出现 20 次,《左传》中出现 95 次,《礼记》中出现了 30 次,《论语》中出现了 20 次。[①] 怨恨是社会不公的反映,民众的怨恨需要公平正义去引导。如果迟迟不去解决民众的怨恨,就会带来社会的不稳定。如果民众的怨恨长期得不到解决,怨恨情绪就会转变成愤怒情绪。美国当代政治理论家、后马克思主义的代表人物墨菲却认为,"在竞争类型中,民主政治的首要任务,既不是取消激情,也不是将之贬为私人领域,以便在公共领域建立理性共识;它是要'驯服'激情,通过激情实现民主目的,并围绕着民主目标创造集体认同形式"[②],激情在正义中具有重要作用,愤怒也是一种激情状态,是网络舆论中的一面双刃剑,当人们感受到某个情形是"错误的、不合法的或不公正的,与本应该所是的境况不符",就会产生回击的意图。因为愤怒是一种认知判断引发的结果,实际上可以通过反复澄清认知或者追踪真相去消弭或引导的。有如荀子说的,"诚心行义则理,理则明,明则能变矣"(《荀子·不苟》),针对网络上愤怒的激情,公共管理者或意见领袖给出一些法理、情理、逻辑上的分析,把民众激情引向法律之下、情理之中、正确的逻辑中,使激情不超越底线、法律规范,避免受到恶意挑唆的人的蛊惑。

从生成逻辑来看,"义"生于仁。义是人类对事物产生责任感的表现,体现了人类的理性自觉,是协调人与人、人与自然、人与社会关系矛盾的道德行为。正义感是推动社会公平进步的强大动力,是常常伴随着偏于理想和激情而无暇顾及是否理性的状态。善意的理想和激情,可能推动社会公平,但是也存有恶

---

① 参见刘美红:《公正与疏导:先秦儒家对社会"怨"情的防治》,《湖南科技学院学报》2011 年第 7 期。
② Mouffe C: *Politics and Passions*. London: Centre for the Study of Democracy, 2002, p. 10.

意政治势力比如种族主义、分裂主义利用群众或者操纵不成熟的青年的理想和激情，造成社会不稳定的情形。

"实际的情况是，先秦儒家同样非常强调怨忿情绪产生的社会根源。例如，民不聊生、分配的不合理、机会的不均等、权力的腐败等社会因素都是导致不满积聚和怨忿形成的重要动因。因而，先秦儒家对社会'怨'情的防治绝不仅仅是一个单纯的心性修养和改良的问题，它还不可避免地涉及一个外在社会秩序、社会制度的合理安排建构问题"①，激情在网络事件中是"集体认同形式"的根源。罗尔斯依据合理性的定义把愤怒分为合理的愤怒与不合理的愤怒，正如纳斯鲍姆所言，"切除愤怒就意味着切除了社会正义的一支重要力量。如果我们担心愤怒会演变为糟糕的情况，我们应该把注意力放在引发愤怒的问题上，而非移除愤怒本身"②，这种由愤怒激发的报复行为，也有助于推进公共理性的实践。我们不能将普通事件上升为对抗的阶级视域，必须转变单一思维接受多元主义思维。那种对抗的敌意、怨恨，需要"消解"。当然，那种认为我们已经进入无意识形态斗争的时代的观点，也不符合实际。我们今天已经进入了一个权威削弱的时代，我们需要理性而又充分的辩论，网络可以成为专家和公民之间合作的平台，互相沟通建立共识。把儒家持中守正的正义之情内化于心，外化于行，成为当前社会公平正义的坚决维护者和实践者，来真正实现社会的公平正义。

4. 中庸之道的行动治理

人们错误地认为传统文化缺乏将社会矛盾解决于萌芽状态的思维机制。孔子主张有德者充当社会的意见领导者，引导社会确立正确的社会评价标准，让人们知道社会评价的标准，这个标准是什么呢？

中道的标准或依据是"公正""不偏不倚"，中庸之道勿过也勿不及。孔子说："过犹不及"（《论语·先进》），应该"允执其中"（《论语·尧曰》）。孔子提倡"中行"，反对极端，要做到勇而不乱、直而不绞，就需要用"礼"加以节制，把"礼"作为"中"的一种尺度。中庸之道包含着公正思维，包含着"己所不欲，勿施于人"的理性推理。弱者并不一定代表正义，也非道德的化身，更不具有恶的特权，经由博学、审问、慎思、明辨、笃行等学的工夫，及"用中""时中"的方法论，如此思维，如此行事，便是"居中"或"用中"。一旦按照传统"中庸"之道建立了好

---

① 刘美红：《公正与疏导：先秦儒家对社会"怨"情的防治》，《湖南科技学院学报》2011 年第 7 期。
② Martha Nussbaum: *Upheavals of Thought: The Intelligence of Emotions*, Cambridge: Cambridge University Press, 2003, p. 394.

的思维模式,陶冶出理性公民,人们头脑中狭隘的侠士就不复存在了,传统侠义文化很快能蜕变为新文化、新文明。

所以,在孔子思想体系中,儒家"中庸"原则与其礼治原则并无大的冲突。所谓"政均则民无怨"也,《尚书》中有:"无偏无陂,遵王之义。无有作好,遵王之道。无有作恶,遵王之路。无偏无党,王道荡荡;无党无偏,王道平平;无反无侧,王道正直"(《尚书·洪范》),政治上的"中庸"原则也是公正原则的同义语。

我们可以发现西方自由主义正义观侧重于权利的建构,以人的权利如自由、平等建构社会的正义观念,但造成了其理论中应然与实然的分裂。马克思主义则认为一种健全的社会正义理论应该同时包括自我权利建构和社会责任两个重要的维度。"没有对于生命的优先保护,奢谈其他价值,要么是忽略了个体性的价值,要么是混淆了价值权衡的层次"①,对社会正义的尊重也是对个体生命的尊重。

将正义置于时代语境加以考察和研究,摒弃传统社会个人冒险主义、盲动主义的正义维护模式,继承传统正义文化未被多数人注意到的现代性价值,构建维护网络公共领域正义的中国话语模式,即在传统正义文化的继承创新过程中突出民族文化心理的延续与更新、传统与现代融合、情感与理性平衡等,尤其是探索正义基因传承与再生的方法,非常有理论价值和实践价值。当今时代,网络空间成为社会环境、公共空间的一部分,网络开辟了人类实现正义的新途径,我们应更加乐观地看到网络给社会正义带来的新的生机,变不利因素为有效推动力,使得正义之神搭载网络快车一路向前,网络环境下正义感、正义行为等正义潜能得以激发。以中华传统正义文化的精华为基础,以网络正义教育为德育契机,可以推动情理合一、权责一致、德法相辅的当代公共领域的正义表达机制的形成。

第三节　传统礼文化在当代公德建设中的传承难点与传承策略

传统礼文化在当代公德建设中可以起到从细节方面规范当代公共领域行

---

① 韩大元:《后疫情时代:重塑社会正义》,《中国法律评论》2020年第5期。

为的功能,也即增加当代公德规范的可操作性、日常性、教化性。把民族传统和创新的时代精神融入我们的日常公共生活之中,使之成为我们耳熟能详、好学好用的礼仪规范,并在日常生活中贯彻始终,则能实现社会和谐。当今时代礼文化的呼唤是民族意识增强的产物,是礼文化传承创新的动力。当然,只有通过创造性地继承,才能在时代的变迁中使礼文化的连续性和时代性得到统一。

一、传统礼文化在当代公德建设中的传承难点

(一)人们礼观念的淡化

在晚清时代的大变局中,传统礼文化受到了大冲击,礼学衰微是不可避免的。风流渐被雨打风吹去,而"文革"再次对礼的冲击,造成礼文化教育不是轻易能衔接起来的。五四新文化运动以来,不少知识精英认定现代化即西化,故凡新必好、凡旧必坏,实质是庸俗的进化论的变种。有人认为,礼的主旨是维护天子、诸侯、卿、大夫、士的金字塔式的封建等级制度,但彭林教授认为,"彼所谓'等级',实际上是指从上到下、分层级管理的行政体制。迄今为止,除了原始社会没有层级与等差,封建社会、资本主义社会、社会主义国家都有,举世皆然,绝非出于儒家的刻意制造"①。其实,传统社会分层级管理的模式,本身并无对错,政府离开了中央、省、市、县的划分,社会如何管理?近代几次反"礼"运动,造成社会治理有政策、有法律而无文化调控的局面。

礼学在历史上的辉煌,与今日的落寞形成了强烈的对比。礼学在过去扮演十分重要的角色,今天却常常被认为是历史的,被认为与现代社会的文明形态存在鸿沟。礼作为古典文明的主干形式在现代走向分化,但是又死而不僵、绵绵若存,礼身处传统与现代的夹缝之中,地位尴尬。在全球化时代,各种文化信息和生活方式的影响和冲击,疏离了人们对传统礼文化的意识和情感。有人认为,礼是夕阳晚霞,有人却认为,礼是不灭的明珠。有人叹息,有人思慕,有人则发起了礼文化的复兴运动。

(二)礼内容的空疏与繁琐不适应时代要求

重建礼文化是一个浩大的改造工程。礼是一个变迁、重构的过程,并不存在凝固的、一成不变的礼。不少现代人缺乏历史情怀和文化情怀,如果没有适

---

① 彭林:《中华礼乐文明的承传与愿景》,《中央社会主义学院学报》2020 年第 6 期。

应时代的创造,现代礼学的存续和进展便是异常艰难的事情。在传统与现代、中西方的交汇中,让古典礼学重焕生命力,应探寻一种基于传承又适应现代新形势,其内核总是指向德行的礼文化。礼学义理研究让我们存留礼学的真精神,礼仪形式研究让我们深感礼仪创造的重要性。面对当今的礼仪困境,有赖于人民群众的创造。义理礼学与形式礼仪是一种互补关系,形式礼仪激活了礼学这一古老学问的活力,解除了空谈礼意的恐惧,礼不再是一个荒芜的名词概念,礼的独立自足意义再次显现出来。礼文化的简化创新是礼的继承面临的最主要问题,对礼肤浅的循环改造将会影响礼的运用和效果,有必要在继承礼文化时对传统礼文化提档升级。

传承主体的时代性决定了传承主体的现代性立场,礼的立场由明差等向明平等转变。传承礼文化并非对原有文化不加选择地继承,我们可以创造性吸收与创造性转化,选择性吸收与能动性扬弃。值得指出的是,由于现代社会的人们都有强烈的自由意识和权利意识,在公共领域人们之间发生利益矛盾的机会比传统社会要多,如此看来,现代平等社会比传统差等社会更需要礼仪。在继承传统礼仪时,可以将时代精神融入其中,坚持历史性和时代性的统一,在历史性中体现延续性,在创新性中体现时代性。

(三) 礼文化尊敬礼让的价值法则与市场经济的效率法则矛盾颇为突出

两者的矛盾主要表现为快节奏生活与慢礼仪的对立。继承礼文化是发挥传统文化治理功效的需要,是尊重人民对人的尊严、美好生活需要的体现。我们必须承认,践行礼文化的环境发生了重大变化,由农业经济走向工业经济,繁琐的礼文化也渐渐失去了作用力,行礼的场所和场合没有了;代际关系简单了,礼理念衰退。西方个人主义思潮影响很大,个人利益成为一切利益的基础,家庭和家族对原有礼仪文化的影响力、约束力渐次失效,让个人自行其是的方式在慢慢扩散开来。在现代生活中,如何践行传统礼文化,具体操作是难点,以致最后人们陷入对传统礼文化的怀疑主义、虚无主义之中。然而,"礼退而法难进",失去了礼的维系,社会生活的秩序具有了不稳定性。

"春秋战国礼制崩坏,礼学研究却进入理论之境,成为严格意义上的学术,持久地影响着中国学术思想史。两汉《三礼》之学日渐发皇,义疏之学经魏晋的发散而结穴于隋唐。宋明变局,礼学浸润于民间。有清一代,礼学极盛,名家大著,层出不穷"①。如果说在传统社会,改朝换代频繁,尚且通过礼建设各种规则,规范人的行为,建立巩固与统治阶级所需要的秩序,使社会充满稳定性,那么,在今天讲自由与平等的社会,就有理由放弃这一传统吗? 文化传统是国家治理体系形成的要素。当代社会个人利益、行为方式多样化,稳定有序的公共活动是人们日常生活的基本条件,特别需要人与人之间彼此尊重、求同存异。传统社会的礼仪在指引公共行为、缓和人际矛盾方面有独特的功用,通过"各安其分",形成良好的社会秩序,通过"以礼相待",缓解社会矛盾。

二、传统礼意、礼仪内涵的传承与创新

(一) 传承传统礼意的精华

礼文化的基本价值观念产生于传统农业文明和宗法等级制度的土壤,但却触及了人性需要节制的特点和人类社会对秩序稳定的普遍诉求。如第二章所述传统礼文化以"仁"为内核、以"敬"为动力、以节让为手段、以中和为目标、以"君子"为范型的尊敬、礼让精神,对于今天正确处理人与人的关系仍具有重要意义。"需要说明的是,这种变化,主要是指礼的形式,至于它的合理内核,则是始终被承传的。因此,我们在制订当代礼仪规范时,一定要很好地把握中华礼仪的人文内涵"②。费孝通说:"继承性应该是中国文化的一个特点,世界上还没有像中国文化继承性这么强的",中国传统礼仪具有可操作性,而当前我国大多数公德文明教育仅仅是提示德目而缺少传统礼文化那样的操作要领,是不符合具体实践需求的。继承传统礼文化,坚持以文化人,用文化的力量推进礼文化建设深入发展。"中国传统的礼仪文化为我们提供了丰厚的资源,《礼记》提出的礼仪的精神、实质以及规范,大多仍然有着现实意义"③,古代有名实关系论,相比礼的形式,孔子更重视礼的内涵,礼的灵魂在礼意,今日礼文化重建以传统礼意的精华为内涵,以礼仪为行动框架。继承中华礼文化适应中华文化走向文化大国的梦想,适应社会主义公德建设、私德建设、职业道德建设的要求,能满足中华民族长治久安的希望。继承是在研究传统礼文化得失上的继承,是在实践礼文化中通过创造的继承和有继承的创造,对传统礼文化的内涵进行新

---

① 彭林:《赓续与转型:礼学传统之嬗变》,《河北学刊》2016 年第 4 期。
② 彭林:《当代工业文明与传统礼乐文化》,《学习月刊》2008 年第 11 期。
③ 顾易:《从〈礼记〉看中华礼仪文化》,暨南大学出版社 2020 年版,第 127 页。

的诠释和改造,使其适应时代的需要,在文化的发展中使礼文化的连续性和创造性得到统一。

按照社会主义核心价值观的要求,我们可以对礼文化的内涵进行新的拓展,增加新的内容,以使其更符合时代的要求。"人世间各项制度规范所追求的'和',必须见之于礼,即在制度规范的建构过程中遵循礼的精神,才能实现秩序层面'和'"①,继承中华优秀传统礼文化是中华文化传承发展的需要,是社会主义公共生活正常维系的需要,是中华民族文明复兴的需要。弘扬传统礼文化是在继承基础上的发扬,是在实践礼文化中自觉体认礼文化的魅力、发挥传统礼文化的精华。"弘扬优秀传统文化,特别是继承以心存恭敬、彼此尊重、互相礼让为特色的礼文化,将'勿不敬''己所不欲,勿施于人''温良恭俭让''文质彬彬,然后君子''礼尚往来'等传统礼文化的价值观和精神原则,与时代需要结合,进行创造性转化,形成现代人的行为规范,并落实到人们的日常生活中,切实提高现代人的个人修养和道德品质,不失为提高国民公共文明素质的重要方法"②,充分地理解传统礼意的精髓,有利于科学地继承传统礼文化。

(二) 进行礼仪上的创新

如前所述,我国传统礼仪具有规范性、场景性、角色性、实践性、教育性、形式美,这些诸多特点让传统礼仪在传统社会公共生活中具有非常重要的地位。有学者对《礼记》中记述的公共礼仪进行过分类,"通观《礼记》全书,我们可以将传统中国人的公共行为规范进一步细分为八项:(1)对长者的礼节;(2)主宾之间的礼节;(3)饮酒吃饭的礼节;(4)师生之间的礼节;(5)观看表演的礼节;(6)在丧礼上的礼节;(7)祝贺别人婚礼的礼节;(8)行走的礼节"③。今天人们在以上这些场合使用礼仪仍然非常重要。礼文化在古代各个国家均有重要地位,但是每个民族的礼文化却不是一样的。礼的民族性是指礼具有的民族特征。由于物质环境不同、社会和经济生活不同,礼仪具有民族性的一面。无论是古代还是现代,礼仪文化都是具有民族性的,礼仪具有民族风格,是一种社会属性,"一个民族共同参与、享受一种文化制度愈是久远,接受这种文化制度的社会化

---

① 张师伟:《礼、法、俗的规范融通与伦理善性:中国古代制度文明的基本特点论略》,《社会科学研究》2019 年第 2 期。
② 余洪波:《礼文化在国民公共文明素质提升中的作用》,《中州学刊》2017 年第 5 期。
③ 曹丽、杨胜荣:《"礼"的传承与转化:中国当代公共文明的本土资源》,《云南师范大学学报(哲学社会科学版)》2010 年第 1 期。

也就愈深刻,因而民族文化的传统精神也就愈强烈,也就愈具有民族性"①,既要继承传统礼仪的公共生活的规范功能和形式美,又要适应时代发展,适当简化或者根据需要增加传统礼仪。

传统礼文化虽然历史悠久,底蕴丰厚,但它是生活节奏较慢的农耕文明的产物,其诞生带有维护宗法等级制度的背景,因此带有僵化、压抑的糟粕面,不经改造全盘照搬,无法适应现代社会的发展。传承传统礼文化的进程中,我们应取其精华,并使之成为构建当下新型礼文化的历史支撑。传统礼文化在传承中依然面临多重困境。其负面特征:第一,压抑个性;第二,压抑年轻人;第三,墨守成规。给我们遗留下来的这些"小农意识"不仅与现代农业的意识和理念格格不入,而且极大地阻碍了传统礼文化在当下的传承进程。

礼仪创新要与时俱进,《礼记》中多次谈到"礼,时为大"的道理,不要求后人拘泥古代的仪式,而应该与时俱变。清代学者焦循《礼记补疏序》说:"《周礼》《仪礼》,一代之书也;《礼记》,万世之书也。《记》之言曰:'礼以时为大。'此一言也,以蔽千万世制礼之法可矣!"实际上,与中华传统仁爱文化相比,中华传统礼文化因为具有形式美而具有超强的文化构型能力。传统礼仪的规范性、实践性、中道精神应该保留,充分发挥其应有的时代价值。《礼记》曰:"礼,时为大,顺次之,体次之,宜次之,称次之"(《礼记·礼器》),"礼仪文化因时而动,代有损益"。"立一个简易之法,与民由之……惟繁故易废。使孔子继周,必能通变使简易,不至如是繁碎",朱熹参照古代礼法对宋代"家礼"作了大量删繁就简的改造,使之适应了急剧变化的宋代社会。

重建礼仪、礼俗社会,决非倒退至封建等级社会,而是恰恰相反,要尊重并完善社会主义市场经济体制所内含的平等、自由、公正、法治精神。同时,基于市场经济的主体利益多元化,以传统礼文化来调节人们的利益关系,实现人们对和谐、美好生活的追求。中华民族对纷繁复杂的传统礼仪一直都有着创造性重组的能力,人类正是出于对传统文化无法达到尽善尽美境界的不满,激发了通过创新来创造更高水平文化的要求。然而,这种创新的实现不能不委之于前面留下的文化之根来实现,因而产生了以文化的传递与创造为媒介的人类历史的连续性。近代文化的维新,也可看作是文化创造过程之前奏。当代社会主义公德建设,坚守中华文化立场,立足当代中国现实,结合当今时代条件,坚持创

---

① 司马云杰:《文化社会学》,中国社会科学出版社 2003 年版,第 223 页。

造性转化、创新性发展，进行面向现代化、面向世界、面向未来的，民族的科学的大众的社会主义公德文化建设，尤其是重建充分反映民族气质、时代特征的礼仪体系，恢复昔日的文明大国、文化大国形象，重新创造中华文化新的辉煌是当务之急。

其中，礼仪典范文本的重建与创新是一大难题。关于传统礼文化融入当代公德建设，不少学者提出了继承问题，但很少有学者讨论到礼文化如何创新的问题。彭林教授指出，"近几十年来，我们的社会一直缺少一整套公民的礼仪规范，这是很不正常的现象，世界上许多国家都有自己的礼仪规范"[①]，当代礼仪的修订既要保持民族性特征又要适应国际化进程、城市化进程、市场化进程、信息化进程、科技化进程而与时俱进。彭林教授主持的国家社科基金重大项目"《仪礼》复原与当代日常礼仪重建研究"对于民族生活礼仪传统重建具有重大的学术价值和实践价值。他指出，"国民礼仪的制定，应该尽可能体现本民族特色，必须要与传统接轨，否则就不是中国人的礼仪。但是，我们并不是要拘泥于古代的礼仪。时代在不断发展变化，人们的生活方式也会随之改变"[②]，当然，我们还需要弄清楚：现代礼仪与传统礼仪的异同为何？哪些方面要有差异？哪些方面要有不同？是结构相同内容不同还是精神相同结构不同呢？传统官方礼仪的改革、宗教性礼仪的转化，当今社会需要创制的各种要素，是在一个怎样的社会文化脉络中将现代礼仪与传统礼仪结合在一起的？

在适应时代发展要求的前提下继承的礼文化，这样创新性发展后的礼文化就具有很强的适应性。在公共场合可以保留传统的一些庆典礼仪、交际礼仪、共享礼仪、使用器具的生活礼仪。顾易先生指出，"每代人对礼都有着不同的理解和阐释，所以一代有一代之礼，唐有唐之礼，宋有宋之礼，在遵循礼的精神实质的前提下，对礼制进行重新制定，是时代发展的要求"[③]，按照现代公共生活需要，交际礼仪可保留鞠躬礼、作揖礼、言谈礼、服饰礼。当然传统礼文化的传承，必须冲破农耕文明和宗法等级制度的束缚，适应现代人的生活方式，与现代社会相契合。有些需要删繁就简，有些需要添加创造。

按照时代性的要求，我们可以在以人为本、守正创新的基础上，将公共礼仪的内容予以拓展。将谦让礼仪注入"我—他"关系、换位思考、他者意识的人文

---

① 彭林：《当代工业文明与传统礼乐文化》，《学习月刊》2008 年第 11 期。
② 同上。
③ 顾易：《从〈礼记〉看中华礼仪文化》，暨南大学出版社 2020 年版，第 127 页。

底蕴,加入现代民主礼仪,平等公正礼仪以及保护他人人格权的隐私礼仪;将和而不同拓展为包容;让尊尊之礼转化为对弱者之礼,扶弱助残、尊老爱幼;着力解决群众反映强烈的问题,通过行车礼仪、排队礼仪小切口大纵深等来养成礼仪意识。当今时代,社交空间在拓展,交际礼仪的领域也需拓展,增礼义减礼数,古人创制,今人照样可以创新。

当今时代已由农业社会走向工业社会、信息社会、智能社会,公共交往领域扩大,必然会要求创新礼仪文化的内容和形式,且能创建彼此共同接受的公共法则。高科技时代是高风险社会,社会失范的成本很大。作为行为规范的礼机制,是社会伦理规范体系的表征,是法治的补充。面对高科技时代的到来,我们还要增加科技礼仪,预设、预构科技礼仪,以降低科技公德失范的风险。

当今时代,和谐社会、文明生活受到了极端个人主义、自由主义、等级观念、特权观念的挑战。礼是现代社会效率之途,是现代社会治理之目标。礼与公正、平等并不必然对立,在当代社会我们重在构建公正、平等、尊重的礼仪体系。自由范畴虽然不是礼的核心准则,更不是首要准则,但是守护公民的合法自由是今日礼的目标。除法律外,礼是今天个人自由的重要守护者、规制者。因而,作为传统社会内生资源的礼仪文化,不仅不是法治社会建设的障碍,相反能成为法治社会实现民主自治的基础。礼仪文化能够将法治难以顾及的文明重拾起来,帮助公共秩序建构起能适应人们物质和精神生活所需的良性局面。当代人们在"发明礼仪"来链接传统与现代,礼仪文化大有可为之处。

(三) 把握礼的约束性与灵活性的平衡

礼的制定和实行要把握好节人情与顺人情的关系。礼的制定改造要坚守、回归孔子说的"中庸之道",防止礼失去活力。在古典之礼向现代礼转化的过程中,始终伴随着方法论的问题。礼的制定既体现对社会对人的规范性、约束性要求,又体现对人的主体性的尊重,给人的精神意志宽广而富有张力的空间。概言之,现代之礼有两个端点:个性与社会性。礼是发乎情而止乎礼的行为践行,一方面是发扬个性,舒展"自由之我";另一方面是发展社会性,塑造"社会之我"。当代之礼就是费心琢磨这两个端点之间的关系,是对伦理与自然关系、理性与自然关系,"自由"与"必然"关系的实践把握,既要克服教条主义,又要克服批判主义,阉割僵化的立场,"德性是两种恶即过度与不及的中间"[①]。此外,我

---

① [古希腊]亚里士多德:《尼各马可伦理学》,廖申白译,商务印书馆2003年版,第48页。

们奉行礼的时候,还要遵循对己严、对人宽的原则,体现礼的包容精神。

1. 坚持礼的约束性、严肃性

礼是"基本道德",所以它超越了时代与民族的局限。交际礼仪(涉及空间、时间、隐私、言语、行为、仪表的礼仪)永不过时。同一时间同一地域的礼具有固定性、一致性,否则人与人之间的礼仪无法互相理解了。应该继承礼是一个价值命题,如何实践礼则是一个事实命题。重订礼时要实现理想与现实、理论与实践的统一。礼的问题情境如果不细节化,就难以把握礼的约束性、严肃性,为使礼文化教育免于语言口号、陷入德目主义的弊端,要把公共生活中遇到的问题情境作为研究对象。人们应当掌握的知识有关于礼仪的准则知识和细节知识,因此,必须将实践规则与准则规则一道教授,即使不能给予一切问题情境中适用的知识,但形成经验后也能找出相应方案。如果只教准则知识而不教细节知识,人们会误认为今天的礼仪是不可教的。礼文化传播的任务不是传播现成的结论,而是引导他们从实践规则与问题情境的对照,引申出合理的做法。

2. 把握礼顺人情的一面

人的"激情"不都是坏的,除了有约束,还要有释放。很多民族都有本民族的欢乐节日,这些欢乐节日可以凝聚人心,可以释放人的激情和创造力。重大礼仪要贴近实际、贴近生活、贴近群众。通过历史之礼与今日之礼、中国之礼与西方之礼的全球性视野,设立本民族的狂欢节、泼水节、愚人节。伊斯兰教的斋月为礼仪教化月。魏晋时期"越名教而任自然"就是对礼僵化的反抗。狂欢节的主题是全民同乐,大吃大喝。《礼记·郊特牲》和《礼记·杂记下》两篇记载了春秋时期的狂欢节——蜡祭的狂欢场面。《礼记》是这样记载的:"子贡观于蜡。孔子曰:'赐也,乐乎?'对曰:'一国之人皆若狂,赐未知其乐也。'子曰:'百日之蜡,一日之泽,非尔所知也。张而不弛,文武弗能也;弛而不张,文武弗为也。一张一弛,文武之道也'"(《礼记·杂记下》)。孔子是重视人文化成的思想家,一直推行"中庸之道"的他自然能看到蜡祭狂欢这样的民俗活动的社会功能,这里面包含着因顺人情的意义,人们通过狂欢节日使理性与感性两者相协调,集中而深刻地表达着民众最本能的艺术理想,而进入文明时代的狂欢在欢闹的外表之下却饱含了礼乐教化的理性精神。值得指出的是,五一节、国庆节是今天全国性欢庆的节日,但并不是发源于民间的节日,要建立中国人自己的狂欢节,要具备民间性、本地化、社区化、仪式化等要素,如此才能与西方文化的狂欢节相抗衡。

（四）客观对待礼在今日生活中的地位

中华优秀传统文化是中华民族公德建设的重要资源,礼文化是中华传统文化维护社会稳定的突出优势,在今天公德文化建设中应礼治与法治、自律与他律相互补充、相互促进。礼的地位由居于文化的核心地位向文化的基础地位转变,这是科学、合理的变化。习近平总书记指出,"社会总是在发展的,新情况新问题总是层出不穷的,其中有一些可以凭老经验、用老办法来应对和解决,同时也有不少是老经验、老办法不能应对和解决的"[1],相比礼让规范,自由、平等、公正、法治在当代社会主义核心价值观体系中已经跃居更为重要的地位。

由于生活方式的变迁,传统礼文化的繁文缛节已经很难完整再现,但可以从人的秩序需求、自我尊严实现及社会责任感的层面去唤醒。因时代变化,礼地位从制度到道德风尚转变,礼成为今天移风易俗的工具。只要心中有礼,心系传统,便可借助家庭、家族及社会中的每一个礼仪活动,感染和教导孩子,就能使孩子的礼仪敬畏之心自然而生、自觉而用,成为知礼、懂礼、用礼之人,礼依然是可行且有效的。今天我们要适应社会生活的新变化和群众接受习惯的新特点,继承和创造多样化、生活化、人性化、具体化的礼仪。现代礼文化具有教育功能,具有育人、化人的作用。礼文化宣传教育应融入平常、化于日常、贵在经常。

三、借鉴传统社会及国外培育礼文化的方式

礼及其文化的社会化,是中华民族"以文化人"的一个重要渠道,传统社会济世经邦的教育思想助推礼文化的普及。理论教育、推广机制准备充足与否,应是形成文明的一个相当重要的内在因素,传统社会培育礼文化的方式从官方到民间多种多样,所以形成了蔚然大观的礼文化典籍。我们有必要立足中华文明的根柢,将这一教化经验代代吸收到今日公德建设中。此外,还有必要吸收欧美与亚洲其他国家的礼仪教育经验。常有论者羡慕欧美、日本、新加坡的公共文明,与其临渊羡鱼,不如退而结网。今日重建礼仪文化,除了党和政府的重视外,有必要像传统社会一样加强礼文化研究人才、传播人才的队伍建设。

---

① 习近平:《在哲学社会科学座谈会上的讲话》,人民出版社 2016 年版,第 20 页。

(一) 官方设立专门机构

《周礼·秋官》载，"司仪掌九仪之宾客、摈相之礼，以诏仪容、辞令、揖让之节"。荀悦《汉纪·成帝》篇曰："歆以《周官经》六篇为《周礼》，王莽时，歆奏以为《礼经》，置博士。"清代儒学家陈寿祺记述清乾隆初修礼盛景，略谓"当是时，穆亭侍郎善于礼而好问，旬日辄延诸名士为'礼会'。……发疑辨难，同异风生，令人复见汉甘露建初讲五经故事，于乎盛矣"[①]，中国古籍有随世代层层累积的特点。清光绪三十三年(1907)，礼部、学部奏准设立礼学馆，掌分门编订变政后士庶通行之礼，由礼部官员充当提调，司提点馆中一切事宜，并制定礼学馆章程，规定管理规则、编辑宗旨等。另有总校、分校、统计、编纂等官。传统社会官方掌管礼的机构，以礼为载体和手段推动中华道德文化下移民间大众，循序渐进普世下行，最终进入寻常百姓之家，成为民间道德教化的一种有效范式。地方政府起草并制定尊重乡风民情的礼仪制度时，应让民众参与其中，保障他们的话语权、建议权、参与权。

(二) 培养研究礼的人才

历代儒者都十分重视礼的阐释和推行。"孔子倡导周公之礼，在许多重要问题上作了论述。七十子后学则撰写了上百篇礼学研究论文，进行多角度、多层次的阐发与拓展"[②]，七十子发展礼学的最重要的贡献，是将礼引向心性的层面，使之理论化。《三礼》的成书，也是这一时期的重大事件。七十子关于礼的论文，也在汉代被戴胜编辑为《礼记》一书。刘歆不仅推动王莽将《周礼》立于学官，而且广收门徒，传授《周礼》之学。郑玄对《仪礼》的注疏，获后世普遍认可。北宋司马光的《书仪》、蓝田《吕氏乡约》，都是规范一族或一乡之人的礼仪制度。南宋朱熹礼学最基本的两部文献是《仪礼经传通解》和《家礼》，它们都是朱熹对古代"三礼"阐释的成果。相较于郑玄，朱熹开启了以《仪礼》为主而取《周官》《礼记》及他经传记而言"礼"之解释路向。朱熹开启了礼的庶民生活礼仪化改革，他将原本晦涩难懂的《仪礼》条目化、通俗化、可行化，符合庶民的认知水平和行为特点，改变了过去"礼不下庶人"的保守局面，奠定了朱熹在中国礼学史上重要思想家的地位。"当前，我们正处于百年未有之大变局中，在新时代借鉴和传承朱熹《家礼》庶民化阐释的方法、路径和思路，去阐释马克思主义经典文

---

① (清)陈寿祺:《左海文集》,续修四库全书,本卷 6,第 246－247 页。
② 彭林:《儒家礼治思想的缘起、学理与文化功用》,《湖南大学学报(社会科学版)》2016 年第 6 期。

献、中华民族传统经典以及社会主义核心价值体系内核,进行可公度的、有效的阐释,从而更好地指导社会与个人日常生活,具有十分重要的学术价值和现实意义"①,当前培养研究礼的人才十分重要。

(三) 学校开设礼仪课程

学校开设适合的礼仪课程是必要途径。首都师范大学附中的杨梦醒和孙伟老师提出,"经过学情调查,我们发现,学生对于古代礼仪的了解主要源于影视剧和武侠小说。另一方面,现有的古代礼仪读物艰涩难懂,不适合中学生阅读。"②据清华大学彭林教授介绍,日本明治维新期间,在东京开设了两百多间礼仪学校,并规定每所中小学至少要派三名教师入校学习一年日本礼仪,然后回去教学生。经年累月之后,知礼守礼成为日本的普遍风气,无论是参加国际、国内运动会,还是发生大地震、大暴雨等特大灾难,公民都保持有序、自律的公德形象。我国 2008 年北京奥运会曾使用西方礼仪,废弃自己的传统礼仪,这一做法让人感叹国人对传统礼文化的陌生。韩国获得汉城奥运会主办权之后,全面推进礼仪教育,政府要求国民每人每天礼让十次,八年的准备时间,从而成功地树立了韩民族的文化形象。韩国人身上的儒家文化色彩,居然比中国人鲜明得多。

相比仁和义,儒家日常之礼是最普遍的社会规范和交往形式。其主要作用是协调日常生活中广泛的人际关系。礼文化的应用范围由全部领域转向限定为私人生活领域与公共生活领域,从政治领域退出来,仅用于政治庆典仪式。私人生活领域与公共生活领域如失去了礼的践行机制,则公共美德难以长久形成。"尽管法律和纪律形成的他律机制对于公共文明建设作用日显突出,但从根本上讲,引导教育国民养成公共文明意识,提高国民的公德素养,使国民形成自律精神,才是公共文明建设的核心根基"③,传统礼仪教室或礼仪课目前在我国中小学比较少,数十年来礼仪教育在中小学缺位。这一问题解决要比不解决好,早解决比晚解决好,但由谁来牵头改正?是教育部,还是文化部、宣传部?解决这个难题存在一个理论与实践操作的关系,如果理论研究不丰富,那么实践研究也不足。我们可以建议大中小学面向不同层次的学生,开发一体化的专题课程,对古代礼仪进行专题传授,大中小学阶段至少需要有一次学习礼仪的

① 毛国民:《论朱熹对〈仪礼〉的庶民化阐释》,《社会科学战线》2021 年第 2 期。
② 杨梦醒、孙伟:《古礼树人 涵养品性——古代礼仪育人实践研究》,《中国民族教育》2021 年第 4 期。
③ 余洪波:《礼文化在国民公共文明素质提升中的作用》,《中州学刊》2017 年第 5 期。

经历。目前我们可以制作优良的礼文化宣传视频或者建设礼仪演习先行区,以文化技能的方式进行文化展演,以趣味性、参与性、艺术性、可观赏性吸引人,然后推而广之,以不辜负礼仪之邦的美誉。

（四）民间鼓励百姓的传承

《汉宫六种》中记载"鲁徐生善为颂,为礼官大夫",徐氏子孙世传家学,专门教习"颂貌威仪"而通身显贵①。时至今日,民间"礼生"担任了儒家礼仪与道教、佛教仪式传统的传承人,充当了官方礼文化与乡间俗文化之间的中介,因此成为"礼仪下乡"或者"文化传承"过程中的关键角色。民间礼生是民间仪式中的灵魂人物,他们充当各种传统仪式场合的主持人角色,反复地向世世代代的乡民渲染传统礼仪的内容。礼生在传抄的过程中,也对它进行了适应于本地需求的改造和创制。实现中华民族伟大复兴,必须结合新的时代条件传承和弘扬礼文化。礼的教育由臣民教育转变为公民教育,同这个民族、这个国家需要解决的时代问题相适应。民间百姓是礼仪文化的创造者,也是礼仪文化的享用者,让百姓创造文化的能力充分涌流,使中国特色社会主义文化始终反映人民需要、服务人民需要。

2019 年 10 月,中共中央、国务院印发的《新时代公民道德建设实施纲要》提出,"在对外交流交往中展示文明素养。公民道德风貌关系国家形象。实施中国公民旅游文明素质行动计划,推动出入境管理机构、海关、驻外机构、旅行社、网络旅游平台等,加强文明宣传教育,引导中国公民在境外旅游、求学、经商、探亲中,尊重当地法律法规和文化习俗,展现中华美德,维护国家荣誉和利益。"如果我国政府带头在国际上积极推行礼仪建设,则既可以弘扬中华文明,亦是对西方文明的超越。在中国由富起来到强起来的时代,中国人对自身文明的提高日益重视的今天,重回礼仪之邦与文化大国的地位恰逢其时。

第四节　君子人格与雷锋人格的互补

近年来,关于当代中国公德建设的经验研究在处理"人—我"关系方面的问题时难以见成效,其一重要原因在于淡化了传统社会"君子"这一具有经典价值

---

① 参见(清)孙星衍等:《汉宫六种》,中华书局 1990 年版,第 89 页。

的人文理想,缺少对中国公共空间日常生活中凝聚真、善、美要素的复合型道德人格形象的塑造。新中国成立后,我国社会宣传中政治人格优先于道德人格而忽视了道德人格是政治人格的基础,忽视了人格榜样在日常生活中的可行性,这也是建设有中国特色的当代公共道德文化的瓶颈。探讨君子人格与雷锋人格的分别,并非否定或降低雷锋人格的价值和意义,而是丰富我国公民人格的内涵及满足对公民人格的其他需求。但是君子人格与雷锋人格的当代传承都遭遇了认同困境问题,为了直面日益盛行的人格虚无主义,即"普通人向何处去"的问题①,有必要在当代"公共性人格"的建构中主张"君子人格"和"雷锋人格"的互补,如有学者提出的交互主体性——现代性公德的新人格类型②也是这方面的探讨。关于雷锋人格的研究暂不作为本节内容之重点,但是会有一些雷锋人格与君子人格的比较研究。

一、公共道德人格建构的现实境遇

道德人格是一个人对其社会关系、社会地位、社会责任的自觉。道德人格的本质是人的内在精神性状和外在行为方式相整合中的综合展现,是一种习惯化的伦理行为模式。理想人格是自我在发展中按照社会要求塑造的理想形象,理想人格是在关注自我中实现对自我的治理,引导公民在反思和追问"我是什么样的人""我想成为什么样的人""我应成为什么样的人"及"我能成为什么样的人"的问题中,获得道德人格的提升。台湾学者蔡仁厚根据儒家的学说发挥说,"人的生命,有正负两面,正面的是德性生命,负面的是气质生命或说情欲生命。对于正面的德性生命,要求涵养、充实、发扬、上升,以求得最后的圆满地完成。对于负面的气质生命或情欲生命,则需予以变化和节制"③,那么"我应成为什么样的公共人"则是从应然的角度思考公共道德人格问题,是希望公民要达到的"应然"状态,既包含着历史传承性,又蕴含着时代内涵。

(一) 君子成为没落的传统

"君子"一词基本上从当代政治话语、媒体话语中消失,造成了社会公共生

---

① 参见吕永林:《普通人向何处去——贺照田论"潘晓讨论"、陈映真、雷锋之再思考》,《开放时代》2021年第3期。
② 参见高兆明、李萍:《现代化进程中的伦理秩序研究》,人民出版社 2007 年版,第 106 页。
③ 蔡仁厚:《宋明理学·北宋篇》,吉林出版集团有限责任公司 2009 年版,绪论,第 1 页。

活中齐家治国平天下的君子人格榜样缺失。市场经济时代价值取舍多样化,允许人追逐私利,公共生活失序的道德风险出现。西方多元社会思潮和文化思潮的冲击,历史虚无主义思潮迎合解构主义思潮,以"戏谑恶搞"的手段歪曲英雄人物,稀释着道德榜样的价值引领。朱婧薇指出,"现代生活的断裂性为我们弘扬雷锋精神设置了'路障'"[①],传媒时代若没有道德人格的偶像,历史虚无主义泛滥,娱乐圈偶像必取而代之。商业资本宰制娱乐文化市场,以娱乐方式取悦观众。一方面,君子成为没落的传统,雷锋人格也受到质疑,另一方面娱乐频道、微博、抖音、B站等社交媒介的多种运作把人们变为"偶像囚徒"。"当前网络娱乐偶像发展生机勃勃的同时,也面临着诸如盲目性、自发性、物质化等问题,并伴随着理性与感性、道德性与非道德性、现实性与超越性等矛盾的显现"[②],因此,我们可以更深刻地体会到经过时光淬炼的君子精神所具有的现代意义。

(二)无视社会责任,过分追逐个体化权利的实现

随着政治权力从公共空间、公共领域淡出,人们的民主意识、自由意识勃兴,个人以独立的身份参与公共活动,人们呈现出强烈的主体身份构建意识,但部分人只愿意分享市民的权利,不愿意履行相应的社会合作义务,是一种只顾自己而又心安理得的个人主义。随着公共交往的频繁,个人与他者相互影响成为普遍的社会事实,个人主义具有削弱社会凝聚力的危险。中国道德的出路是要从公德—私德的对峙与失衡,回归到儒家的君子之德。"故君子之德,其体无分于私公,其用则理一分殊"[③],公德既是私德进一步的延伸和展开,又是私德在更高层次上的实现和完成。中国传统的君子榜样不是简单地述及品格或行为或德目,而讲述的是整全的人的道德修为,"在德性与德行上是全面的人,即是一种理想人格的写照。统而言之,道德榜样是情感与理性、自律与他律、品格与行为、意志自由与恪守规范的统一体"[④],传统社会君子式道德榜样是一种对个人主义的拯救。

(三)无视理性精神,过分夸大人的自然欲望

在现代性思潮的影响下,人们开始关注自身的欲望。在《物种起源》一书

① 朱婧薇:《雷锋精神的文化建构与当代传承》,《中国青年研究》2021 年第 10 期。
② 韩冬雪、王琳琳:《黑格尔哲学现代性与网络娱乐偶像主体性建构》,《沈阳师范大学学报(社会科学版)》2021 年第 4 期。
③ 陈来:《儒学美德论》,生活・读书・新知三联书店 2019 年版,第 34 页。
④ 李培超:《中国传统美德叙事中的道德榜样意象》,《湖南师范大学社会科学学报》2020 年第 5 期。

中,达尔文用长达两章的篇幅详述了包含人在内的动物的"本能"。近代中国小资产阶级的思想解放提倡以自然主义反抗规范主义,恣口之所欲言,恣体之所欲安,恣意之所欲行,反对封建礼教的束缚,但因极端弘扬人的自然本性,忽略了人的社会性本质,这是对人性的另一种扭曲。这种本能主义一旦作为一种文化精神、一种大众思想加以宣扬,将对社会公德人格的塑造带来很大的消极影响。传统的"高、大、全"榜样不再与今天人们的榜样价值取向完全契合,"再加上偶像崇拜在青少年群体的广泛流行,丰富、生动的偶像明星冲击着单一、刻板的传统榜样形象,传统榜样形象逐渐趋于边缘化"①,娱乐偶像虽然有着强烈的否定权威的意义,但长此以往会带给人虚无感、虚幻感和无力感。让公德建设重回经典的君子人格,倡导对公共生活的规范性、节制性成为一种人们的自我要求,是一种理性精神的体现。

公共道德人格与政治人格的关系既有统一的一面,也有相对分离的一面;既有趋向一致的一面,也有价值背离的一面。从公众的视角来看,公众审视一个公民,不一定注重其政治信仰,但会注重其道德品行及是否遵守社会公德等。我国在党员的政治人格建设方面取得了丰富的经验。在革命战争年代党员政治人格与公共道德人格是合一的,但是当今时代政治人格与公共道德人格面临的领域不一样,面临的问题也不一样,它们有各自的针对性,儒家的"内圣外王"之道,也是一种政治理想,政治人格突出对国家的忠诚,所以政治人格建设不能取代公共道德人格建设,而公共道德人格是针对所有普通公民的要求。

共产党员的组织生活,是特别注重个人自我反省的一种群体性组织性活动,党员人格具有组织性、集体性、政治性、信仰性等特征,但传统君子的省思是自发性的个人反省活动。君子人格具有超越性和日常性,"在教育上一方面指向个人自身的道德修养,内养圣贤,成就束身寡过、洁身自好的谦谦君子,另一方面指向世俗生活的人伦关系,以家庭伦理为本,外推王道,成就齐家治国平天下的怀德济世之君子"②。黄子逸、张亚辉发现,欧洲从中世纪向现代转变的过程中,"绅士"不仅是新崛起的社会力量,也是现代政治、经济和精神变革的重要载体,如社会学家韦伯曾将西方绅士视作一种望族支配的理想类型。但是,"同在注重人格尊严,异在绅士须具有贵族气质,而君子虽平民可成"③,西方绅士

① 杨帅、张庆美:《"泛偶像"时代青少年榜样教育》,《思想政治课教学》2021年第10期。
② 黄向阳:《德育内容分类框架——兼析我国公德教育的困境》,《全球教育展望》2008年第9期。
③ 牟钟鉴:《君子人格六讲》,中华书局2020年版,第24页。

与中国君子有同有异，但都受到了广泛的推崇。

二、君子文化与雷锋文化的异同点

我们研究道德人格，不能脱离传统文化，也不能脱离马克思主义的人性假设。公共场域充满了"善与恶、义与利、理与欲"的矛盾，"既要丢弃传统之陈腐、接受西方第一次启蒙运动'解放自我'的理性洗礼，又要创新传统之精华、参与全球性第二次启蒙运动'尊重他者'的德性转型"[①]，追求自我独立人格与社会人格之和谐，是促进社会文明进步的方向。前者是解放自我，后者是尊重他者，在解放自我与尊重他者之间平衡。由于近现代社会把社会问题都归结为政治问题，认为政治好了，一切皆好。政治榜样的作用尤为重要，所以不太重视传统文化树立的道德榜样，君子人格的话语几乎消失于中国人的主流话语体系。殊不知，政治治理与道德治理具有很大的相关性。

（一）君子文化与雷锋文化的相同点

1. 理论基础都是榜样教化法

一个是传统文化的宝贵资源，一个是革命道德的宝贵资源，它们共同构成了社会主义公民道德建设的宝贵资源。雷锋通过全心全意为人民服务将自我与他人的矛盾克服了，君子则平衡了自我与他人的矛盾，有些时候又能舍生取义。雷锋境界更高，但君子有更大的普适性。儒家又否定人天生就有君子、小人之分。一个人成为君子还是小人，完全取决于自己的立心。孔子所论君子既是他对小人政治后果的反思，"君子有九思，视思明，听思聪，色思温，貌思恭，言思忠，事思敬，疑思问，忿思难，见得思义"（《论语·季氏》），也是他试图以正面榜样教化百姓的一种途径。儒家极其重视君子的引导与教化作用，"见贤思齐焉，见不贤而内自省也"（《论语·里仁》），强调将君子作为调整人与社会、人与自然、人与自身之间关系的一种特殊的行为榜样。

"雷锋精神的可贵之处在于，为引导青年正确处理个人与集体、义与利、奉献与索取之间的关系提供了优秀范本"[②]，君子成为一种道德精神的象征，具有强烈的教化功能。"君子之德风，小人之德草，草上之风必偃"（《论语·颜渊》）。

[①] 牟钟鉴：《中国文化的当下精神》，中华书局2018年版，第230页。
[②] 朱婧薇：《雷锋精神的文化建构与当代传承》，《中国青年研究》2021年第10期。

孟子提出,"使先知觉后知,使先觉觉后觉也"(《孟子·万章上》),孟子曰:"贤者以其昭昭,使人昭昭"(《孟子·尽心下》),贤者、圣人向下兼容。荀子曰:"法不能独立,类不能自行,得其人则存,失其人则亡。法者,治之端也,君子者,法之原也"(《荀子·君道》)。荀子认识到君子在社会道德建设上的示范作用,"有良法而乱者,有之矣,有君子而乱者,自古及今,未尝闻也"(《荀子·王制》)。

2. 二者的目标是克服公共领域某些矛盾,让个体成为一个优秀的公共成员

君子的道德人格虽然是在传统社会关系中建构的,但人们在公共领域当中面临的人我矛盾、物我公共矛盾未变,也不与代表共产主义人格的雷锋精神相抵触,君子人格具有很强的时代适应性。

第一,二者的弘扬对人们的公共行为具有约束作用。君子人格、雷锋人格的榜样,产生扬善弃恶的内在动力。"学道""克己复礼",关注心性修养和人格锻炼,这种文化信念对公共行为具有很强的约束自律作用。

第二,二者可以引导社会舆论重建文明规范,树立榜样,收拾人心。君子、雷锋是社会的道德榜样,是一种普通人可以树立的道德志向。"君子学以致其道"(《论语·子张》),君子是道统、学统的传承者。传统文化通过君子的社会操守、人格操守阐释人文理想、道德规范、人道精神、价值理性,对君子的维护是对社会道德的维护。君子的情理兼容,体现了人道德感性和道德理性的全面发展。

第三,二者对社会伦理关系具有维系和整合作用。君子文化、雷锋文化可以促进公共关系的和谐,可以让人知荣辱,可以促进人们对真善美价值的推崇,调节相应人群的公共行为、公共活动,有助于优良社会公德风尚的建立。君子人格是信念伦理,雷锋人格是信仰伦理。君子人格是中国传统社会获得普遍认同了的、人们对公共空间理想人格的自我定位。君子人格一言一行有很大的感召力和影响力,能够影响他人、影响社会。君子之行也,行其道也。君子之行就是向善之人的理想,就是他们的价值、他们的灵魂。维护君子精神,就是维护人道精神和价值理性。

(二) 君子形象与雷锋形象的区别

1. 雷锋是热心助人的典范,是为人民服务的标兵

雷锋体现了仁爱的传统美德和无私奉献的共产主义道德,雷锋精神体现了社会主义道德的集体主义核心和为人民服务的道德原则。"雷锋精神的提出和

雷锋形象的塑造重在诠释集体主义价值观"①,是普通党员党性人格的集中体现。"雷锋精神在当代社会生活中依然具有强大的生命力,并逐步发展为聚合政治、历史和文化等要素的统一体"②,雷锋是党员建设中的先进榜样,带给社会很多温情。雷锋精神注重传统文化中仁爱的因子,相对地忽视了自省、节制等人格修为的过程方面。虽说雷锋仁爱色彩浓厚,但是因为雷锋的身份为军人,人们有种雷锋做好事理所当然的想法。雷锋遇到的义利冲突和利欲冲突不像普通人那样强烈,雷锋作为军人的职业道德、作为党员的党员道德、作为公民的公民道德是合一的。而普通百姓则经常在公共生活中遇到这种矛盾,君子人格淡化了政治色彩,更可以作为百姓习得的榜样。而社会治理不仅需要仁爱的榜样,还需要自省、节制的理性榜样来缓解广大公共领域的社会冲突。

雷锋精神是"超我"战胜了"本能的我"与"现实的我"。在雷锋那里,个性基本上不明显了。君子懂得如何尊重他人,又懂得如何敬重自己,在自我与他人之间寻求平衡,因而很受百姓欢迎。"君子人格绝不限于谦谦君子,往往国难当头方显君子本色;他们乃是志士仁人,时刻准备杀身成仁、舍生取义,故深受国人敬仰,被视为英杰,赞为君子,鼓舞着千万中国人投身到中华民族独立解放自由富强的事业中去,可见榜样的力量是无穷的"③,君子既注重保护自己又能舍身成仁,君子具有很高的人格尊严,深受人们爱戴和学习。

君子节制欲望但不否定欲望,具有鲜明、张扬的个性特征。君子追求自由但不放纵,君子还有审美情趣,具备完整、健全的人格特征和鲜明的人格魅力,因而更切合普通人的追求,可以将其运用于鲜活的生活。雷锋人格能鲜明地说明中国军人、共产党员的形象,却难以"说"清我国社会主义核心价值观凝练的人格形象,而传统的"君子"人格却可以转化成社会主义核心价值观人格,君子人格依靠自身的毅力来自我超拔,君子人格扬善抑恶的核心命题具有超历史性,可以成为超越各种社会形态而延续和发展的道德人格。它的仁义礼智信的基本原则并未因社会历史条件的改变而改变。

雷锋精神的形成根基是社会主义公有制经济。雷锋精神是社会主义道德集体主义原则、马克思主义"以人为本"中国化的人格化表现。雷锋精神既是军人精神、党员精神的展现,也是一大二公的单位制时代的产物。我们今天推崇

---

① 朱婧薇:《雷锋精神的文化建构与当代传承》,《中国青年研究》2021年第10期。
② 同上。
③ 牟钟鉴:《君子人格六讲》,中华书局2020年版,第25页。

雷锋精神,但鼓励有合理的自我利益,在道德人格的确立上过分偏执于利他特征,就会曲高和寡,结果以政治教育取消了道德教育,最终一般人都做不到。但是如果寻求的公共道德人格榜样过分偏执于自我,就会造成公共场所人际关系尖锐的对立。雷锋精神的形成基于共产主义信仰,是一种新型的政治人格。君子人格与雷锋人格有相通之处,但又不能互相取代。

君子精神既可以在小农经济背景下形成,也可以在以公有制经济为主体的基本经济制度上形成。公有制经济、计划经济体制对人格的形成有一种极大的塑造作用。市场经济时代,每个人都有自己的利益,要处理市场经济下的义利关系问题,君子人格具有更大的借鉴意义。

2. 君子是仁义礼智信全面发展的代表

君子形象符合人类从个人、社会至国家普遍的人格理想,与世界文明人格构建具有相通性。君子有着"本我""自我""超我"和谐统一的人格。君子是大众文化与精英文化之间的桥梁,凡人与君子之间不再有一条不可逾越的鸿沟,又保持了君子道德人格的尊严,区分了凡人与君子之间的界限,即不拘泥于泛泛而谈的修行,而是强调知行合一,实践中磨炼,高扬了人超拔自己世俗性的主体性。君子人格适应了平民尤其是读书人的精神需求,为君子理念的接受性奠定了群众基础。中国君子人格体现了儒家的基本义理、核心价值、主要信仰,呈现出重平民、重思考、重践履、重现实等思想特色,因此后来成为传统文化人格理想的主流话语。

君子追求自我的完善,对生活真诚地热爱,君子生活是自足完满生活的代表。君子先独善其身后兼善天下,行为受到推崇。君子人格并不是道德人格的极致,在儒家学说里,君子人格之上还有贤人人格、圣人人格。如果说圣人是人类一切美德最完美的集中体现,君子则是鲜活的现实存在,幸福的德性生活可以在现实生活中追求到。君子人格深刻地体现了儒家思想超越性与现实性的统一,君子人格既有对人生活的物质关怀,又有理性超越感性的一面。比起贤人、圣人等伟大人格,君子人格更加适应社会各阶层特别是底层人民的追求。不少人有道德追求,却无法克服欲望和私利的冲动,君子人格赋予了普通人道德超越的需要,也提供了塑造道德人格的可能。"君子谋道不谋食""君子忧道不忧贫",是中国早期知识分子对君子的信仰和执著。君子的清风玉韵深深影响着中国人的文化性格,君子是中国早期知识分子用以树立自己文化优势和道德榜样的一面旗帜,维护君子的理想,就是维护知识分子的文化地位和人格尊严。如果丢掉了君子的行径,也就丢掉了知识分子"士"的风范和灵魂,丢掉了知识分子安身立命的根基。自由与自律是君子的灵魂,自由人格与自律人格统一就是君子的特征,激情与理性平衡就是君子的生命特质。

作为社会中的一员,个体的思维方式和行为模式都要符合社会的需要。君子理想人格本身是文化涵化的产物,君子人格已经吸收了中庸的思想。牟钟鉴根据冯友兰先生提出的人生四境界的要求,指出"做人应当不断提升精神境界,对多数人而言,关键的一步是从功利境界上升为道德境界"[1],新时代公共生活的人格榜样在社会公德生活中发挥着价值导向的功能,指引着新时代公民的公共行为方式。"君子"的公共道德人格理想一旦重新设立,将为新时代公德实践提供明确榜样,也为时代新人的道德实践提供目标和方向。

三、当代公共道德人格建构的实现路径

君子人格与当代公民人格在道德信念、道德内涵、人格修养路径上存在很大的契合,可以将君子文化融进公民道德建设的灵魂,用君子文化引领社会风尚,使当代公民人格与传统君子人格一脉相承而获得充实的基础,使当代公共人格行稳致远,展示良好的中国形象。

(一)挖掘中华传统德育思想中的君子文化资源,为公共生活道德人格的培育提供精神指引

当代生活中,由于君子话语的荒疏,人们对"君子"只有"乡愁式"的道德记忆,人们把君子作为一种颇具浪漫色彩的预设。君子形象适应各种复杂的社会情况,我们可以将挖掘与重塑君子内涵、君子故事与现实生活相结合,为公共生活道德人格的培育提供精神指引。慎独是君子,内圣外王也是君子。德育课程的宣传、新闻媒体的重点宣传、政府部门的重新体认都是非常重要的推动力量。这一环境营造过程实际上是发挥君子人格引领作用的过程,君子道德人格的形成,是君子文化社会化和个体化的过程。

君子人格的形成是一个锲而不舍的修为过程,而雷锋人格是一个共产党员党性的政治自觉。君子人格是礼法的磨砺和约束。君子学习礼仪是学习文化、领悟道理、约束自己的途径。君子有着精神世界的张扬、个性的舒展、真善美的

---

① 牟钟鉴:《中国文化的当下精神》,中华书局 2018 年版,第 327 页。

风度。君子有着人格上的兼容性,焕发出极强的魅力。君子"穷则独善其身,达则兼善天下",本质上是与传统社会、现代社会相适应的价值观念、人生追求。君子文化显示了中华民族文化一以贯之的理性精神,君子作为一种道德载体,承担了教化功能。

学习是加强道德修养的基本途径,以践履促进品德养成。当中华优秀传统文化的价值得到重新肯认和弘扬时,君子的价值也将重新受到推崇。社会主义新时代新文明社区、新文明社会、新文明道路建设中,君子可以成为一个依托、入口。让君子文化的教化功能、人格主体的文化认同功能发挥作用,塑造合作性、主体性、自律性相统一的君子文化的形象。

(二) 提高对君子人格重要性的认识

培养道德主体的道德判断和选择能力,增进君子人格认同。个体对理想自我的期待往往受到社会环境因素的影响,与君子角色的社会认同度有关。德育课程的宣传、新闻媒体的重点宣传、政府部门的重新体认都建立在对君子人格的价值认知之上。事实上,我国的政府部门、新闻媒体、德育课程一直都有对理想人格的宣扬,但是有些宣扬把人的道德分裂为条块,如诚信榜样、友善榜样、爱国榜样,个体的善不再有一个整齐的内外一致性,从而在树立榜样时,数量众多,但对一个有如君子那样的完整的文明榜样、文化榜样却忽视了。在多元价值观并存的全球化时代,人们的榜样不再是单一的"人民解放军""科学家""雷锋"等与国家政治宣传相关的角色,这时候就需要类似传统文化君子人格之类的榜样提供给普通人物。当代公民道德教育按照公民对"我应成为什么样的人"的美好愿景,发掘传统君子文化的理性精神和感性内容,促使人们继承传统社会的君子人格,自觉塑造遵守中道精神的君子人格。

《学记》曰:"君子如欲化民成俗,其必由学乎!"可通过增强人们的价值判断力和道德责任感,并充分调动他们参与的积极性和主动性,让时代新人直接参与相关道德规范的制定,增强他们成为有素养的公民的观念。"社会需要政君子、士君子、商君子、农君子、工君子、艺君子、师君子、医君子、匠君子、少君子等"①,没有广泛动员社会成员参与其中,则人们很难从内心深处重新建立起对君子的情感认同。

公德领域也需要"君子"文化引领。君子人格是公共文明最重要的标志和

---

① 牟钟鉴:《君子人格六讲》,中华书局 2020 年版,第 180 页。

形象。人是社会环境的产物,文化是人重要的社会环境。注重改进公德教育方法,增强公民在道德教育过程中的主动性与交互性。习近平总书记提出"三严三实"的要求,其实就是从道德人格的检验、修炼等方面给出了答案,有助于明确人格目标、有助于纯化社会风气。君子人格的恒久价值在于它的公共性、协调性、普适性,符合当代人的道德需要和精神需求。

(三) 以社会主义核心价值观为引领,丰富君子人格的内涵

第一,把君子人格融入中华民族伟大复兴的生动实践。新时代君子规范的制定要以中华民族伟大复兴为时代背景,在发扬整体本位的道德原则的前提下,新时代君子规范体系要体现超越性和现实性相统一、卓越性和一般性相统一的要求。新时代君子人格既要反映一定社会的道德理想,一方面展示中华民族伟大奋斗精神,另一方面又要展示日常细节生活中君子何为的行为榜样。

第二,要根据时代特点,对君子人格补充新的血液,进行新的阐释,制定新的规范体系,使君子道德人格建构有章可循。道德规范的条目设计要科学合理,不能对君子进行道德绑架,而应该让遵守君子之德的人获得精神激励和自我认同。根据社会主义核心价值观,每一个公民都有行动的自由,在为己与利他等矛盾出现时能够作出自主的选择,并积极采取相应的行动。尊重别人的自由、平等对待别人,这是新时代君子人格的重要内涵。

第三,树立融入传统文化特质与新时代内涵的君子榜样。君子榜样是兼具传承性与时代性的生活化人格,但由于君子这一话语离开中国当下生活已经很久了,人们对君子文化的现代性、生活化都不太了解。如能使普通人理解新时代君子榜样背后的历史性与现代性,则能促使人们主动完成自然人向公共道德人的转化。人们一旦遭遇现实阻力,就可能会导致其怀疑甚至放弃自己所秉持的人格目标,因而需要榜样的无形激励。我们可以发挥网络的道德教化作用,当网络舆论对君子类的公共榜样持赞许态度,能使个体去理解、追随这样的人格,带动更多人践行君子人格。今日媒体缺乏"自由、民主、公正、法治、平等"平凡榜样的宣传,若能加强对具有传统文化特质与新时代内涵的君子榜样的宣传,将有助于重温君子的价值。

君子道德人格的形成需要经历长期的过程,要经历道德教化、道德实践,才能完成君子道德人格形成的过程。君子人格的去神圣化,也是上层精英文化与下层平民文化相互对流的结果。一些人出身是平民的,但文化背景、精神生活是高雅的,对物质抱有超然的态度,注重人的自我完善、自我超越,精神上获得了道德上的升华。

中国作为世界文明古国,已建立了数千年的君子之道,它应该是中华民族公德建设之宝,成为最炫民族风。罗尔斯曾指出:"合理自律依赖于个人的理智能力和道德能力。它表现在个人实践他们形成、修正和追求一种善观念以及按照这一善观念来思考的能力之中。它还表现在个人与他人达成一致契约的能力之中"。不过,"合理自律是通过使原初状态成为一种纯程序性正义情形而塑造出来的"①。

我们不仅要继续保留雷锋精神的宣传教化,还要承继君子人格这一历史财富,实现二者的互补优化。在君子人格与雷锋人格互补优化的过程中,我们坚持以德为先的道德评价标准,始终把握其中的中道原则,"质胜文则野,文胜质则史。文质彬彬,然后君子"(《论语·雍也篇》),塑造君子内涵的平衡性。君子精神融入中华文化精魂之中,提高了中国人的精神追求、风格和品位,超越了物欲泛滥的庸俗文化,对社会生活产生重大影响,闻一多、瞿秋白、鲁迅先生即是对君子精神的显性继承。

---

① [美]约翰·罗尔斯:《政治自由主义》,万俊人译,译林出版社 2000 年版,第 76 页。

第四章

中华优秀传统文化融入社区公德建设

优秀传统文化融入社区公德建设在此包括三个方面的含义：一是指传统文化的宗族制度的优点被创造性地融入社区公德建设之中，二是指传统文化的仁义礼等话语融入社区公德建设之中，三是指传统文化的节日仪式融入社区公德建设之中。优秀传统文化融入社区公德建设，我们一方面按照马克思主义的唯物辩证法对传统文化进行改造和引导，另一方面具体结合传统文化的优势、社区的工作性质和目的，对优秀传统文化的社区实践路径进行精细化构想，创造出一种既富有世界性又富有民族性的基层公共生活的文明样态。

第一节 传统宗族制度的公德组织功能
和公共治理功能

宗族制度蕴含着传统社会结构稳定的秘密。费孝通指出，"如果历史材料充分的话，任何时代的社区都同样可以作为分析对象。"[1]日本著名学者清水盛光在《中国乡村社会论》中将中国农村社会中的村落形态区分为血缘性村落和地缘性村落，认为地缘性村落是在血缘性村落解体的基础上出现的，即从单一姓氏村落演变为异姓混居村落[2]，在中国传统社会，血缘性村落占很大成分。

---

① 费孝通：《乡土中国》，人民出版社 2008 年版，第 117 页。
② 参见钱杭：《宗族的传统建构与现代转型》，上海人民出版社 2011 年版，第 15 页。

一、宗族制度的组织功能

宗族制度的发展,是与聚族而居的小农经济相适应,与中国国家制度相配合,与中国儒家文化相呼应的。一方面,儒家思想在理论上为宗族制度提供指导和辩护,另一方面,宗族制度又对儒家思想的世俗化、大众化起到了很重要的作用,巩固了儒家思想的文化地位。传统儒者基于巩固封建政治秩序的需要,对维护宗族的地方治理职能相当重视,"不仅如此,他们还利用自己特殊的政治地位和社会声望,亲自参与到宗族建设的实际过程中,主持编撰族谱,发起修建祠堂,筹措创立族产,解决宗族在具体运作中出现的各种问题"[①]。两宋政府开始重视宗族家法族规的作用,予以承认、保护、扶植、推广,可见宗族族规与统治者利益的一致性。

任何一种组织的存在、发展及其地位,都取决于其在社会生活中所发挥的作用。从传统社会结构来说,宗族是地方治理的一支重要力量。为了更好地研究社区公德建设,我们必须对社区组织的前世今生——传统社会的宗族组织的社会功能有一个较全面的认识。宗族是传统社会建设村庄社会秩序不容忽视的文化力量,宗法是巩固家族观念的法则,宗法制度以大小宗为基础,嫡长子相继。宗族的概念比家族的概念大,一个宗族内包括许多家庭,宗族组织以族房长为中心,族房长的产生以辈分和年龄为标准。宗族的功能是指宗族在社会生活与文化系统中的角色以及社会治理中的客观效用,用马林诺斯基的话来说,就是"社会组织除非视作文化的一部分,实是无法了解的"[②]。概而言之,宗族或社区是一种具有文化属性的社会组织设置。

严复翻译《社会通诠》时一起使用宗法与封建这两个词,封建社会与宗法社会似乎无别。马林诺斯基不赞成把社会组织放在文化之外,"事实上,我们所谓的社会集团的组织确是物质设备及人体习惯的混合复体,不能和它的物质或精神基础相分离"[③],"在一切有组织的动作中,我们可以见到人类集团的结合是由于他们共同关联于有一定范围的环境,由于他们住在共同的居处,及由于他们进行着共同的事务,他们行为上的协力性质是出于社会规则或习惯的结果,

---

① 钱杭:《宗族的传统建构与现代转型》,上海人民出版社 2011 年版,第 1 页。
② 〔英〕马林诺斯基:《文化论》,费孝通译,华夏出版社 2002 年版,第 2 页。
③ 同上,第 7 页。

这些规则或有明文规定,或是自动运行的。一切规则、法律、习惯及规矩都明显是属于学习得来的人体习惯的一类,或就是属于我们所谓的精神文化"①。新中国成立后,经过社会主义改造,我国宗族制度日渐式微。最早提出"社区"这个概念的是德国社会学家滕尼斯,1887年滕尼斯发起了关于"共同体"的讨论,并提出了"社区"和"社会"概念。滕尼斯对社区文化的基本类型作了区分,礼俗社会的社区团结主要来源于情感、礼仪等,而法理社会由陌生人组成,社区文化通过规范、制度等法理规则来预期人的行为,来自不同礼俗社会的特定的人向法理社会的人过渡。我们的研究目标却是消除滕尼斯的礼俗社会和法理社会的对立,把传统礼俗社会和法理社会统一起来。

在传统社会,宗族发挥着地方治理的职能。传统宗族社会中通过习俗、仪式、祠堂等组织方式,通过贯彻儒家思想,维系着基层社会的整合,在稳定传统社会中扮演着重要职能。时至今日,我们依然可以从传统宗族制度的组织中得到启示,来缓解个体疏离及其导致的精神危机。但是某些时候宗族又具有自成势力的冲击力,而现代政府则要弱化宗族的治理职能,对此要辩证分析。

当代社会用社区治理取代宗族治理的力量,但并不影响本研究从传统社会的宗族治理中汲取有益的历史经验用于社区公德建设的非常重要的自组织共同体研究。从纵向的历史维度寻求经验:一是组织体系的建构上,借鉴传统社会的宗族制度,积极调动积极因素加入社区文化建设;二是社区功能的建构,像宗族组织一样满足成员的互助情感需求、公正需求、仪式需求;发挥道德教化的功能营造良好的道德氛围;像宗族组织一样,发挥主流文化如儒家文化大众化、普及化、社会化的基石作用。社区传承和弘扬传统文化,使传统文化得到传承的同时,使传统文化与社会主义核心价值观融合,推动社区文化与时俱进地发展。

二、宗族制度的情感功能

宗族是由若干家庭组成的血缘共同体,是生活在共同地域、具有血缘关系的自组织。"宗指祖宗,族指族属,宗族合称,是为同一祖先传衍下来,而聚居于

---

① [英]马林诺斯基:《文化论》,费孝通译,华夏出版社2002年版,第7-8页。

一个地域,而以父系相承的血缘团体"①,宗族的归属感使人们能获得生活的意义和生命的价值,让"此身"与"此属"联系起来,"此属"的宗族常常有固定的生活地域,"此属"与"此地域"联系起来。此属的宗族具有共同的祖先,让"此身"与宗族、地域的历史联系起来,从而形成了故土家园的情感。从精神层面来说,这种"归属感"与"当地感"及"历史感"的统觉,让乡土社会的个体在"此世"获得了生命的终极意义。在族人的精神生活中,祠堂占有十分重要的地位,带有信仰的色彩,增强了宗族的"亲和"力。宗族还通过设置"义庄",用以资助贫困子弟,救济鳏寡孤独废疾者。

宗族的规矩要求族人之间和谐相处、尊老爱幼、相互帮助、整体本位,与儒家伦理文化息息相通。宗族祠堂文化具有归属性、规范性、协调性、服务性、社交性、互助性、教育性、仪式性、传承性等特点。当然,有些特征对某一地区的宗族是适用的,也有些是某一时期宗族祠堂的特征,这里只是将普遍、能涵盖大部分宗族祠堂的特征抽象出来加以论述。宗族制度是物质文化和精神文化结合的产物,是价值观的物化、社会化。价值观的社会化则表现为多种多样,有时表现为仪式行为,有时表现为协调行为。19世纪80年代,英国城市开展"社区睦邻运动",二战后在美国和欧洲大学开设了《社区工作》课程,倡导社区居民发挥互助精神,而这些做法在我国传统宗族社会早已存在。

三、宗族制度的规范功能

宗族在规范本村本族社会生活和交往秩序方面形成一套共识、规则和理念。宗族文化就其实质而言,是具有血缘关系和共同地域的人们,在长期共同生产实践和社交实践中,为了适应客观环境挑战和自身需要而形成的行为方式。宗族的文化具有规范性价值。宗法族规一是调节族内人际关系,二是为宗族的社会地位及政治地位服务的。"人类有机的需要形成了基本的'文化迫力',强制了一切社区发生种种有组织的活动"②,那些有影响的宗族法规本身就是儒家学者、政治家制定的,如司马光的《书仪》和朱熹的《家礼》。既有从积极的方面规范族人的日常行为的,也有从消极角度来规范人们日常行为的。后

① 林耀华:《义序的宗族研究》,生活·读书·新知三联书店2000年版,第73页。
② [英]马林诺斯基:《文化论》,费孝通译,华夏出版社2002年版,第26页。

者如北宋范仲淹的"义庄规矩",其一是"诸房闻有不肖子弟因犯私罪听赎者,罚本名月米一年,再犯者除籍,永不支米(奸盗、赌博、斗殴、陪涉及欺骗善良之类。若门户不测者,非)"①,对族内违反社会公德乃至犯罪者规定了严格的惩戒制度。总之,大多数宗族规矩都有"公法不可不畏"之类的规定。

宗族一般设有专门的场所以满足其成员交流、祭祀、议事、规训的内在需求。宗族祠堂的规范性是社会和生活的需要,祠堂最初的职能是祭祀祖先,后来慢慢增加了其他事务。祠堂是宗族中政治的、社会的、家族的事务中心,成为整族整乡的"集合表象"②。此外,宗族祭祀等还起到了约束族人的作用,不但培养了族人的敬畏精神,而且在日常社会活动中,也会依照宗族的要求行事。"宗族祭祀促使族人形成一致的习俗和生活方式。共同的信仰和一致的活动,自然会对人们的生活方式产生一定的影响"③,"由于祖先崇拜,祖先所立的规矩自然就是全体族众必须遵守的行为准则"④,如果说公共道德和礼仪本是主要靠习俗和道德舆论来维持的,那么宗族是维护公共道德和礼仪的重要组织力量。

四、宗族制度的教化功能

宋仁宗下诏允许民间建立家庙,促进了祠堂在宋代社会的兴建。南宋礼学名家朱熹在《家礼》中将祠堂置于重要的地位,祠堂作为宗族祭祀和宗族社交的重要场所日益流行。祠堂是传统社会族人交际的场所,是族老召集、宣教、调解的舞台,是公众意见交流、发布新闻的公共场域,是族人教导年轻人,乡规族训养成、展示的公共场所。宗族教育的内容,主要是儒家伦理,宣扬角色道德、仁者爱人、礼仪之道、廉耻观念、社会底线、不作非法、不犯非礼等思想。"实际上站在祠堂背后的,却是那些祖宗所遗留下来的族规家训与未成文的观念、意见和态度,而这些观念、意见、态度、道德等,可以在族房长并其他乡老的行为言语动作中保留下来"⑤,宗族组织以族房长为中心,以"士绅"为宗族的管理骨干力量,士是读书人,绅是出仕之人,"士绅"是宗族组织中遵守儒家的典范。

① 《范仲淹全集》附录六《清宪公续定规矩》,四川大学出版社 2002 年版,第 1167 页。
② 林耀华:《义序的宗族研究》,生活·读书·新知三联书店 2000 年版,第 28 页。
③ 王善军:《宋代宗族和宗族制度研究》,人民出版社 2018 年版,第 86 页。
④ 同上,第 87 页。
⑤ 林耀华:《义序的宗族研究》,生活·读书·新知三联书店 2000 年版,第 30 页。

宗族的祭祀仪式具有宣教功能。祭祀仪式歌颂祖先的功勋,勉励宗族的年轻人立德立功,报效国家。一些族谱将本族有德行的人专立列传,对有过失的人也有记载,以此达到劝贤戒不肖的目的。族谱是家族发展史的一种记载,也是对本族青年进行道德教育包括公德教育和私德教育的历史教材。

宗祠一般有为全族人所共有的祖产,祖产除了用作祭祀、济困开支外,还有一部分用来助学。祠堂设立乡塾,贫困者可免费。科举选官制度的实施是刺激祠堂设立乡塾教育的直接动力。"万般皆下品,惟有读书高",科举入仕是提高宗族地位的最主要的手段,儒家伦理道德是教学的核心内容。祠堂私塾把宗族的利益和国家的需要紧紧联系起来,宗族一旦有人考中秀才、进士、举人,宗族都会视其为族人的荣光、骄傲。有些宗族有"书田"的制度,赠予考取功名的人,可见,祠堂私塾教育对于儒家文化向社会下层普及起到了重要的作用。

五、宗族制度的协调功能

纠纷的解决是宗族组织职能中最重要的一个方面。所谓族权,就是族长、房长、家长控驭族人的一种权力,借助宗祠、族谱、族训与族规等,其发展和运行及其影响力依赖宗族精英、权威、长老的力量。祠堂为一个宗族的最高法庭,尽其所能地处理内部纠纷,无论是处理宗族内事务,还是族外争端,还是与官府交涉,都需要按照当时社会公认的价值观念来进行。马林诺斯基指出,文化等"任何社会制度亦都是建筑在一套物质的基础上"[1],宗族祠堂是年轻人"初级社会化"的重要场所。

宗族祠堂具有族别性、封建性、排外性。非我族类,其心必异,宗族是基于地理基础、生物基础和经济基础,服务于生产和生活实践的血缘团体,而社区则是非血缘团体。法国学者耶夫·西蒙在其所著的《权威的性质与功能》中认为人类自由与权威相辅相成,权威问题是社区治理不容忽视的侧面,社区能否取得权威与社区的党组织治理能力、服务能力息息相关。传统宗族具有很大的权威性,也可以给我们社区党组织提供经验启示。

另一方面,宗族还具有保守性和狭隘性。朱熹《家礼》中关于祠堂的规定"出入必告""有事则告"的繁文缛节,维护了宗族的身份等级制度,消弭了广大

---

① [英]马林诺斯基:《文化论》,费孝通译,华夏出版社 2002 年版,第 19-20 页。

群众对统治阶级的反抗意识,导致正义精神无法弘扬,促使阶级压迫越来越沉重。宗族族规具有凝固性,仁爱、礼仪因族内身份而定就比较狭隘,至于宗族之间的械斗则是对国家秩序构成重大挑战。新中国成立之初,中国政权对乡村宗族体系进行了彻底的改造,对乡村宗族体系经济基础进行抽离,如没收族产、征用祠堂,宗族权力的运作失去了平台和基础;瓦解长老体系;祠堂空间功能转换,停止宗族公共事务的活动。①

王善军认为,"宗族制度是地主阶级缓和阶级矛盾、协调阶级关系的重要手段"②,宗族制度含情脉脉的血缘关系之爱,激励唤起人们的同根意识,以此来消弭人们的阶级意识。宗族制度相比现代社区最大的区别是其内部存在的尊卑伦理,"宗族制度的发展所带来的尊卑伦理的强化,还通过对社会组织的广泛影响,从而扼杀民主意识的萌芽和发展"③,宗族组织本身既使我们看到了儒家伦理思想对宗族社会的影响,也预示着后宗族社会接续宗族组织对传统习俗、情感联结等文化事务进行管理的紧迫性。

2015 年 1 月,党中央、国务院颁发《关于加快构建现代公共文化服务体系的意见》,对社区公共文化建设提出了重要的指导思想,也提出了新的要求。平等、民主等现代性的社会公德不能在宗族制度的旧壁垒中产生,但可以期待在社会主义社会的社区文化中塑造。社区与宗族在组织基础上有差异,但也有不少共同点,如目标、理想、公共价值观有诸多共同点。我们研究探讨的目的是借鉴传统社会宗族和优秀传统文化在民间治理中的作用,由此启发社区在公德建设中的作为,即把儒家的学说、宗族的道德要求,将其创造性转化后移植到现代社区上。当然,这主要是对社区管理者和社区公民的要求了。

第二节　优秀传统文化融入社区公德建设的价值

作为城市与乡村治理的"最后一公里",社区代替传统宗族制度是优秀传统文化融入当代公德建设的基层载体。社区公共空间是公德文化的建设载体,也

---

① 参见谢迪斌:《从血缘到阶级——新中国成立初期中国共产党的乡村宗族改造》,人民出版社 2017 年版,第 206—245 页。
② 王善军:《宋代宗族和宗族制度研究》,人民出版社 2018 年版,第 246 页。
③ 同上,第 252 页。

是公德文化的展示载体,还可以是一个所有社区居民的情感归属载体。优秀传统文化是社区建设的"根",优秀传统文化教育与社区新时代文明教育的融合发展,不仅能拓展优秀传统文化教育的实践领域,且为提升新时代社区文明教育实效提供了重要途径。以社区为公德建设的基本载体等于找到了培养公德行为的最小单位,人们把社区形成的公德行为推而广之,可以促进社会公德建设步入良性循环的轨道。

一、当前社区公德建设存在的不足

社区治理是中国共产党实现社会影响、社会道德控制的中间环节,是社会稳定的基石。社区文化体现着社区建设的精神和理念,是社区在长期的发展过程中形成的思维和行为,是社区精神和灵魂的集中体现,也是社会治理水平的一个重要窗口。社区人口流动频繁,居民的权利意识和参与意识日渐增强,居民之间呈疏离状态,当代社会管理实践面临着经济社会变迁而引发的前所未有的复杂情势,是地方治理理论与研究日渐兴盛的原因。

(一)协调矛盾的能力不足

与传统宗族制度相比,当代社区公共秩序控制力下降,无法为社会和谐发挥应有的作用。自1991年民政部提出"社区建设"概念,我国开启了"自治型社区"建设,行政型社区大都解体,单位职能不断被消解。不论是行政主导型社区治理模式、合作型社区治理模式,还是自治型社区治理模式,核心问题是该模式是否发挥了行政、社区各自的治理功能,是否实现了社区内和谐、社区外和谐,是否满足了人民日益增长的美好生活需要。住宅商品化后,商品房小区不断形成,城市社区人际关系"陌生化",更使得基层社会治理出现诸多新情况与新问题,如邻里之间的矛盾,农村有房屋、自留地、责任田的边界之争;城市社区有噪声扰邻、漏水扰邻、高空抛物、楼道堆放杂物、宠物扰邻、停车占位问题、楼道抽烟、孩子之间的纠纷等等。

与传统宗族相比,当前社区协调内外冲突的能力弱。城镇化的发展导致居民不再是传统的血缘关系或熟人关系,对传统文化教育的忽视导致社区文化调节真空化,结果出现邻里冲突增多,延伸至社区外则是人与人之间互不信任等社会问题。习近平总书记指出,"要加强和创新基层社会治理,使每个细胞都健康活跃,将矛盾纠纷化解在基层。要更加注重维护社会公平正义,促进人的全面发展和社会全面发展进步"①,如果基层干部对公共服务职责认识不清,则难以顺应国家治理现代化对社区道德治理、文化治理的要求。社区出现邻里矛盾时,当事人都希望有一个公正的处理程序,"正义观念和对这种正义观的信奉在一定程度上是社会团体生活的基本要素"②。在社区,刚性制度文化协调矛盾的作用有限。近邻关系矛盾通过法律制度调节,会形成敌对关系,现实生活中多数社区邻里矛盾如果闹到法律调解的层面,最后往往是以当事人一方搬走了结,所谓眼不见心不烦。对于社区这个共同体来说,邻里打官司并非最好的调解方式,这个和家庭矛盾类似,还是需要互相理解、各自退让一步才行。

吴文藻先生最早提出了构成社区的三个要素,即人民、人民所处的地域、人民的生活方式或文化③,当下城市社区所面临的困境是"有社会主义核心价值观却无社会主义核心价值观文化"。"社区文化已经成为衡量一个城市发展水平的标志之一,它对于民众整体综合文明素养的提高发挥着越发关键的作用"④。当下大多数城市社区是缺乏传统文化之根的社区,而我国优秀传统文化有一种宁静、淡泊、岁月安好的力量,能抚慰人心,不仅满足人们的精神生活,而且增强社区居民之间的信任感、对社区的认同感和归属感,使社区既成为人们宜居的家园,更成为人们的精神家园。以往纯粹的单一的教条式的思想政治教育,已经无法完全满足社区居民的多样性、高层次、有机论社区取代机械论社区的精神需求,而优秀传统文化的文化理念、文化内容、文化价值等也亟待通过社区文化这一载体保留与传递下去。

(二)情感凝聚的问题

社区成员情感联结的深浅决定着社区能否实现真正的内涵式发展。与传统宗族社会相比,当代社区缺乏情感凝聚力。今天的中国社会,经济上的富有和社会地位已不能满足人们的情感需要。改革开放前的社区大都以单位居民为主,熟人社会人际关系比较融洽,公德失范问题并不突出。住房商品化以后,社区成员的差异很大,加上生活节奏的加快,又缺乏类似于宗族制度的有组织联结,社区的情感联系较为松散,人际疏离甚至淡漠,社区情感淡漠化是城市社

---

① 习近平:《在经济社会领域专家座谈会上的讲话》,《前进》2020年第9期。
② [美]阿拉斯代尔·麦金太尔:《德性之后》,龚群译,中国社会科学出版社1995年版,第318页。
③ 吴文藻:《吴文藻人类学社会学研究文集》,民族出版社1990年版,第145页。
④ 乔秀峰、石凤珍:《新媒体格局下的社区文化功能与实践——兼及大同某社区的考察》,《山西大同大学学报(社会科学版)》2020年第2期。

区居民的共同感受,"人口流动加剧,致使社区居民群体结构趋于复杂,居民安全感下降,防范意识不断增强,对社区的归属感也随之减弱"①,社区居民的年龄跨度大、受教育程度不同、生活条件各异,致使其文化需求也各不相同,但社区居民共同的需求是什么呢? 为了加强社区的团聚力和发挥社区公德教育的功能,采取具有传统宗族情感功能的举措就成为非常重要的事情。

儒家文化从其产生伊始就携带着情感温度和文明风度的基因。从理论上讲,情感维度治理研究是社会主义社区的内在之义,社会主义的社区建设理论是亟待传统仁爱文化来丰富的。德国社会学家斐迪南·滕尼斯认为,"血缘共同体发展着,并逐渐地分化成地缘共同体;地缘共同体直接地体现为人们共同居住在一起,它又进一步地发展并分化成精神共同体"②。滕尼斯之后,社会学家罗伯特·麦基弗提出,情感天然就是社区的成分。作为社区天然成分的情感却随着城市化、市场经济、个人主义的思潮逐渐被稀释、被文化断裂撕开,被身份、地位、职业成就分开,猜疑他人成了一种社会心态,内心孤独是常见样态,这促使个体迫切希望找到认同感,将个体同社会结合在一起,借以减低个体无所适从的茫然感和距离感。"城市里大量'单位人'变为'社会人',乡村中大量'村民'变为'市民',社会成员身份发生了急剧转变,人们迫切需要寻找心灵归属和精神依托,而社区便成为城乡居民日常生活离不开的精神家园"③,对社区外风险的焦虑、对社区内的不信任感与孤独是现代性社会的基本社会心理,由于这种相关联的社会变化的冲击和不确定感,无论是我国政治制度人民至上的特性还是人民美好生活的需要,迟早都会对社区管理提出情感联结的要求。

在社区治理语境中,马克思提出,"必须使环境成为合乎人性的环境"④。社区居民的邻里互动是社区成为公民公共道德培养平台的基础,因而积极促进社区邻里关系可以优化公共道德养成环境,也应是社区建设的重要使命。有一项 2014 年的社会调查显示,只有 4.1% 的受访居民不愿意进一步加强与邻居的交往。这说明当前社区邻里关系的现状不仅不利于促进公共道德的培养,也并不符合人民群众的需要。情感维度的缺失会导致社区治理研究中"只见制度

① 甘露、韩隽:《哪些因素阻碍社区文化建设》,《人民论坛》2018 年第 7 期。
② [德]斐迪南·滕尼斯:《共同体与社会》,张巍卓译,商务印书馆 2020 年版,第 87 页。
③ 闫平:《社区文化:新时代道德治理的有效载体——以乡村社区文化建设转型为视角》,《山东社会科学》2021 年第 7 期。
④《马克思恩格斯全集》(第 2 卷),人民出版社 2005 年版,第 166 页。

不见情感",重构各社区参与主体间的关系、促进社会情感的再生产,其本质是尊重人的尊严与价值。就马斯洛心理学研究理论而言,归属感是人五大需求中根本的需求。具体而言,我们可以如宗族制度那样用情感联结重建社区内各家庭之间的关系、用情感维度打造社区共同体。

(三) 道德文化教育的问题

与传统宗族相比,当代社区淡化了传统文化、公德文化的教育,而传统文化在使人们将公德规范内化于心、外化于行方面有着独特效果。新形成的城市社区居民之间没有亲属关系,又没有严密的组织,因而在缺失传统文化的熏陶下难以形成共同认可的公德规范,因而社区公共道德的建设比较困难。社区是除了家庭之外经常面对的日常生活和交往的环境,这个环境对居民尤其是青少年公德品质的形成和发展具有非常重要的影响。居委会对于社区公德建设工作的开展缺乏重视,社区公德教育在广度、力度和深度上存在不足。"重新建构陌生人社区中人与人之间的社会关系,继续发挥传统伦理道德的力量与价值,使其尽可能地发挥作用,并着力建构公共道德,发挥政府在公共道德建构中的主导性作用,是应对陌生人社区中的道德真空的路径选择"①。从长期来看,某些居委会组织的传统教育模式过于单一。社区工作主要是通过宣传栏、居委会的官网公告等形式来进行公民道德教育宣传,在社区青少年管理模式中,居委会具有传统的行政色彩,这种行政色彩往往会拉大管理者与社区青少年之间的距离。此外,社区党员也未在社区公共道德建设中起到先锋模范作用。社区公德教育存在形式主义,虽然社区拥有自己的居民公约,但居民公约在社区中几乎被忽视,同时社区居民也鲜有人知道居民公约的具体内容,公共道德在社区约束力不强,也导致他们对于自身道德的问题认识不到位,缺乏公德意识。

社区公德教育可以提升公民的道德素质。虽然多数人在看待公共道德的时候,还主要是将其看作是由个人修养决定的问题,但不可否认,良好的公德教育有赖于一定的社会组织方式。例如,自汉朝开始,就对地方道德模范逐渐形成了有强大社会影响的旌表制度,即对本地道德优秀者或者道德极其恶劣者,中央朝廷准予地方政府和宗族拥有自行奖惩权,进而纯化风俗。但是,在今天这种奖励方式不再按照村落或者社区方式的垂直分布,而奖惩权、奖惩机制受到互联网新闻的影响,以新闻关注度为导引去奖励公德模范,这样的话不利于

---

① 何绍辉:《陌生人社区:整合与治理》,社会科学出版社 2017 年版,第 55 页。

公共道德模范发挥地方激励的作用。

（四）文化传承与认同的问题

社区文化的价值在于，在正常社会环境中，通过文化促进社区青少年在道德、法治意识等方面实现正常社会化，促进社区居民形成情感共同体，进而形成深厚的家国情怀。影响社区文化传承的客观原因主要有：第一，许多传统文化活动缺乏场地支持，满足不了居民交流传统文化、举办传统文化仪式的需要，因此要向宗族祠堂这种公共空间借鉴经验。第二，社区传统文化活动内容少，具有道德传承性质的更少，居民参与度不高。第三，社区传统文化建设缺乏实践方案，缺乏推进人才。

社区工作人员人数配备少，"政府对公益性文化服务的资金投入不足、参与文化活动的人员有限、缺乏政策保障、未能充分了解民众精神文化需求，导致社区公共文化服务流于形式，文化工作止于完善公共文化设施和开展活动等方面"[1]。负责文化工作的人员经常由社区从事其他工作的人员兼任，会出现文化工作和本职工作冲突的情况，在满足居民文化要求方面力不从心。

社会学家帕森斯曾思考一个问题，"何以将各种五花八门的利益调和成一种大家共同自觉遵守的规范秩序？"[2]正如帕森斯所言：秩序问题的解决只有通过规范的控制才能实现。那么，在中国，这种规范只有优秀传统文化社会化才能得以实现。优秀传统文化融入社区公德建设，不仅需要科学理论的指导，而且还需要规范体系约束道德行为；不仅需要组织依托，而且还需要构建社区空间道德场，有针对性地加强对个体的公德教育和实践训练。

同一社区居民有着经常互动的机会，只要创造适宜、稳定、常规的互动空间和互动情境，可以形成关系紧密的文化、情感共同体。可是我国多数城市的社区建设存在"重管理，轻文化"的思维。中华优秀传统文化与公德建设二者之间应当是手段与目的的关系，新形成的社区建设中出现脱离传统、文化匮乏、公德涣散的现象。

二、传统文化融入社区公德建设的意义

优秀传统文化融入社区公德建设，就是将优秀传统文化体现公共精神的要

---

① 甘露、韩隽：《哪些因素阻碍社区文化建设》，《人民论坛》2018 年第 7 期。
② ［英］布赖恩·特纳：《社会理论指南》，李康译，上海人民出版社 2003 年版，第 35 页。

素和方法融入现代社区治理之中,以优秀传统文化作为融合社区各领域、各主体间的基础要素,为建构和谐社会创造条件,为社会公德建设创造良好基础,促进人们文化认同的形成,促进传统文化的传播。

(一)有利于建构和谐社会

借鉴传统文化中的长老调节机制是社区居民在长期的社会经济和生产活动中形成的智慧。社区街道矛盾纠纷调解中心,应寻求调解或者其他解决纠纷方式,有利于缓解居民的工作和生活压力。当代社会,城市居民工作紧张,生活压力普遍较大。社区是促进沟通与交流的地方,社区文化活动为社区居民创造更多的相互交流机会,以增进彼此之间的沟通了解,可以密切相互之间的联系,增进邻里之间守望相助,形成和谐友爱的共同体,创设未成年人社会公德教育的育人环境,为未成年人公德提供实践机会,努力营造社区人人遵守社会公德的文化环境等。

传统文化融入社区公德建设,有利于实现传统文化的德育价值,从而达到社会和谐的目的。在党组织、政府外在牵引与百姓需求内在驱动的合力作用下,以传统文化为基础的社区公德教育具有规范性、持续性、反复性、实践性的基本特点,在潜移默化的文化生活实践中塑造公民公德,这样的隐性育人方式也更符合新时代青少年不喜欢道德灌输的特点与心灵健康的需要。文化在社区的表现是民俗、民约。社区公德文化是一种约束力最广的行为规范,像一只看不见的手,用柔软的方式对人进行深层的约束。

(二)发挥家庭、社区的公德教育优势,为社会公德建设奠定良好基础

社区公德教育具有基础性、情感性、权威性、长期性的特点,在个体的道德品质、态度、性格等形成过程中有着得天独厚的优势,为学校教育奠定了感性基础。融入优秀传统文化的社区公德教育具有内容丰富、形式多样、渗透力和感染力强等诸多特点。社区公德教育让未成年人了解家庭以外的社会关系的基本规范和准则,促进其道德社会化过程的完成,减轻了家庭和学校的道德教育压力,增强了公德教育的实效性。

社区有育人的义务和功能。社区坚持文化育人,是贯彻党的文化兴国方针、落实党的立德树人根本任务的重要途径,引导社区价值取向上的以文化人、以文育人,实现全程育人。社区是情感交流和人际交往的公共空间,更是公共人格养成的第一公共场所。传统文化讲仁爱、重和合、崇正义、尚大同,具有修身养性、社会本位的特点。社区传统文化具有特殊的约束力,能够规范儿童的道德与行为,潜移默化地对其产生影响。社区具有文化教化的独特优势,传统文化以丰富的通俗易懂的形式,潜移默化、春风化雨的育人特点,通过影响儿童的价值取向和思维方式,帮助其形成正确的人生观和世界观,培养其树立"文明、友善"的社会责任感,营造积极向上、友爱互助的文化氛围,形成高尚文明的社会风尚。社区搭建更多的邻里活动平台,使人们的生活潜能、艺术潜能、体育潜能得到发挥,自我价值得以实现。

社区公德是养成良好公德习惯的起点。社区是社会主义公德建设做细、做小、落实的关键环节。社区公德建设有利于人们走下网络、走向社区,积极参与到社区活动中,在社区活动中培养精神毅力。"人的精神寄托和归宿,人的文化需求的满足就不必再仅仅依赖社区了。"①但是并非"是迂腐地怀抱着不合时宜的浪漫主义情怀,提供一些无法实现的理想主义建议"②,荀子在《劝学》篇说:"故君子居必择乡,游必就士,所以防邪辟而近中正也。"潘光旦先生指出,能够切近人性的教育首要是乡土教育③。布迪厄场域理论提出"惯习"这一概念,当社区有目的地组织居民共同参与社区文化活动,就能够让青少年产生文化记忆、道德记忆,这会引导其以后的行为,这就是行为渐染作用。社区比起学校来说,居民具有相对稳定性,公共关系更具有原型性,这是社区公德建设、公德教育上的优势。又如美国人类学者本尼迪克特指出的那样,"个体生活历史首先是适应由他的社区代代相传下来的生活模式和标准。从他出生之时起,他生于其中的风俗就在塑造着他的经验与行为。到他能说话时,他就成了自己文化的小小创造物,而当他长大成人并能参与这种文化活动时,其文化的习惯就是他的习惯,其文化的信仰就是他的信仰,其文化的不可能性亦就是他的不可能性"④。这一类初级群体关系的重要特征是包含"共同领会"或"默认一致"的精神,它给我们最重要的启示在于,社区再造的核心,便是传统社会性资源的存续问题,其中家庭之间的情感联结问题更值得关注。

社区相邻关系是人们的第一个公德实践场所,实现亲情化、仪式化是社区文化建设的突破口,加强文化组织工作是促进社区文化建设的保障。促进我国网络社区发展的部分原因正是现实社区人与人之间关系的空疏与分离,而现代

---

① 郑广永:《论城市社区文化的功能及限度》,《北京联合大学学报(人文社会科学版)》2018年第1期。
② 同上。
③ 参见潘光旦:《论乡土教育》,《寻求中国人位育之道——潘光旦文选》(下),国际文化出版公司1997年版,第623-630页。
④ 〔美〕露丝·本尼迪克特:《文化模式》,何锡章、黄欢译,华夏出版社1987年版,第2页。

社区家庭之间的互助精神不足,乡愁的本质是城市社区的温情不足。如果现代城市社区不充当优秀传统文化的主要载体,城市社区文化不再是满足人民群众文化需求的主渠道,这就出现了文化错位、空间错位。要想把人们从虚拟社区拉入现实社区,就要加强实体社区的文化建设。

社区公德的辐射功能是指社区公德作为一种公德建设的基本单元,对整个社会公德水平面的推动作用。社会公德总是由点到线、由线到面地发展,因而每个社区公德状况如何,直接影响着社会风气的好坏。社区公德往往是多数人的公德风貌、公共活动现象的一个重要侧面,是社会主义精神文明的指示器。社区公德的弘扬不仅关系到整个社会道德的履行情况,还会促进职业道德和家庭美德的发展。

(三) 有利于人们文化认同的形成,促进传统文化的传播

中华优秀传统文化的核心内涵是讲仁爱、崇正义、重礼仪、求大同、崇德向善。中华优秀传统文化融入社区,有利于人们文化认同的形成,促进传统文化的传播。换个思维,传统文化的传承需要做细、落实,离不开社区这个重要渠道,而社区也需要传统文化夯实文化根基。传统价值观可以作为社区工作实践的灵魂,是社区的精神动力,也是指导社区工作的价值规范,对社区发展具有重要作用,也为解决新时代社会治理问题提供了有益思路。社区工作价值观亟待吸收优秀传统文化的精华部分,实现传承与发展的本土化。刘玉东指出:"虽然从表面上看,社区是一个被琐碎和凌乱所充斥的、散漫的生活场所,但存在于这个生活场所中的人群,不仅能在一定的空间范围内实现人群的聚合,还能借助其空间聚合的特性在人群中形成特定的个体身份、社会关系和合作模式,并整合为社区的组织体系及其治理功能"①。传统宗族制度的优势在于文化的维系,社区需要借鉴传统宗族制度积极发挥文化整合的作用。

传统文化融入社区公德建设,有利于培养居民的社区意识和对社区的认同感,更能促进人们对居住于其中的"家"的热爱,树立家庭、社区为基础的公德育人意识,形成深厚的家国情怀,促进社会凝聚力。当人们的物质生活需求满足后,人们对精神文化生活的需求不断增多,越来越追求美好的生活环境,良好的社区人文道德环境使人们精神愉悦,心灵得到滋养,释放了很多工作生活上的压力,从而家庭的和谐度也越来越高。社区传统文化活动举办常规化,其中渗

---

① 刘玉东:《体系、结构与功能——新中国城市社区治理转型研究》,人民出版社 2016 年版,第 3 页。

透的集体主义协作精神,能为家庭之间创造更多相互交流的机会,共同营造社区和谐氛围,促进邻里之间和睦相处,进而有利于满足人们的精神需求,有利于提升社区自豪感、个人价值感。

传统文化具有强大的同化能力,可以实现自我教育、隐性公德教育功能。社区传统仪式活动能培养人们的团队意识和合作精神,产生一定的凝聚作用和群体意识,这是培育人们公德意识的重要手段。共同的文化是人类形成共同体情感、归属感和认同感的基础,是人们形成民族共同价值观的基石,是族群和谐、民族和谐的凝结剂。社区居民长期共同定居在一起,这是进行公德建设的有利条件,经过文化培育,可以逐渐形成共同的社会心理、生活方式、风俗习惯、价值观等,进而形成守望相助、团结共同体的情感归属。现代社会中社区情感的回归也是人的进步的本质要求,墨家的"兼利""兼爱"、儒家的"四海之内皆兄弟"、道家的包容观念、佛教的动物保护思想都可以成为社区和谐公德建设的重要资源。

第三节　优秀传统文化融入社区公德建设的途径

在现代工业化和城镇化的快速推进过程中,优秀传统文化融入社区公德建设以社区为载体,以社区党组织领导的居民自治作为推进点,以优秀社区文化的弘扬为出发点,以社区居民公德规范的养成为目标的过程。社区建设只有向传统宗族制度学习,经历"现代转换"的过程,优秀传统文化才能在新时代找到属于它的落脚点。注重传统文化的现代转换一直是文化人类学关注的重要问题,屏蔽、过滤和抵制消极因素对青少年的影响,也属于文化变迁的范畴。社区文化工作者作为社区文化政策执行的主体,既要遵守社会主义核心价值观,又要充分考虑社区居民的精神文化需求,做细做小做实,增强优秀传统文化融入的效果。

一、民族性与现代性相结合的思想原则

我们要找到传统宗族文化与现代社会主义核心价值观两者之间的契合点。在现代社会向网络社会变迁的过程中,社区居民之间面对面的交流和社区互帮

互助的现象变得稀少,面对当前社区里出现的传统文化中那种守望相助的人情的失落,人们重新对社区发出"回归传统"的情感呼唤。宗族文化作为传统文化的一部分,具有鲜明的中国色彩,而宗族文化的治理功能、关怀指向与马克思主义的人民至上思想、社会主义核心价值观"文明""友善"的价值目标是相通的。要通过发掘宗族文化中重视互助的这一精华,找到传统宗族文化与现代社会主义核心价值观两者之间的契合点,发挥传统文化的地利优势,在融合的基础上促进社区工作实务活动的改变,从而推动形成具有本土特色的价值观念。同时,也可开展更多符合人民需求的活动,让更多人了解认可中华优秀传统文化。

优秀传统文化融入社区公德建设是社区公德建设的民族化过程和本地化过程的糅合,也是中华优秀传统文化经过创造性转化之后的再次大众化过程。优秀传统文化和社会公德建设、社区建设三者都是公共利益的反映。三者都具有群众基础,都同人们实际生活密切相联,建设效果都具有直接现实性,三者在目标、功能上具有相互支持、相互推动的耦合关系。"社会公德建设同职业道德和家庭美德建设不同,长期以来,没有具体的载体,建设起来比较困难"①,公德建设若能抓住社区这一关键节点,使社会公德的建设具备了载体,同公民个人生活相结合,就更具有可行性和实践性,并能促进优秀传统文化的日常化、大众化,是公民社会公德观念形成的基础环节和初级阶段。毫无疑问,社区公德水平的提升直接有助于提升社会公德的整体水准。

学界那种简单地认为宗族组织充满怀旧情绪、封建思想的观点,是忽视了宗族组织中所蕴含的在今天仍具积极意义的人之安身立命和社区团结的元素。在当代乡村社会,人们仍然有认祖认宗的习俗。一如爱德华·希尔斯指出,"传统可以到这样的文化中去寻找:拥有这种文化的阶层所受正规教育甚少,无甚表达力,读写能力较差,缺乏理性推理能力"②,传统宗族社会的文化是满足人的社会需要、具有社会功能的,传统宗族社会的大多数社会文化设置,不管是借祠堂活动还是仪式活动,都传递着这样一个事实:传统宗族社会在利用一切方法与手段建立宗族的团结,自救、防御社会风险、顺应儒家的思想是其根本动因。可以这么认为,儒家的思想构成了其理论基础,这些社会设置的实效大多超过现代社会过分强调外在的硬性社会控制手段。中华优秀传统文化融入当

---

① 刘丽娜:《社区是社会公德建设的重要载体》,《西南民族大学学报(人文社科版)》2004年第9期。
② 〔美〕爱德华·希尔斯:《论传统》,傅铿、吕乐译,上海人民出版社2020年版,第19页。

代公德建设，为提升治理效能，通过一体化的上层设计来弥补公德治理碎片化的不足，切实加强组织机制和思想机制保障，实现公德建设的整体性、系统性和成效性。

由于人口的聚居程度、聚居方式、生育数量、家庭结构发生了变化，宗族制度虽然瓦解，但其文化却在提示我们关注这一概念中以"社"为指向的社会性、关系性视角。联合国组织早在 1955 年发表的《通过社区发展促进社会进步》的报告中提出：从社区的共同利益和共同需要出发，通过开发社区中密切的社会关系，有计划地引导社区成员互助合作和主动参与的道德精神，发展民间组织和团体，培养互助和自治精神。可见，人们对"精神共同体"或"伦理共同体"的期望一直都很强烈。

面对各城市掀起的轰轰烈烈的新时代文明社区建设活动，当前如何有效地将社区建设和传统文化继承及社会公德的教育与建设联结起来，需要理论和实践的深入研究。习近平总书记在党的十九大报告中指出："中国特色社会主义进入新时代，我国社会主要矛盾已经转化为人民日益增长的美好生活需要和不平衡不充分的发展之间的矛盾"[1]，当前不少城市掀起的新文明社区建设也不是对中国传统文化的否定，而是完成公德建设重心的下移和资源下沉，并将疏导社会利益诉求、化解社会矛盾、维护社会秩序落实在社区。当代社区建设，既要与时俱进，落实社会主义核心价值观的基本内容，又要保留传统文化精华作为社区文化建设的底色。

用社会主义核心价值观引领社区传统文化建设，将现代性注入社区传统文化的继承，将传统文化作为社区文化的重要基础，建设包容传统、去粗取精的现代文化。对优秀传统文化的守护，复兴逝去的重要传统，需要按照社会主义核心价值观的自由、平等、公正、法治等现代性原则指导社区文化建设，在这一前提下推动传统文化在社区的传承与再造，避免了传统文化在传承中向庸俗落后消极的文化方向发展，从而有利于建设民族性与世界性、历史性与现代性兼容并蓄的社区文化，促进社会和谐。

提高社区管理者对优秀传统文化的思想认识。社区文化建设、公德建设的一个重要问题，就是社区管理者要有正确对待传统文化的态度，消除把社会主

---

① 习近平：《决胜全面建成小康社会夺取新时代中国特色社会主义伟大胜利——在中国共产党第十九次全国代表大会上的报告》，人民出版社 2017 年版，第 11 页。

义道德与民间的生活礼仪习俗、科学文化与人文文化、现实与传统对立起来的认识。在没有经过传统文化熏陶的现代很多人的思维模式里,认为传统代表着落后,这使得人们忽略了传统文化的智慧积淀,忘记了这些积淀伴随着整个人类社会的文明史。社区文化建设不仅要运用现代法治文化保障社区工作顺利开展,也需要继承优秀传统文化人文价值和教化体系。有的人由于对优秀传统文化认识肤浅,学到了糟粕,丢掉了精华。有的人由于对传统的"无知",基于个人主义、实用主义态度,把西方文化贴上先进的标签,传统文化贴上了虚假、迷信、原始、愚昧和落后的标签,将传统文化看作与现代自由相对立的东西。科学在于真实,人文文化的功能重在"价值"和"人文精神""道德价值"。社区文化可以分为礼俗社会的社区文化和法理社会的社区文化,我们的研究目标却是消除礼俗社会和法理社会的对立,把传统礼俗社会和法理社会统一起来。

"改革开放以来,剧烈的社会变迁,使越来越多的'单位人''村落人'转变为'社区人'。地理区域意义上的熟人社会关系被打破,城市社区成为'陌生人'社会或'半陌生人'社会,却无法在城市找到认同感,这是文化建设滞后于经济建设在社区治理中的突出表现"[1],"人民日益增长的美好生活需要"包括美好的精神生活,通过传统文化融入社区建设增进居民之间的互动和交流,铸实社区生活共同体以及促进社区和谐美好具有重要的现实意义。"社区文化是指在一定地域内社区居民的精神活动、价值观念、生活方式和行为模式等文化现象的总和"[2],比如优秀传统文化在公德建设中具有多种功能,即基于稳定性产生传承功能,基于教化性产生道德功能、情感功能、知识功能、信息功能,基于共同接受性产生融合功能、社交功能、休闲功能。增进感情,增进互信,消除隔阂冷漠,化解矛盾,人与人之间必须守望相助才能生存,"现代的城市社区虽然仍具有一定的文化载体功能,但已经不再是文化传承、融合、创新的主要载体了"[3]。目前社区文化的来源有多种,当前我国一些新兴城市社区很难说得上有社区文化。社区文化是社区教育的重要形式,社区需要长期的发展和文化积累沉淀并经过优化形成社区文化。继承优秀传统文化是形成社区文化的基础和前提。

---

① 向春玲、龙昊廷:《创新社区文化培育"四新居民"——南京市建邺区江心洲推进农村社区转型的轨迹》,《中国领导科学》2020 年第 3 期。
② 郑广永:《论城市社区文化的功能及限度》,《北京联合大学学报(人文社会科学版)》2018 年第 1 期。
③ 同上。

优秀传统文化是社区文化传承的一种文化链条，可以说，传统文化是社区其他文化的摇篮和土壤。皮之不存，毛将焉附？因而我们在制度安排过程中，任何时候都不能堵塞这类特殊传统文化活动参与的通道、平台和机会，否则既直接与社区文化治理的日常性原则冲突，亦会间接与民俗性原则相悖，当然也就意味着文化治理失灵或失效。以优秀传统文化的价值光芒彰显中国特色社会主义制度的追求，这可以与中国特色社会主义以民为本的公共文化服务体系的价值指向相得益彰。

社区建设的理念、历史是当代中国文化发展的微观缩影。我们的中国化、中国道路、中国特色最终也要依赖社区呈现。固然中国传统文化具有轻视个人自由、漠视个人权利的特征，没有产生建设现代公共文明所必需的平等、自由、契约的交往关系，但是，传统文化在长期的生活实践中积累了丰富深邃的共同生活智慧，在马克思主义指导下的社会主义核心价值观的审视里，在对传统文化如"三纲"等级思想内容进行批判、抛弃之后，是可以对传统文化的精华部分进行创造性吸收和转化的。

社区文化礼堂是政治教化、文化传承、道德教化的场所，也是社会主义核心价值观大众化的重要场所。礼堂的所有展示和活动都要浸透民族性与现代性相统一的精神。社区传统文化建设要求在以社会主义核心价值观为灵魂的当代公德建设中，将社会主义核心价值观内化于心、外化于行，可以为正确践行传统文化打下良好基础。政治教化是社区文化礼堂的首要功能。把党的政策理论、道路发展、社会制度等全面巩固到党在农村的执政基础里，凝聚社区居民爱国爱党、团结一致的奋斗精神。社区所有传统文化活动需要以社会主义核心价值观为导向，进行全面清理、整合和创新。然而社会主义核心价值观的培育与践行，是一件需要长期濡化的工程，需要发挥中华优秀传统文化在培育核心价值观中极其重要的作用，"使中华优秀传统文化成为涵养社会主义核心价值观的重要源泉"，巧妙借鉴传统文化的精华内容与合理形式，让社会主义核心价值观变成像传统儒家文化一样能让老百姓耳熟能详的日用之物，同时兼顾实现传统文化的创造性转化和创新性发展。社区礼堂可以举办两类教育活动：一类是公民政治责任类的教育活动，另一类是公民道德责任类的教育活动。社区文化建设的根本目标即全面提升社区居民的文化素养、培育公共精神，培养具有公德意识、法治意识与参与意识的现代化公民。精神文明建设与文化礼堂相遇，产生令人惊喜的"叠加效应"，实现国家对基层社区"举旗帜、聚民心、育新人、兴文化、展形象"的新要求。

当代社会管理实践面临着经济社会变迁而引发的前所未有的复杂情势,是地方治理理论与研究日渐兴盛的原因。减少居民之间的纠纷、降低居民与社会之间的摩擦,化解新时代的各种社会矛盾,改善邻里关系,促进社会和谐发展,提高全社会道德水平,从而努力达到人的全面发展、促进社会全面进步。加强文明社区创建,创新传统文化融入当代公德的实践载体,继承传统宗族的情感凝聚、公德培育功能,提升社区品质建设。要加强传统文化与以社会主义核心价值观为精神的当代公德文化之间的融合。在相互融合的过程中,既要保护原有的中华优秀传统文化,加强传统文化公德资源的创造性运用,使优秀传统文化得到继承与延续,又要将先进的当代公德精神以包括传统文化在内的各种形式准确地呈现出来。

二、政府、社区、居民多主体参与原则

党的十九大报告指出:"加强社区治理体系建设,推动社会治理重心向基层下移,发挥社会组织作用,实现政府治理和社会调节、居民自治良性互动"[1],当然这需要得到制度建设的支持,需要政府的明确引导。除了政府的政策支持、人才支持之外,还要配备支持的资金、规划的公共场所,引导社区发挥传统文化在公德建设中的积极作用。社区治理只是社区建设的一个基本目标,建构社区文化共同体则是社区建设的紧迫要求。社区文化场域既是一个实体空间,亦是一个公共关系场域,加强社区文化建设是社区公德建设的重要内容。

(一)提高政府对优秀传统文化融入社区的组织参与

作为城市与乡村治理的"最后一公里",社区是优秀传统文化融入当代公德建设的重要主体。社区公共空间是公德文化的建设载体,也是公德文化的展示载体,还可以是一个所有社区居民的情感归属载体。以社区为公德建设的载体等于形成了培养公德行为的单元,使公德行为能够推而广之。优秀传统文化是社区课程的"根"。优秀传统文化教育与社区公德教育的融合发展,激活了优秀传统文化教育的实践领域,增强了新时代文明教育的亲切感和实

---

[1]《中国共产党第十九次全国代表大会报告单行本》,人民出版社 2017 年版,第 49 页。

效性。

实践机制是对某一制度或某一社会目标的细节分解及其具体落实途径的安排。在政府引导社区建设这个论题中,良好的制度设计是实现优秀传统文化融入社区建设的根本保障,而没有好的制度,道德就不可能有根基。社区文化建设机制包括学界理论支持机制、政府组织机制、社会参与机制、目标考核机制等。社区文化场域如何能成为一个良好的"德育场",将青少年引向特定的德育目标,政府文明办可以下设社区文明办,基于社区的单元性,建立社区公德考察考核制度,规范城市社区道德建设监督机制,加大社区公德奖惩力度,积极营造城市社区道德建设的社会氛围。政府的推动让社区公德文化建设具有合法性、强制性、实效性,从外部获得发展动力机制。

社区内在动机与政府外在动机方向一致时,会产生最大合力。社区建设内在动机是基于人性需要、关系需要而产生的,政府外在动机是基于社会治理需要而产生的。国家对优秀传统文化的重视以及国家政策的推动是社区建设的外部动力。经济社会条件的变化,为社区公德建设提供了物质条件。社区的道德秩序直接受到城市政府的相关管理制度和住房市场的影响,因而,在城市规划中,预先设计这样的公共物理空间是非常有必要的。社区公共空间严重不足是我国城市新旧社区面临的又一个公共问题,会影响居民的社区参与,不利于社区凝聚力的形成和社区公德教育职能的发挥。空间的生产、占有和运用都是政治行为,制定详细的立足现在、承继过去、面向未来的社区文化建设方案,把文化建设系统化,重塑文化自觉,合理规划活动空间。人们追求的往往不是物质空间形态本身,而是空间所代表的一种符号的意义、心灵休憩之所、故土家园的熏陶。通过自身参与习俗仪式,增强青少年及个体家庭的社区认同感和集体归属感。

(二)将宗族族长制的组织优势创造性转化融入社区文化、德育工作组织之中

优秀传统文化融入社区公德建设,要在微观上结合当下社区工作存在的不足,对优秀传统文化的实践路径进行精细化设计,将宗族族长制的组织优势创造性转化融入社区文化、社区德育工作组织之中。社会主义核心价值观是社区文化建设的指导思想,中华优秀传统文化顺人性、合人情,情与理并重,是社区文化的根基。当人们生活水平实现小康,人们对社区等公共环境的需求也抱有更高的希冀,社区文化建设的内容和形式也从粗放型向精细型发展。而社会主

三、传承与创新相结合的活动方式

（一）传统仁爱文化融入社区建设

传统仁爱文化既是人类社会物质生活产生的共同需要，也是社会的人文价值建构的过程中百姓精神生活的必需品。传统仁爱文化蕴含着情感满足的功能，是维系社区居民关系、维系社区与社会关系的精神纽带。传统文化的仁爱思想是构建社会主义和谐社区的精神依托，助益增进社区人与人之间的情感沟通，建立融洽的人际关系，让关爱他人成为一种社会风尚。传统文化在社区文化建设中能满足居民文化的情感需求，并能起到建构社区共同体的作用。社区在管理"陌生人"方面要更好地发挥作用，努力使"陌生人"变成"熟悉人"。社区同样可以建构并维系一个有秩序、有意义的文化世界。社区仁爱文化建设能够凝聚社区居民共同的道德理想和价值追求，社区居民之间尽管没有血缘关系，但可以形成互帮互助的关系，居民因为共同的仪式与公益活动而产生团结感和道德感，从而建立一种更大范围内的群体身份认同，个体在社区内即可完成整齐的自我建构和社会建构。

第一，社区传统仁爱行动日常化。社区日常仁爱行动，就是公德心、公德行为的社会化过程，促进了日常生活价值的提升。在农业社会向工业社会转变后，如果社区管理者有意识地"组织关照"和社会成员之间形成互爱互助合作机制，人们依然可以拥有共同的文化心理和归属感，认同共同的价值规范。许多城市社区外来人口的思乡情结、乡愁，实质是对逝去的乡土人情的怀念。社区继承传统仁爱文化，可以把对邻居的尊重、对异乡人的接纳与对祖国的热爱、对先人的尊敬、对历史的敬重统一在一起。社区可以组织具有仁爱精神的传统文化节日，如一年或一个季度或一个月举办一次独居老人服务日，使独居老人老有所依；社区也可以组织各种学雷锋活动和老少共建包饺子、爱心管家等日常活动；社区还可以在红白喜事上互帮互助礼尚往来。社区管理者为营造"城市人的故乡与家园"而努力，促进社区居民共同参与社区文化建设。

第二，仿效宗族的义田制度建立社区慈善基金会。由于地方政府对基层社区弱势群体的不敏感性，为了解决政府在公共服务提供中"失灵""缺位"等问题，社区可以仿效宗族的义田制度建立社区慈善基金会，对孤寡老人与弱势儿童、因病致贫家庭、贫困儿童教育费用进行帮扶。社区慈善基金会可以以多种方式筹集资金,如向社区公益人士募捐、向企业募捐。这种资助可以更好地支持社区慈善活动并确保有需要的群众得到帮助。为了确保基金使用的公正性,以及对资源进行民主、透明、高效的配置,可以让社区居民共同参与到基金分配中去。社区慈善基金会看似起源于西方,实则是我国传统宗族制度救济机制的创造性转化。社区救济机制在社区服务中的作用,主要表现在:一是为人们提供及时的经济救助,帮助弱势群体解决一些特殊经济困难并以此维护社区稳定;二是为社区内的中产阶级提供回报其所在社区的机会,社区成员热心公益为公民树立了身边实际的榜样,青少年可以从小在社区习得助人为乐的公德品质。

第三,仿效宗族的士绅制度邀请"关键群众"成为爱心骨干。关键群众可以形成一支相互联结的爱心骨干力量,而其他的参与者可以依附于这个高密度的积极分子网络。以社区关键群众为行动领袖,发挥他们与居民之间的情感联结,有助于推动工作进程和解决实际问题。社区有先进人物、知名人士、特长居民等,他们不仅有服务人民的觉悟和热心公共事务的精神,而且也具备一定的动员能力和策略,在居民心中占据了一定的道义优势,居民天然对他们有一种信任感,愿意在他们的带动下参与社区事务。他们与居民的距离很近,通过用心的工作服务和频繁的私人交流容易培养出较深厚的情感关联。居民的社区满意度越高,越容易巩固社区居民间良好的社会关系。市场经济条件下,维系人们之间社会关系的是契约和法律关系,但是邻里之间只有在发生较大利益纠葛的情况时才是需要法律调整的。人们渴望建立亲情化社区,营造社区仁爱文化氛围,消解人们的历史孤独感和当代孤独感。"传统仁爱文化"具有精神驱动能量,它使各种要素成为可持续的紧密关系,社区由此而成为感染人且合乎道德的领域。这样一种情感关系的小社会,经由传统文化价值和意义的融入,个体身份得以建构,在现行社区文化治理中有其举足轻重的价值地位。社区仁爱文化氛围的营造是提高居民对居住社区好感的重要渠道,能够深化社区成员的归属感和认同感,让社区居民有机会一起参与社区活动,调动社区居民的积极性。如果没有对社区的认同,就不会有对祖国的认同。可见,传统文化已经成为事实上维系社会存在、交流与发展的传输通道。

人性化与人情化是社区文化共同体的内在要求。人类不仅有当代的孤独感,还有历史的孤独感,人们通过接纳传统文化,消解历史的孤独感。社区管理者用共同体价值观给当地居民的心灵以慰藉,帮助人们建立属地感。如果仅仅把市场经济下的社区关系都归结为单一的契约关系、法律关系,自然谈不上人文关怀的温情,当然也就谈不上共同的心理认同和归属感。实际上,社会关系、社区关系还是一种道德关系。人是经济的存在,也是文化的存在、道德的存在。《论语》曰:"里仁为美!"我国民间素来有"远亲不如近邻"之说,所以,社区文化建设中,形成守望相助、和睦相处的人际关系是社区文化建设的一个重要目的。对人的心性起到滋润和教化作用的优秀精神文化是人类历史长期积淀的结果,社区定期举办一些具有归属感的活动,"流动性并未导致中国社会的解体,而是围绕着居住生活的安排这一核心议题,逐渐构建起相互扶持的互助协作关系与社会网络,悄然营造出一种共同感知、体验以及积极参与、实践的道德秩序"①,人们对乡土人情社会、宗族制度具有一种怀旧、眷恋心理,故而线下和网络的宗族认亲大会现象再现,这实际上是人们骨子里追求人与人的"紧密联结感"的表现。无论是人们的生存本能还是社会属性都要求脆弱的个体与他人、与世界共同协作,但这种协作不能建立在互相攻击、以邻为壑的基础上,而是在爱自己、爱他人、爱世界的情感的充盈上建构起由善意支撑的、自由自在的共建、共享的现代公共空间。

(二) 传统和谐文化融入和谐社区建设

和谐文化是中国传统文化的标识之一。社区文化、公德建设需要在社区党组织的领导下运行,社区党组织是社区活动的核心,社区在纠正不文明现象、化解社区矛盾纠纷方面离不开社区党组织的思想指导,但是在现在社区的大型化、价值观念的多元化、利益需求的多样化等情况下,人与人之间趋于陌生化,社区邻里矛盾也容易发生。单单依托社区党组织几个干部的有限精力,无法全部解决邻里矛盾中焦头烂额的事情。这时候,社区党组织需要从社区内部组织一支矛盾调解团队处理各类纠纷。面对社会转型,我国传统的宗族制度这一基层自组织方式需要转化为现代性的社区党组织与关键群众的调解制度。

仿照传统宗族士绅制度建立社区智囊调解团。传统宗族士绅制度是中国传统文化的管理优势。当前我们开展群众工作,除了要发挥党组织的主导作用之外,可以仿照传统宗族士绅制度建立社区智囊调解团。成立社区智囊调解团应邀请德高望重的老党员、退休公务员、老教师、心理专家等组成,他们有如传统社会的士绅一样,一方面掌握着先进的现代文化理念,另一方面深受传统文

---

① 黄锐:《流动社会的道德秩序何以可能:以转型社区为中心的分析》,《河南社会科学》2019 年第 2 期。

化的影响热爱着社区公益活动,希望发挥自己的余热,能够组织慈善、帮助贫困、参与婚丧嫁娶等,这些公益活动提高了他们在人们心目中的威望。社区矛盾诸如邻里矛盾等,很多时候说不清谁是谁非,社区智囊调解团以客观的第三方立场协调劝解,能起到事半功倍的效果。智囊调解团以化解社区纠纷为己任,以传统美德开导利益受损者,开解侵占他人权益者,对违纪行为以法律告诫,为居民美好生活创造基本条件。

建立和发展本地、即时、非正式的社会矛盾调解机制。社区仁爱文化减少了外来工与本地居民之间的隔膜,社区长老文化、志愿文化、和谐文化引导外来工以参与社区自治的方式进行城乡融合,实现共同维护社会和谐稳定的目标。逐步培养公民美德和公共精神,树立法治意识和社会责任意识。在多元、持续、互赖、公正的社会行动中解决复杂、反复的社区纠纷问题,将居民日常生活中的问题消化在社区。各社区参与主体担任社区矛盾协调员,建立矛盾解决机制、矛盾预防机制,最终实现各社区参与主体间的关系重构目标,从而让各主体在社区内均能找到价值感和归属感。

继承传统宗族的情感凝聚、公德培育功能,提升社区品质建设,加强文明社区创建,广泛开展社会公德实践活动,创新传统文化融入当代公德的实践载体,创造性继承传统文化的公德资源,化解新时代的社会矛盾,促进邻里关系,促进社会和谐发展,提高全社会道德水平,从而努力实现人的全面发展,最终促进社会全面进步。

(三)发挥传统日常行为仪式的伦理导向功能

社区存在文化程度低的居民,也存在道德思维能力不强、自觉接受道德宣传意识薄弱的居民。传统节日文化、礼仪文化具有民族性、大众性、多样性、功用性,可以弥补政府公德对文化程度低、公德觉悟低的居民宣传不够的缺陷。传统文化中的一些仪式、节日具有道德性和审美性,是一种经久不衰的人文设置,能以潜移默化的方式教化和滋养人类。可以说文化是文明的另一种表述方式,不能完全用科学标准来衡量它们。当今时代,社会竞争激烈,职业生活更趋理性,社区居民在职业生活与日常生活中寻求平衡,每一个居民实体可组织他们自己的庆典,节日庆典已经成为一种各类群众性创建活动,是人民群众自我教育、自我提高的生动实践。借用重要传统节日、重大节庆和纪念日时机,巧妙地举行群众性、传统性文化实践活动,把讲故事、做礼仪、过节日的道德内涵同国家当前的公德建设目标联系起来,丰富人们互助合作的道德体验,增进互相关爱的道德情感。

社区节日庆典可以视为一种公德宣扬机制，是一种潜移默化的公德教化方式。泰勒（Tylor，E）、斯宾塞（Spencer，H）等人把仪式作为建构文化的机制。涂尔干（Emile Durkheim）在《宗教生活的基本形式》中认为仪式作为信仰行为，连接着神圣和凡俗，发挥着社会化的功能。功能学派创始人马林诺夫斯基（Malinowski）提出，功能探究是传统文化探究的基础。

《辞海》指出，仪式是指典礼的秩序形式。《简明文化人类学词典》指出，仪式是将一系列具有象征意义的行为集中起来的安排或程序。仪式是以象征性和表演性为特征，它与神话和宗教有着密切的关系。若把仪式当作特定的社会实践，我们这里进一步将其当作道德实践、道德教化的方式，是人们哲学、道德地把握世界的方式，是一种绽放自己生命的生活智慧。传统文化可以重塑人类社会之间的基本构成关系，并且是在新的意义和价值高度以新的存在方式——仪式化方式存在。

节日的神圣感渲染了整个族群氛围，起到了维系族群共同感、增强族群凝聚力的作用。节日与仪式在时空上保证了群体的聚合、参与和连续，可以称为"文化记忆的首要组织形式"。文化记忆的重点在于对意义的传承，集体成员通过现场参与方式获得文化记忆，文化记忆也由此巩固和加深。节日如同历史长河中划分时段的重大事件，是事实，也是后人的记忆。节日和仪式的定期重复就承担起了存储、调取、传达这些传统的职能，中国传统节日在经历了"文化大革命"这种非比寻常的浩劫后还是延续下来了，由此可知其具有顽强的生命力。共同的仪式文化，是民族共同的生活记忆，一般也是美好欢乐的时光，这是每个居民珍惜自己的习俗或礼仪的文化原因。

传统礼仪文化、节日的创造性发展和现代性阐释是传统礼仪文化、节日适应时代的重要方式，从结构功能学角度来说，居民通过在其中的互动形成对"家"的文化认同和空间认同，进而形成"家"的情感归属。当个人意识到自己与社区关系亲密时，就会产生爱、温暖、自豪等积极的情绪体验，发展出高水平的社会公德，在社区中通过维持积极的公德行为来提高自身的社会价值。一方面促进组织内部成员的价值体验；另一方面激发社区成员对社区外事务的参与，激发他们的大局意识、爱国主义精神、社会责任感，对公平、正义的追求，使公民的独立人格能得到充分发挥。

中华传统文化有一种慢生活、天人和谐、邻里和谐的诗性生活追求。唐代元结《与瀼溪邻里》诗曰："我尝有匮乏，邻里能相分。我尝有不安，邻里能相存。"陆游《过邻家》写道："儿孙扶每出，邻里唤还来""家家新酿美，邻里递相邀""偶得一瓢酒，邻里聊相寻"等。所谓社区慢生活、诗性生活即是在职业生活的快节奏之外回归主体性、创造性的生活。列斐伏尔曾提出创意生活（诗意创造生活实践）的概念，"社区传统文化"作为一种文化活动方式，塑造了社区的文化脉络，是现代民主社会条件下人的文化权利与符号诉求的最大需求物。资本主义社会中，人创造了文化，但同时人越来越觉得自己同周围的文化无法融合，即文化不再是人的本质属性的表现，成为人的对立物。社区节日仪式恰恰就是要打破市场经济、资本给人们生活带来的被动性，将生活的本真、文化创造的主体性还给人们。

第五章

返本开新——传统公德资源法律化

传统公德资源法律化应包括两种含义:一是在公共法律的渊源关系上,指法律理念、法律原则追溯于传统公德资源的话语,这是法律对传统美德价值的需要,是当代法律以传统社会公德为源泉;二是在建构中国特色、中国气派的文化的推进过程中,因需借助法律的力量而把道德的最基本范畴法制化,这是继承传统文化的需要,是传统社会公德以当代法律为推动力量。传统公德资源的某些范畴法律化实则是道德与法律相互需要的产物,具有重大理论意义和社会实践意义。一方面,增强中华传统文化、中华文明的影响力,可以增强当代公德建设的民族性与世界性的统一;另一方面,在学术上可推动中国法律话语的民族性与现代性的统一。

公德规范法律化虽然一度成为很热的舆论议题,但尚未成为伦理学研究、法学研究的一个学术热点。由于中国近代社会向现代社会转型的仓促,传统礼仪文化受到冲击,一些人不讲公共秩序,在公共场合妄为,在高科技时代消极影响凸显。解决公德失范问题,一方面要从文化角度入手,把中华优秀传统文化融入当代公德建设;另一方面要可吸纳各国经验,实现公德规范法律化,让公德文化呈现返本开新的气象。"公共道德法制化既成为法律建设的新问题,也是公共道德文化建设的新方向"①。推进社会公德法制化建设是新时期我国社会的必然选择,也是世界各国公共管理发展的普遍趋势。中共中央、国务院 2019 年 10 月印发实施的《新时代公民道德建设实施纲要》就指出,"坚持发挥社会主

---

① 易伟红:《道德也要有章可循——对公共道德法制化的思考》,《法制与社会》2013 年第 10 期。

义法治的促进和保障作用,以法治承载道德理念、鲜明道德导向、弘扬美德义行,把社会主义道德要求体现到立法、执法、司法、守法之中,以法治的力量引导人们向上向善。"①但从整体上分析,该研究还较薄弱,我们从公德法制化的概念、价值、功能、内容、途径等多方面展开体系化研究,期望对公德法制化的推进有所帮助。

第一节　优秀传统文化是当代公共性法律的文化底蕴

长期以来,人们很少自觉地站在文化层面上来思考公德法制化问题,这在实际上限制了我们对公德建设的全面认识与理解。孟轲认为:"徒善不足以为政,徒法不能以自行。"(《孟子·离娄章句上》)如果我们把公德法制化放入文化学的视野加以探讨,我们会从历史渊源、历史演变等角度加深我们对于优秀传统文化重要性的认识,使我们更为充分地把握优秀传统文化融入公德建设的内在规律,更加自觉地全面发挥优秀传统文化的功能,激活中华优秀传统文化的生机活力,也有助于社会主义核心价值观生根落地。

优秀传统文化的公德资源可以成为当代公德法律化的道德底蕴,把握传统文化价值观对于我国当代法律的话语支撑具有重要的现实意义。在我国改革开放后的立法实践中,法理概念、框架、方法长期受到"欧风美雨"的影响,存在忽视中华优秀传统价值观话语滋润的现象。当前对于中国法学界存在的问题比较一致的诊断结果是,"中国法学话语存在的最明显而严峻的问题在于,西化过度,中国化不足,有'失根'的危险"②,构建中国特色的公共法律体系同样离不开对中华优秀传统文化的公德资源的研究。

一、优秀传统文化是公德法律化的动力

公共法律的进步既深藏在经济、社会变动之中,也是传统公共价值观推动的结果。优秀传统文化是公德法律化的法源。春秋之义符合法律原则结构上

---

① 《新时代公民道德建设实施纲要》,人民出版社 2019 年版,第 5 页。
② 沈壮海、廖奕等:《学术话语体系建设的理与路:一项分科的研究》,人民出版社 2019 年版,第 222 页。

的特征却又不具备实定法的权威,法律规则的实质证立是由法律规则背后的实质原则所完成,而规则的权威约束力在于其背后的形式性原则,过去通常是隐而不显的因素。由传统文化而来、蕴涵基本道德价值的根本法则,在道家可以称之为"常""一",老子说:"不知常,妄作凶";在儒家为"道统",在今天叫"共识""基本原则",是公德文化法律化的动力源泉。《周礼·地官·司徒》一篇多为民商事法律政策和有关法规的记载,其中说:"凡市伪饰之禁,在民者十有二,在商者十有二,在贾者十有二,在工者十有二","伪饰"实即今之所谓假货、假商标。俞荣根指出,"当时关于禁止伪造假货的规定,加起来就达到 48 项之多。这可以说是以诚信原则为指导的禁止性立法"①,如何实现良性运行和协调发展,法律原则不预先设定任何确定的、具体的事实状态,但是,它是协调全部社会关系的法律原则或指导某一领域的社会关系的法律调整机制。

　　道德与法的相互渗透与结合,是中国传统法律精神最本质的特征。《春秋》是由孔子修订的一部史书,是儒家的经典之一,我国古代司法有春秋决狱的传统。实际上,中国历史上从西周就开始形成了礼法与刑法的法律体系。春秋战国时期,正处于雅斯贝尔斯(Karl Jaspers)《历史的起源与目标》中所谓的"轴心时代","法"是作为"礼"的配合因素,是培养人们道德自觉意识的途径。从《春秋》的"故事"和"微言"中抽象出处理案件所需的法律原则,有如英国的梅因在《古代法》一书中认为法律肇始于判决,尤其是神圣的判决。辜鸿铭直言《春秋》"是中华民族的大宪章……是中国文明唯一的真正的章程"②。《春秋》决狱制度肇始于汉朝,据载汉武帝时,"律令凡三百五十九章,大辟四百九条,千八百八十二事,死罪决事比万三千四百七十二事。文书盈于几阁,典者不能遍睹"(《汉书·刑法志》),那么汉朝为什么还要实行《春秋》决狱呢?主要原因是汉承秦律,很多内容上有悖人情,有悖常理,需要按照儒家主张去改造,对制定法规不合理之处纠偏。《春秋》决狱对中国古代法律的漏洞和偏颇起到补阙和纠偏的作用,"在《春秋》决狱时从儒家经典中抽象出的一些较为合理的、符合中国古代的国情的法律原则,被后世的立法所吸纳,使以律、令、制、诏等为表现形式的制

---

① 俞荣根:《诚信:一个历久常新的民法原则——〈论语〉与我国民法文化刍议》,《现代法学》1993 年第 2 期。
② 辜鸿铭:《中国人的精神》,青岛出版社 2020 年版,第 146 页。

定法日趋完善,对中国古代法制的完备化起到积极的推动作用"①,"春秋决狱"实际上展现的是古代"经学"与"律学"在社会治理中的关系,反映了当时的法律实践迫切需要法理即伦理道德的指导的情形。用东汉王充的话说就是"《春秋》为汉制法"(《论衡·须颂篇》),用东汉许慎的话说则是"五经之妙,皆为汉制"(《说文解字·卷十五下》),如果说实行《春秋》决狱是为了促使法律的儒家化,在唐朝"礼法合一",法律的儒家化已经完成以后,司法中却仍要推行《春秋》决狱。

有人认为"春秋决狱"模糊了法律与道德之间的界限,带来了道德对法律的干预,使人治风险更加突出,从一个侧面阻碍了法律专业化发展。西南政法大学的吕志兴教授提出,"《春秋》决狱在中国古代行用近两千年,基本上与中国封建社会相始终,说它对中国古代法制一直起着破坏作用,能使人信服吗"②,《春秋》决狱所依据的是从包括《尚书》在内的儒家经典中抽象出来的法律原则,从中看到了儒家精神原则对处理某些疑难案件的价值,《春秋》决狱的过程实则是抽象法律原则的运用。

正如法国启蒙思想家孟德斯鸠所言:"中国的立法者们所做的尚不止此。他们把宗教、法律、风俗、礼仪都混在一起","见危不救罪"渊源于儒家的仁义思想,起源于《论语·为政》。子曰:"非其鬼而祭之,谄也。见义不为,无勇也。"《云梦秦简·法律答问》就是以问答的形式,对秦律某些条文术语及律文的意图所作的解释。"贼入甲室,贼伤甲,甲号寇,其四邻、典、老皆出不存,不闻号寇,问当论不当? 审不存,不当论;典、老虽不存,当论。"法律规定了免责条款,若有确切证据证明不在家的,不受处罚。《云梦秦简·法律答问》还记载了一个对于"见危不救罪"具体处罚方式的案例:"有贼杀伤人冲术,皆旁人不援,百步中此野,当赀二甲",秦律对见危不救者,规定了惩罚措施。道德与法律相互为用在唐代法律中更为显著,唐律完整地提出了适用见危不救罪的详细的操作办法、免责条件。

《大戴礼记·礼察》云"礼者禁于将然之前,而法者禁于已然之后",法是从"礼"中衍生出来的,故《管子·枢言》云:"法出于礼。"礼与法虽然存在差异,但它们都在各自的领域内发挥着维持社会秩序的作用。

---

① 吕志兴:《〈春秋〉决狱与中国古代法制的真实关系》,《政法论坛》2016 年第 3 期。
② 同上。

作为基础规范的传统"公共性"价值观,是衍生公德法制的源头,可以体现公德立法的总体精神和根本价值,是具体公德法律规范的出处和源头。习近平总书记说:"法律是成文的道德,道德是内心的法律"①,缺少价值观的支撑,无法说明法律的规范性与约束力。这些价值原则是法律内容的某种精华,能揭示出该体系内容的最重要的特征。张晋藩先生指出,法律和道德的分离主要在法律规则的层面,而不是内在属性层面。就法律的价值目标而言,两者很难说可以分离②,恶法非法,善法具有道德属性,法律与道德难解难分。

传统儒家文化为社会公共领域的"美好生活"提出了"仁""义""礼""节""信""君子""老吾老以及人之老、幼吾幼以及人之幼""大同社会"等方案。墨家文化提出了"兼爱""互利";道家文化提出了"齐物之爱"。马克思主义主张人人平等,社会主义用"同志"描述人与人之间的关系,这些与儒家"大同社会"的思想十分接近。以平等的人际关系为目标的道德立法是我国道德建设的有效途径之一。

二、中华优秀传统道德文化是我国各项公共性法律的内生性资源

中华优秀传统道德文化是我国各项公共性法律的道德基础。无论何种层面的法律,都不可能与道德价值无涉。在抽象的意义上,道德是法律的前提和重要基础,即法律对道德价值具有相承相合关系。

首先,中华优秀传统文化包含着民族精神等立法的动力。从传统的文化中摄取大量的道德内容,不只是英国、德国、日本、新加坡等法律治理路径的一种选择方式,也是中国古代社会法制建设的传统。《管子·权修》篇说:"教训成俗而刑罚省,数也。"德国法学家萨维尼认为,法律不是理性的体现,真正的法律创制者是特定民族的"民族精神"或"民族的共同意识","法原本存在于民众的共同意识中"③。所以法的发展动力是"民族精神",立法者的任务就是揭示此"民族精神",发现民族精神中已经存在的东西。中国传统的法律文明是中华民族

---

① 习近平:《在首都各界纪念现行宪法公布施行 30 周年大会上的讲话》,人民出版社 2012 年版,第 15 页。
② 参见张晋藩:《中华法系的回顾与前瞻》,中国政法大学出版社 2007 年版,第 186 页。
③ 参见[德]萨维尼:《论立法与法学的当代使命》,许章润译,中国法制出版社 2001 年版,第 78 页。

在农耕社会、家国一体结构条件下总结起来的刚性管理经验，体现着中华民族独特的价值理念、管理智慧。

其次，儒家公共性价值观是我国各项公共性法律的内生性资源。中华传统文化是社会主义核心价值观的思想源泉。传统"五常"等价值观是传统文化的核心理念，要转变为当代社会的行为规则还需要一定的途径。其中，传统公德资源法律化就是培育和践行传统美德的一种重要途径和形式。儒家的主张是先德后刑、宽猛相济。以礼入法，也就是常说的伦理法律化，这一特征是从汉代起一直到清末各主要王朝法律的共性。公德法律化是优秀传统文化的一种重要传承、转化机制，优秀传统文化的公德资源是当代公德法律化的底蕴。儒家的仁爱文化、正义文化、和谐文化在当代公共法律中可以起着目的价值、指导功能，儒家的礼文化在当代公共法律中可以起着工具价值、规范功能。良法是目的价值引领工具价值，是目的价值与工具价值的统一。传统儒家"公共性"价值观内容上具有包容性、指导性强，它在较大的范围和较长的过程中对人们的行为有方向性指导作用，稳定性强，它一旦形成，即在较长的时间内持续发挥作用。传统文化长期积淀、形成的共同的民族心理制约着、型塑着公共性法律的方向。

探本溯源，社会主义核心价值观是对中华传统文化"五常思想"的承流达变。优秀传统文化与社会主义核心价值观在本质上的一致性以及形式上的差异性，决定了二者是相互依存的关系。传统仁、义、礼范畴之所以能进入现代公共法律体系，在于它们深刻把握了维护社会和谐、构建人类文明社会的基本规律，传统公德范畴完全可以成为现代法律的重要渊源。在民法领域，基本原则是关于民法目的之法律，属于准则法；民法规范为维持该目的之法律，属于技术法，起确保准则法实现的作用。公共性法律的立法原则可将法律规则与社会道德、社会价值观相连接，将法外因素转化为法内要素。

再次，我国民法典中公序良俗的原则是对中华优秀传统文化的尊重和继承。儒家礼的最大功能是维系社会的伦理纲纪，化礼成俗是中国传统社会秩序稳定的根本原因。

儒家礼文化就像水池中的涟漪，由中心向周边扩散，越是边缘的涟漪，就越是滞后于中心，当中心发生变化时，越是边缘地区的文化越难以变化，从而就越古老，产生"礼失而求诸野"现象，从而"现代性的滥觞并没有完全消灭传统"。当代中国乡村相对比城市保存了更多的传统文化，潜在地维护了乡村社会的稳定与发展,同时,儒家的道统、学统、治统依然保留在爱好传统文化的知识分子那里。德国法学家萨维尼提出,法的发展经历了习惯法时期、学术法时期,最后是法典法时期。法律一旦遵循了公序良俗,法律的知识就不再只是精英的知识了。传统乡村文化保存了文化中心传统意义上的文化形态,所以有必要让传统参与当代中国公德法制化话语体系的建构,让中华法律遵守民族主体性的文化认同。"古者所谓之德,实本源于民间自在的'风俗',有它自生自发之传统;古者所谓'道',不过是知识阶层不断对风化传统之继承、整理、创制,'圣贤以之叠轸,仁义于焉成俗'(《大唐西域记·序》),而非仅仅是孔孟之类的个人之思想或某种理念而为之。古之道德之所以有法俗之用,是因为它本身具有民间生活的自性,而非单纯开始于某种自上而下的建构"①,公序良俗生活体现着广泛的、现实的社会关系和社会生活中抽象出来的标准。正如法理学家博登海默所指出的:"那些被视为是社会交往的基本而必要的道德正当原则,在所有的社会中都被赋予了具有强大力量的强制性质。这些道德原则的约束力的增强,当然是通过将它们转化为法律规则而实现的。禁止杀人、强奸、抢劫和伤害身体,调整两性关系,制止在合意契约的缔结和履行过程中欺诈与失信等,都是将道德观念转化为法律规定的事例"②,道德传统由官方传播积淀在普通民众的价值观念与行为方式之中,逐渐成为社会成员信仰或认同的载体,形成共同的文化观念,反过来影响着法律的建构。

三、优秀传统文化与当代公德法律化互动的过程塑造新时代公德文化

德沃金认为,法律原则是有关正义、公平或者其他道德维度的要求,与规则、政策一道,都是法的要素。庞德不仅把法律制度视作是固有之物,而且也把它们视作是被创造的事物,"不仅把法律制度视作是传承至我们的传统之物,而且也把它们视作是人们在此前某个时代创制的事物"③。

传统公德资源的法律化并不是把所有的公德范畴都转化为法律,一般情况

---

① 杜文忠:《法律与法俗——对法的民俗学解释》,人民出版社 2013 年版,第 288 页。
② [美]博登海默:《法理学:法律哲学与法律方法》,邓正来译,中国政法大学出版社 2004 年版,第 391 页。
③ [美]罗斯科·庞德:《通过法律的社会控制》,沈宗灵译,商务印书馆 1984 年版,第 22-23 页。

下,传统公德资源的法律化需要具备以下条件:一是对全社会有重大影响的、有立法必要的公德范畴。例如,作为立法指导思想,如仁爱、义;二是已经成熟的、具有长期稳定性的范畴。法律的稳定性和权威性要求,只有调整属于法律调整范围的社会关系的传统公德范畴,具有长期稳定效用的范畴才能转化为法律,如诚信。三是有些传统公德范畴由于对社会不具有普遍适用性,只能在部分公共性法律中体现,如节约。

不是所有传统的"公共性"道德都能成为"公共性"法律的基本原则。在《法律帝国》中,德沃金提出了"适切性"和道德证立这两个维度,即法律原则既要做到道德上最佳,又要符合大多数实证规则[1],从制度维度和道德维度共同界定了法律原则的身份。二者的融合促进了当代公德法制建设的丰富,提高了公德立法的成效。

只有反映普遍规律、符合法制建设规律的传统知识和理念才可以进入"公共性"法律之中。有的"公共性"价值观,在传统社会代表着一种理想的应然状态,在现时代也还是代表着一种理想的应然状态,是一般道德达不到的状态。如"仁爱"是境界道德,"作为社会事实的集体感情是法律的基础,情感纽带发挥着重要的社会团结作用。同样,作为社会团结的人民情感,在面向美好生活的良法善治进程中也发挥着至关重要的作用"[2],社会交往行为的基础即是自愿,自愿也是当代一项重要的"公共性"价值观,人有多元利益需求,不可能人人都达到助人的境界。只有在某些公共准则中,规定"仁爱"的原则,如他人遇到危险时有限度的救助义务。无论达致何种发达程度的法律体系,都不可能有"完备的法律"。

西方很多法治文明成果有力地助推了中国传统法治观的现代化转型,但由于中国传统文化和西方法治观念二者缺乏深度耦合性,"现今所谓的'法律制度',只是西法的界定。仔细研究现世中国,尽管人们正在努力以西法为体用,但我们会发现国人的规范性思维和行为仍还是'中国式'的"[3],出现了现实社会生活中的"法"与纸面上来源于西方的"法"严重割裂。法律的建构性目标引导人们不断关注过去、现在、未来的勾连,在历史中管窥未来,在"不忘本来"的

① See Dworkin: *Law's Empire*, Oxford:Hart Publishing, 1986, pp. 66–67.
② 廖奕:《中国特色社会主义法治体系的话语生成与思想内涵》,《苏州大学学报(社会科学版)》2021 年第 2 期。
③ 杜文忠:《法律与法俗——对法的民俗学解释》,人民出版社 2013 年版,第 285 页。

基础上,顺应时代变化,采纳"面向未来"的视野和"吸收外来"的方法,促进公德文化的大进步。中华优秀传统文化,作为旧时代的一种回声、传统价值取向和现代价值取向的共鸣,引导人们进行规律性探讨,不断促进公德文化建设的成熟。

要使公德建设能进行公德文化的创造,必须尽可能了解自己的公德文化传统和其他民族的公德文化,才能有根据地评判它们,并对其予以扬弃、吸收。正如斯宾诺莎所言:"如果你希望现在与过去不同,请研究过去。"在中国传统法制观上,以追求人格与道德上的完善为法律目标之一,这是中国传统法制观的特点。在传统社会,法是统治阶级为了维护自身统治而制定实施的,法律只是维护统治阶级利益的手段之一而已。宋司马光说:"夫执条据例者,有司之职也;原情制义者,君相之事也。"儒家价值观发展到明清,清代司法仍然坚持情理兼容原则的统一。情理兼容被官员作为经验总结不断提出,"合乎天经地义,惬乎人心之公好公恶⋯⋯本经术而酌人情,期孚乎中正平允而已"①,"推之人情而准,比之国家法律而无毫厘之出入"②。当然,情理兼容原则在司法适用中也有严格的限制,因为它陷入"律例有限,情伪无穷"处境,而且必然与现实世界的实践产生矛盾。

传统的"公共性"道德,是传统社会进行司法造法的一个重要途径,从价值观引领法律发展的角度肯定其建设性。儒家"公共性"的"五常"价值观能为我们提供一种传统文化资源,去破解社会转型期产生的"社会主义核心价值观落地"难题。以"美好生活"为愿景,以"良法善治"为目标,优秀传统文化与公德法律化互动的过程中,随着时代需要不断调适而实现结构性转换。针对人民对公平、正义、民主、法治、安全、环境的需求不断增长,让当代公德文化更全面,公德文化不断实现自我超越,优秀传统文化从价值理想到价值承诺、价值实践、价值实现,经历了漫长的过程,它既是古老的,又是全新的。优秀传统文化与公德法律化相辅相成、相互影响、相互制约并相得益彰,它们共同构成了统一、融贯的公德文化体系,它是中国公德法制文化的有机组成部分。

战国时期儒家代表人物孟子指出:"徒善不足以为政,徒法不能以自行"(《孟子·离娄章句上》),朱熹援用程颐看法对孟子此语进行解释:"为政须要有

① (清)全士潮:《驳案汇编》,何勤华等校,法律出版社 2009 年版,第 3 页。
② (清)徐士林:《徐雨峰中丞勘语》(卷四),载《明清法制史料辑刊第一辑》(第十一册),国家图书馆出版社 2008 年版序。

纲纪文章,谨权审量,读法平价,皆不可阙……必有'关雎''麟趾'之意,然后可以行《周官》之法度"(《四书章句集注卷七·离娄章句上》),法的作用很容易在短时间内收到明显的成效,但如果只是强调法制的力量,忽视社会道德的作用,容易出现的结果是"刑罚繁而意不恐","杀戮众而心不服"。因此,对于礼与法的运用,只能是两者有机结合,协调并重。

法律原则可区分为"非实定的法律原则"与"实定的法律原则"。儒家"五常"原则,能充当指导人们公共行动的社会公理,体现着社会生活中的一般道德要求,可以充当公共性法律的指导原则,还与我国宪法、行政法的立法指导思想、民法典的立法宗旨非常类似。假如否定我国公共性法律的传统儒家文化渊源,就等于否定了它的骨架,百姓根本就无法理解和实践这些公共性法律。不能因为对优秀传统文化核心价值理念的无知而否认今日公德法律文化的进步也有优秀传统文化核心价值理念的推动。在道德建设中,不管时代生活发生多大变迁,一些"公共性"道德原则总是稳定不变的——即使社会发生重大的发展转型与变迁,但是这些源自传统的基本原则在发展的同时仍保留着一脉相承的那部分根基。

法治国家的刑事法,实行规则中心主义。法律原则与道德规则是不同的。"原则之治"是价值观之治,带有价值理性;"规则之治"是事实之治、工具理性之治。在立法中出现的原则,恐怕不仅是一种价值宣示性的东西,基本原则具有扩张功能,与此相似,道德可能决定法律,但它们不像在某些其他文化中那样被认为本身就是法律。

数千年来,中华文明"礼"与"法"相辅相成。中华民族走出了一条独特的文明发展道路,西方历史则从古罗马开始形成了公法与私法的法律体系。《礼记·明堂位》就说:"礼、乐、刑、法、政、俗,未尝相变也",春秋战国时代思想家们就懂得了国家运用多种手段进行综合治理、全方位治理的重要性。《礼记》说:"故礼以道其志,乐以和其声,政以一其行,刑以防其奸。礼、乐、刑、政,其极一也,所以同民心而出治道也"(《礼记·乐记》),礼代表人们意欲达成的意愿,刑与法则防范人作恶。荀子说:"治之经,礼与刑,君子以修百姓宁。明德慎罚,国家既治四海平"(《荀子·成相》),既要用礼从正面规范人的行为,又要用法从反面遏制人们的不良行为。长期以来,法律教义学的比较研究局限于西方法系,"传统中国的法学话语,长期被封闭在法律制度和思想史研究的魔盒,虽然正逐步被学者发现并开掘,但总体上看多系个案式研究,未能发挥解释、改造现实的整体效能"①,以传统"仁""义""礼""信"文化及中国法律制度史等为法律资源,当代公共性法律不仅找到行为规范、关系调整资源,而且包括利益平衡、权能整合启示,具有非常大的实践拓展空间。

第二节　优秀传统文化对当代公德
法律化的价值支持

公德法律化主要是指通过立法将传统文化的公德精神转化为公共法律的过程。公德法律化不可能将所有的道德转化为法律,因为所有的道德规范的法律化就等于取消了法律与道德的区别,不可能做到也没有必要。道德义务法律化有个限度,那就是既有必要性又有可能性,超出了必要性与可能性的限度,导致道德义务泛法律化,这会带来法律虚无主义,等于取消了道德和法律各自的作用。

孔子曰:"道之以政,齐之以刑,民免而无耻;道之以德,齐之以礼,有耻且格"(《论语·为政》),法律作为社会控制的一种方式,具有强力的全部力量,那么它也具有依赖强力的一切弱点。虽然道德也具有一定的约束力,但是,这种约束力是一种柔软的力量,它是以社会舆论、传统习俗、良心的压力、道德自律为前提的。诚信是我国传统文化中非常重视的"公共性"价值观,《中华人民共和国民法典》中的诚信原则是道德准则的法律化,诚信原则法律化可以促进诚信道德的传播。从来源看,现代公共性法律原则与传统文化中的仁、义、礼、信道德准则有着千丝万缕的联系,及时把传统文化中广泛认同、较为成熟、可行性强的道德要求转化为法律规范,这也是一种创新公共性法律立法工作的重要方式。

一、传统和谐观与当代公共性法律

追求社会和谐,是中国传统文化的一大特征。和谐原则是传统社会统治者在治理国家、调控社会中,以和谐为目标处理各种矛盾和关系时遵循的法则和

---

① 沈壮海、廖奕等:《学术话语体系建设的理与路:一项分科的研究》,人民出版社 2019 年版,第 218 页。

标准。法律属于社会意识形态范畴,受到政治和经济状况左右,又为政治和经济发展服务,传统社会无论道德教育还是法律法规均突出和谐主题。和谐原则的最大特征就是社会关系最大程度地得到协调,社会矛盾最大程度地得以缓和,个人的安定诉求最大程度地得到满足。

《周礼》一书浸润着社会和谐发展的精神。这种对和谐的价值追求也充分显现在《唐律》等历代法制观之中,成为统治阶级长期秉持的社会治理目标,反映了中国传统法制的内在意蕴、精神气质与性格特征。

传统和谐观可以直接成为当代"公共性"立法的价值目标。实现和谐的手段,可以是道德调节,也可以是法律调节。不同的是,道德主要通过自律实现和谐,法律主要通过他律实现和谐。任何"公共性"道德立法都应考虑到和谐,"法的目的价值,是指法律在发挥其社会作用的过程中能够保护和助长那些值得期冀、希求的或美好的东西,它构成了法律制度所追求的社会目的,反映着法律创制和实施的宗旨"①,它们使得立法更具妥当性与规范创造的必要性,它使律例的适用更具可接受性。公共性法律是和谐社会的重要组成部分,同时也是构建和谐社会的重要手段。

当前,我国正处于社会主义初级阶段,社会局面总体是好的,但经济发展的不平衡导致人们心态失衡,处理好个人与他人、人与社会、人与自然之间的关系是关系社会稳定的关键环节。中华优秀传统文化要充分发挥教育、引导、转化的功能,随着我国改革开放的深入,有的人抓住机会成了获利者,有的人没有把握机会成了失利者,失利者难免引起心理上、情绪上的落差。而新一代年轻人在参与激烈的市场经济竞争中会遇到许多新情况、新问题,产生焦虑、怨愤情绪甚至心态失衡,这些情况会在网络公共空间表现出来,如抱着一种"非此即彼""势不两立"的二元对立思维,会造成个人对他人、对社会的不信任的蔓延,这种思维模式不进行转变,势必成为公共冲突的根源。传统社会"以和为贵"的思维,则包含一种对社会、对他人信任的态度。

公共性立法要以传统社会主张的和谐为动力,以和谐为原则,以和谐为目标。2018 年 10 月 26 日,第十三届全国人民代表大会常务委员会第六次会议第三次修正通过《中华人民共和国野生动物保护法》,以及 2020 年 2 月 24 日十三届全国人大常委会第十六次会议表决通过了《关于全面禁止非法野生动物交

---

① 刘风景:《法律原则的结构与功能——基于窗户隐喻的阐释》,《江汉论坛》2015 年第 4 期。

易、革除滥食野生动物陋习、切实保障人民群众生命健康安全的决定》，这些法律对维护人与动物的和谐关系产生了重要影响。2020 年 12 月 26 日，我国颁行的《中华人民共和国长江保护法》，与 2023 年 4 月 1 日起施行的《中华人民共和国黄河保护法》及其他环境保护法律，一起对我国生态环境的维护产生很大影响。

2022 年 8 月 25 日，据星视频报道，8 月 20 日，在辽宁，一女子被狗咬后和狗主人起争执的事件引发热议。图中坐轮椅女子情绪激动，反复强调是你先打我的，还多次击打自己的腿部。拍摄者杜女士称："自己跑步时被狗追咬腿部受伤，事后狗主人态度恶劣，还用电轮椅撞人。"报警后，民警将其带走，但对方不和解、不赔偿，目前，杜女士已向法院递交了起诉书，等待法院审判。①

案例中狗的主人不是以和谐原则处理问题，最后从一起道德事件演变成法律事件，目前在我国类似的案例不少。不过，我国《民法典》第一千二百四十五条对养狗主人作了规定："饲养的动物造成他人损害的，动物饲养人或管理人应当承担侵权责任；但是，能够证明损害是因被侵权人故意或者重大过失造成的，可以不承担或者减轻责任。"此外，疫情居家隔离期间，笔者亲身体会到邻里之间奉行传统社会和谐美德的重要性，所居住的近 2000 人的社区发生两起因为弹钢琴或者其他噪声引发的邻里冲突，这两起邻里冲突上升到人身冲突甚至流血事件。如果说遵守传统社会"以和为贵"的公共道德是以柔软的方式实现社会和谐，那么公共性法律则以强制的方式实现了人际关系和谐。面对那些不遵守和谐公德又对他人人身权、财产权造成较大损失者，公共性法律要敢于立法加以规范。

二、传统仁爱观与当代公共性法律

传统公德之"仁"可以成为当代公共性法律的精神动力机制。仁爱是道德的首要原则，是其他所有法律和法规的直接或间接的立法基础。马克思认为人的本质是一切社会关系的总和，"任何一种解放都是把人的世界和人的关系还给人自己"②，在法律发展史上，由仁爱思想推动的法律轻刑化或者废除肉刑曾

① 参见《潇湘晨报》"法制现场"栏目，浏览时间：2022 - 08 - 25。
② 《马克思恩格斯全集》（第 1 卷），人民出版社 1956 年版，第 433 页。

成为法治进步的标识。立法中发扬仁爱精神，可以对那些表征了人类正义与和谐秩序终极目的的公共性法律规范进行肯定的价值评价；对那些不适应当代社会发展理念甚至愚昧野蛮过时的法律规范进行批判和舍弃，仁爱精神还推动立法的文明，增进对公共性法律的信仰与守法、护法的精神。

仁爱可以分为积极方面的仁爱和消极方面的仁爱。法律规范的是社会的全体成员，没有例外。积极仁爱即以"增益于"他人、团体及公众的权益为动机的行为，以维持社会发展为目的。积极仁爱，又分为三个层次：一是恻隐之心，同情与理解；二是关爱他人，博爱与慈善，即道德层面之公益；三是救助他人生命。消极方面的仁爱义务如勿伤害原则，体现为社会正义价值，"不使他人的境况变坏"，以维持社会秩序与稳定为目的。

第一，积极方面的仁爱可以作为公共性法律的良心，即法律之心。"法律并非单纯的行为规则，它还是一种精神的集合体"①。仁爱可以分为作为价值的仁爱与作为事实的仁爱，公共立法应该在"仁爱"的精神中展开其内容，是否具有仁爱精神，是良法与恶法区分的标准之一。良法帮助社会达到治理的最佳状态，也即从一般"有效治理"达到"良好治理"之境，它也是凝聚法治共同体的一种核心力量。工具理性具有天然的"外象性"，而价值理性则具有自明的"内蕴性"。法律总是要服务于比它更高一级的价值目的，其实法律的最终目的是为社会与人的发展服务的。创设新法律、形成普遍的价值共识与规范，离不开寻找新法律创设的道德基础。"原则，是介于抽象理念与操作规则之间的东西，是介于对未来的愿望和对当前的判断之间的东西，它是现实的理想化，又是理想的现实化；是规则的抽象化，又是理念的具体化"②，可以说法律是人类精神的载体，而仁爱即人文精神，是人类精神核心。仁爱之心，会产生一种他者意识，是当代公德立法的动力机制。黑格尔指出，"善作为普遍物是抽象的，而作为抽象的东西就无法实现，为了能够实现，善还必须得到特殊化的规定"③。我国司法救助机制、社会福利制度也是对传统仁爱精神的发扬，法律制度及时有效的关怀有缓和社会矛盾、稳定社会的功效。

仁爱精神能为公共性法律的进步提供前行的动力。公共性法律立法不去

---

① 刘建军等：《信仰的呼唤——社会主义市场经济条件下的信仰问题研究》，人民出版社 2011 年版，第 130 页。
② 沈晓阳：《正义论经纬》，人民出版社 2007 年版，第 158 页。
③ ［德］黑格尔：《法哲学原理》，范扬、张企泰译，商务印书馆 1961 年版，第 137 页。

考虑法的关怀，立法便失去了自我反思的依据和自我发展的目标。当然仁爱之德进入法律，需要采取合适的方式，不能简单化，不能违背立法、执法、司法、守法的规律。作为积极义务的仁爱之德可以成为制度的内涵，但是一般情况下无法成为每个公民的法律义务，它更多地寄望于个体的道德自觉与自愿。因为当把仁爱作为一种积极的法律义务的东西进行贯彻的时候，无论施予者还是被施予的对象，都是非常不情愿的，积极仁爱行为也无法做到普适性，所以并不能作为具体的法律规定。

在现代民主社会，仁爱精神成为法律制度的本质要求，构成一种法律制度的合理性基础。作为公共法律制度的伦理基础的仁爱之德，是一种立法的指导思想和精神追求。而今日城市交通安全法律的伦理价值取向应是"人本主义"，就是传统文化仁爱、兼爱精神的发扬，是人类社会管理交通活动的价值理性表现。

从仁爱与公正的深刻联系来看，仁爱为法律公正提供原动力。仁爱表现为一种理念化形态，赋予公共法律一种灵魂、一种精神，是实质的正义。爱心，是行公正之事的道德动机，但是仅有公平正义感，没有对不公平不正义问题更深层次的关注和对弱势群体的关怀，则公共性法律难以改变现状、取得突破。人民对公共性法律助推"美好生活"的需求和要求构成了总体性的法律意志，公共性法律立法中，继承传统文化仁爱、兼爱、齐物之爱的思想资源，重视对人的存在状态和处境的关注，强调人类困境的危机意识和作为主体的人的尊严，由此也可在21世纪重大灾害、重大疫情风险中开启一片生命境遇的希望，在不确定性的事件中带来确定性的法律秩序生活。

第二，消极方面的仁爱是当代公民公共场合中守法素养形成的自律机制。孔子曰"己所不欲，勿施于人"（《论语·颜渊》）、"己欲立而立人，己欲达而达人"（《论语·雍也》）、"克己复礼"（《论语·颜渊》），一个人越具有"共情"能力，他就越能行"恕道"，越能遵守法律，实际上成为公民守法素养形成的自律机制。近几年网络上因造谣、诽谤而对他人造成精神伤害的事件，就属于缺乏同理心而出现的公共事件。传统公德之"仁"引申的人道主义原则为人类所面临的新问题提供了一个最基本的价值定位，儒家通过做减法实现人道精神的意蕴。

消极方面的仁爱义务如勿伤害原则，体现为社会正义价值，"不使他人的境况变坏"，以维持社会秩序与稳定为目的，它们可以成为生活中的常理，构成了我们公共场合中的客观义务。消极方面的仁爱义务以"不应该""不能"的行为律令为基础,它们是不作为的义务,容易达成社会共识,如不杀戮、不欺骗、不偷盗,具有某种意义上的客观性。

对生命权的尊重和敬畏,是传统文化仁爱思想的重要内容。生命权是非常重要的基本人权之一,而且对照反面的伤害、侵权、不负责任,它可以表示为:不伤害,公正、关爱、尊重与责任。李步云先生指出,"即使在古老的中国,人权思想与精神所内含的人本主义思想与人文主义精神,也是十分丰富的"[①],生命权的思想源头是可追溯到儒家的"仁爱""齐物之爱"。不仅有儒家、道家生命至上原则的绝对命令,也有出于关爱对侵权伤害行为的矫正机制,甚至有非出于公正而是直接出于关爱原则的强者补偿弱者的习惯做法。"救死扶伤"是一种传统美德。任何一个落水遇险者,都有要求能救助他的人进行抢救的权利,这是一种具有普遍意义的道德权利,即道德性质的人权原则。"救死扶伤"是否应该进入公共性法律的视野? 如果把各种情形考虑周到,"救死扶伤"可以成为一项有能力者的法律义务。只有在无须付出太大代价时,道德才会向我们提出这种要求。但是积极方面的仁爱义务是一种弱责任,而消极方面的仁爱义务是一种强责任。休谟认为,公正是一种补救性的德性,社会只要有足够的仁爱,公正就是不必要的[②],虽然我们不赞成休谟对公正的忽略,但是我们同样肯定仁爱在公共性法律中的精神价值。传统仁爱思想对于最大限度地抑制各种侵犯人权现象的发生,提高立法水平,是有特殊理论价值的。传统仁爱原则是对现实中生命至上原则必然性因素的张扬。

中国当代公德建设中一些话语移植西方的博爱的语词,实际上是不恰当的,还得需要传统文化的阐释。仅举一例,《中华人民共和国道路交通安全法》中的生命安全准则是传统文化"仁爱"精神之拓展。交通路权的冲突中,儿童、老年人是最脆弱的道路使用者,属于应被优先关注、关心和救助的社会弱势群体。这有助于在全社会形成一种爱的情感传递的良性循环,有助于团结互助、充满爱心、富有人情味的和谐社会的构建。传统文化的仁爱思想应该成为志愿服务、慈善制度及其他公共性法律的立法原则。当然,"在正义的理解上,现代社会与传统社会则是非常不同的。现代社会的正义所预设的个体异于传统社会,突出个体的独立、利益与权利。在传统社会那里,仁爱是正义的基础;但现代社会的正

① 李步云:《创新是治学的追求——李步云先生自选集》,人民出版社2019年版,第120页。
② 参见〔英〕休谟:《道德原则研究》,曾晓平译,商务印书馆2001年版,第36页。

义则获得了独立性"①,传统公德之"仁"融入当代公德立法,有利于促进社会主义新型公共性法律体系的建设,而新型的和充满中国特色社会主义当下情怀的法律体系建设,无疑是我国社会主义建设的一个有机组成部分。

三、传统义文化与当代公德立法

传统公德之"义"可以融入当代公德立法的准则、裁判机制、公民守法意识等的培养中。传统文化的"义"有制度正义和个体正义之分,个体正义能促进制度正义。如第二章所述,传统文化的个体正义有多维内涵,如情感之义、意志之义、理性之义、行为之义,我们取其理性之义融入当代公德立法有非常重要的意义。在古代社会里代替他人私下报仇被视为正义之事,在今天的法治时代这种行为因为违反了法律至上、程序正义原则而被视为非正义或违法犯罪之事。"心之所同然者何也? 谓理也,义也"(《孟子·告子上》),"义"的本质即是合理,公平意味着德行、各得其所、对等的回报、形式的平等、某种理想的关系。古代社会的一些法律,其内容不过就是把当时人们公认的一些公平习惯纳入法律,使之具有普遍的约束力。蔡元培先生指出,"国家既有法律以断邪正,判曲直,而我等乃以一己之私愤,决之于格斗,是直彼此相杀而已,岂法律之所许乎? 且决斗者,非我杀人,即人杀我,使彼我均为放弃本务之人,而求其缘起,率在于区区之私情,如其一胜一败,亦非曲直之所在,而视乎其技术之巧拙,此岂可与法律之裁制同日而语哉"②,继承传统文化理性正义观入法,有利于人们程序正义思维的培养。一个推崇理性正义的社会,应该是一个是非明确、底线鲜明,追求利益公平公正的社会。

四、传统礼文化与当代公德立法

传统公德之"礼"可以作为当代公德立法的手段。中国古代法律源于风俗,正如顾炎武指出,"法制禁令,王者之所不废,而非所以为治也。其本在正人心、

---

① 胡军方:《休谟道德哲学研究》,人民出版社 2019 年版,第 197 页。
② 蔡元培:《订正中学修身教科书》,上篇,商务印书馆 1912 年版,第 68 页。

厚风俗而已。故曰'居敬而行简,以临其民'"①,道家"无为而治"理论依据亦本于此。"礼,经国家,定社稷,序民人,利后嗣者也"(《左传·隐公十一年》)。荀子认为,"故非礼,是无法也"(《荀子·修身》),"礼者,法之大分,类之纲纪也"(《荀子·劝学》)。中华优秀传统文化以礼为外饰,以法为筋骨,以礼行法,礼法并重,从而减少推行法律的经济成本、社会成本,儒家的这一特点,在很大程度上造就了中国古代制度文化雅致的一面。传统公共礼仪规范曾经非常有效地调节人们在公共生活中的关系和行为,随着社会的进步,礼重新成为人们的核心价值诉求。在当代,我们可继承礼的精神,在公共性法律中添加一些简单易行的礼仪,如使礼让成为出行、交通运行中的德行,在有关交通安全的法律中添加礼让的设计,将大大降低欲望的扩张与有限资源之间的永恒矛盾,因此也为人们更加期盼和呼唤。

公德立法一是起到权威性约束作用。对于未达到公德自觉阶段的个人而言,遵守公德是有了法律的威慑而发生作用的,个体需要经过法律他律,才有可能学会自觉遵守公德规范。二是公德立法能提升社会整体公德水平。法律面前人人平等是立法、执法、司法、守法的基本原则。"立善法于天下,则天下治;立善法于一国,则一国治。"公德立法既可以约束那些非道德行为者,也可以激励那些愿意公德制度化的公民。三是公德法律化能增强公德建设的实效性。公德法律化对人们的公共空间的行为提供了确定、一致的强制性指导,使公德的遵守具有法律的保障。"道德法律化的稳定性有助于使其规定的内容成为许多人反复践履的行为,久而久之养成习惯,形成风俗,最终转化为人们的无意识存在,这就为新风俗习惯的形成,为新道德、新价值观念的养成提供了有效途径"②,因而,道德立法有助于社会公德的确立。

优秀传统公德文化的法律化使得传统公德文化的维系功能得到充分体现。传统公德资源在内容上具有指导准则的特点,仁义礼信等传统公德范畴是一种价值性的理想,就是用抽象思维的方式,从大众现实生活中排除掉种种偶然的具体的现象而形成的一种具有持久影响力的绝对理念。守礼是社会公德建设的基本途径,公正是公共道德建设的基本准则,仁爱是社会公德建设的理想,和

---

① (清)顾炎武:《日知录集释》全校本(上),黄汝成集释,乐保群、吕宗力点校,上海古籍出版社 2006 年版,第 488 页。
② 王永贵等:《经济全球化与社会主义意识形态研究》,人民出版社 2005 年版,第 245 页。

谐是社会公德建设的基本目标,文明是社会公德建设的价值诉求。德沃金就指出,"正是法律的这种由法律原则所给予的道德特征,给予了法律特别权威,也给予我们对法律的特别的尊敬"①,春秋决狱"代表儒家价值立场的春秋之义正是以这一方式逐案进入当时的法秩序,从而实现除旧布新的创举"②。法学家德沃金提出,如果道德原则和既有法律体系的价值趋向一致,表明该原则本已存于法律系统之内。中国当下法治实践最大的问题,在于传统文化的优秀价值理念和时代的先进理念并没有成为全社会的共识,以"五常"为主导思想的传统文化精华并没有完全被吸收进入。因此,优秀传统公德文化的法律化能激活传统文化公德资源的生命力,让传统文化深入人心。

第三节　传统文化公德资源法律化的展望

仁、义、礼不是传统社会某派思想家的个别论断,而是中国传统文化整体的思想观点与核心价值观念,在当代则可以促进公德立法从工具理性向价值理性的转变。在《春秋繁露》中,董仲舒认为:"刑者德之辅,阴者阳之助也"(《春秋繁露·天辨在人》)。董仲舒从此开始了中国法制史上将道德价值观纳入刑罚的开端,道德要求成为法律的重要内容。《唐律疏议》一是用儒家的伦理思想作为立法的指导原则;二是将违背礼法的内容都纳入了刑法,将法律和道德要求紧密结合。恩格斯在《论住宅问题》一文中指出:"在社会发展某个很早的阶段,产生了这样的一种需要:把每天重复着的生产、分配和交换产品的行为用一个共同规则概括起来,设法使个人服从生产和交换的一般条件。这个规则首先表现为习惯,后来便成了法律"③。公德立法是实现和谐目的的重要方式,传统文化公德资源法律化是把人们从古至今的具体的社会公共要求转变为抽象的、一般的公共法律规范的过程。传统文化公德资源法律化本身反映了人们通过法律调整公共关系的愿望与方法,反映了人们对公共秩序的价值追求。我国基于尊重生命的传统仁爱思想的立法和现代西方基于功利后果考虑的立法原则是截

① [美]德沃金:《认真对待权利》,信春鹰等译,中国大百科全书出版社1998年版,"序言",第21页。
② 杜军强:《汉代春秋决狱的法理构造——以"春秋之义"的法源地位分析为中心》,《清华法学》2021年第1期。
③ 《马克思恩格斯全集》(第18卷),人民出版社1964年版,第320页。

然不同的。如果传统公德文化法律化能够对公德失范提供新的更好地解决问题的思路,何乐而不为呢?

一、传统仁爱思想入法

仁爱思想在中国的法律方面有广泛的体现,在宪法中表现为保障人权的原则,在刑法方面表现为维护受害者的公正。仁爱思想是我国进行立法活动的重要准绳,生命至上原则是传统文化仁爱思想在立法实践中的现代体现。

公共立法方面的志愿服务、慈善制度、交通安全等法律的出台宣扬了传统文化的仁爱精神。虽然公正是法律制度的底线要求,但是对于一个追求"美好生活"的社会来说,仅有公正是不够的。在中国,社会主义制度因其生产资料的公有制性质,在制度上确保社会成员政治上的平等地位,志愿服务、慈善制度等法律的出台以法律的角度认同救助,以明确的法律形式保障获得救助的合理性及合法性。

在西方,救助对于社会而言,思想理论基础是建立在宗教学说上,是每个人基于上帝之子的平等身份博爱他人,中国救助的思想理论基础是着眼于对他人的同情怜悯之心。儒家提出"泛爱众""仁政",中国早在西周就有应急的仓储制度,对因灾而流亡的百姓给予安置,对于鳏寡孤独废疾者给予养恤、救济。1601年,英国女王伊丽莎白一世颁布的《济贫法》是世界上最早出台的济贫法。贫困救助纳入国家法律层面,2016年我国通过的《中华人民共和国慈善法》规定:"本法所称慈善活动,是指自然人、法人和其他组织以捐赠财产或者提供服务等方式,自愿开展的下列公益活动:(一)扶贫、济困;(二)扶老、救孤、恤病、助残、优抚;(三)救助自然灾害、事故灾难和公共卫生事件等突发事件造成的损害;(四)促进教育、科学、文化、卫生、体育等事业的发展;(五)防治污染和其他公害,保护和改善生态环境;(六)符合本法规定的其他公益活动。""我国志愿服务事业现已取得长足进步,并向规范化、法治化、国际化方向发展。49个规模较大城市近半数已制定志愿服务地方立法"[1],这两项法律的出台,是从法律的角度认同救助,以明确的法律形式保障获得救助的合理性及合法性。慈善活动与

---

[1] 姜广秀:《我国志愿服务立法刍议》,《东北农业大学学报(社会科学版)》2020年第2期。

社会救助中包含的仁爱思想、生命至上的价值理念、互爱互助精神等传统公德规范则是被人们至今普遍认同的。

今天,社会救助已演变为一项基于社会福利及社会保障的制度性设计,或是社会管理中所需要解决及遵循的一项举措,淡化了传统文化扶助弱者的基于仁爱之心的自发行为的色彩,往往会基于感同身受的同情心和恻隐心给予力所能及的临时性接济及帮助。无论是给予还是获得救助,皆为自然本性使然。一方面,要建立慈善和志愿服务立法与传统文化仁爱因素的历史联系,让当下的慈善行为和志愿服务行为具有深厚的传统文化底蕴;另一方面,要让慈善和志愿立法在话语上更加民族化。随着社会的进步,人们从事志愿服务、慈善活动的自觉程度、规模及水平高于以往时代。总之,以入法的形式规定救济、救助的内容及救济、救助的量化指标,从本质上来说是社会管理上的一大重要转变。

二、传统正义思想入法

公平正义是衡量当代社会制度的首要标准,是考量人类行为正当与否的重要标准,也是衡量公共性法律立法宗旨、立法价值的基本准则。当代公共性法律制度与传统公平正义观的继承与发扬之间是一种双向互补、双向同化的关系。公共性法律制度为传承传统文化的公正精神、正义感提供了制度保障。传统正义观认为盗窃、抢劫、伤害他人是不道义的,在传统社会各个朝代都有相关法律严惩这种行为,到今天这些传统法律制度仍然有借鉴意义。

在维护公正方面,现代法律观和传统法律观表现出一致性而非对抗性。现代法律观和传统法律观通过执法和司法贯彻公正价值观,如果背离公平正义原则,立法必然陷入紊乱。儒家、道家在制度上有矫正公正思想的体现,马克思主义指明社会不公的根源在于生产资料私人占有制,只有消灭私人占有制,才能真正实现社会公平正义,儒家、道家的矫正公正精神与现代法治精神有相通之处。2006 年中共十六届六中全会指出:"必须坚持民主法治……促进社会公平正义","加强制度建设,保障社会公平正义"。这里的"公平正义"是对传统社会政治法治理想的继承,既是一种政治追求也是一种法治追求。根据罗尔斯的研究,只有当社会成员确认他们所依赖的社会制度是公正的,他们才愿意对制度所规定的内容作出承诺,从而才能意识并履行他们遵守制度的义务。法律应充分反映人民的意愿,只有这样才有利于社会稳定,如《民法典》第一百八十四条规定:"因自愿实施紧急救助行为造成受助人损害的,救助人不承担民事责任",这是通过立法的方式对传统文化见义勇为美德的弘扬。传统社会中忠诚、服从、守制等道德观,一直在中国法文化中得以渗透,我们要将其创造性转化为遵守法律规则的意识。

三、传统礼文化入法

《中华人民共和国道路交通安全法》等法律的制定以及日后的丰富、完善,促进了传统礼让意识的复归。礼是规则,让是谦让。"'以礼入法',也就是常说的伦理法律化,这一特征是从汉代起一直到清末各主要王朝法律的共性"①,交通是人们为了促进社交生活而有的,汽车作为现代生活出行最为主要的交通工具,给人们的生活提供了便利的同时,也出现了交通拥堵、碰撞事故等问题,驾车者之间以及驾车者与行人之间路权的冲突与矛盾越来越强烈。降低事故损失本身就是最好的社会美德,一次次车祸背后,排除制度执行不力因素、汽车故障因素、驾驶技术因素等客观因素外,人的交通观念起着很重要的作用。一些人在思维上,缺失仁爱之心,并没有把驾驶行为看成一个公共行为,也没有把交通活动看成一个由人的生命组成的网,或以罚款与赔偿费模糊了个人的公共道德责任,要求当代公民要有友善、文明、和谐的交通伦理观,在交通法律中融入礼让的传统文化有着非常重要的作用。交通素质不是自觉养成或先天具有,需要教育和培养来造就,传统礼文化在提升交通参与者素质上可以发挥独特作用。2013 年制定的《中华人民共和国道路交通安全法》总则第一条指出,"为了维护道路交通秩序,预防和减少交通事故,保护人身安全,保护公民、法人和其他组织的财产安全及其他合法权益,提高通行效率,制定本法",而把传统礼文化融入《中华人民共和国道路交通安全法》,可以给社会公共安全更加温情的守护。

清朝康熙皇帝颁布的《圣谕十六条》曾曰:"讲法律以儆愚顽,明礼让以厚风俗。"交通规则从简单的道德层面,应该以公众利益为首位。科学的规则的基本特点大都是限制不合理行为的。比如,不能闯红灯,不能逆行,不能随意横穿马

---

① 袁银传等:《培育和践行社会主义核心价值观研究》,人民出版社 2019 年版,第 223 页。

路等。只有限制了少数人在这些问题上的部分自由,才能更大限度地维护更多人的交通自由。在立法、执法中,纯粹完全依靠权利—责任原则行事并不实际,培养礼让意识和他者思维将是一个重要的环节。礼让思维的养成将有助于培养驾驶者的公共安全、公共文明的责任感。礼让入法提高了遵循伦理规范的自觉性,文明礼让是交通法的重要价值取向。机动车的通行应该礼让非机动车驾驶人、行人的生命、财产权益,如果反之,则会由道德问题变成侵权问题。交通上的礼让道德关乎中国文明、传统价值、经济基础等,可以说是社会风气的风向标。在高科技化的公共交通工具使用法律中,礼让原则更应发挥重要作用。确立传统文化的礼让原则是当前的《中华人民共和国道路交通安全法》完善的方向。《中华人民共和国道路交通安全法》绝不仅仅是一种技术性的规范,在一定程度上它是仁、义、礼、智、信等传统公德观的外化,是显露的传统公德。

四、传统节约美德入法

《中华人民共和国反食品浪费法》的制定促进中华传统文化的节制美德的传播。勤俭节约是中华民族的传统美德。生活资源的有限性、环境排污能力的有限性与人的需要的扩张性、竞争性一直存在着不可调和的矛盾,孔子强调要"节用而爱人"(《论语·学而》),《周易》中提出了"节以制度,不伤财,不害民"的主张。老子说:"治人事天,莫如啬。夫唯啬,是谓早服。"班固描述墨家为"墨家者流,盖出于清庙之守。茅屋采椽,是以贵俭"(《汉书·艺文志》),墨家奉节俭为高贵的美德。可见,古代的节约思想既有出于维持本阶级存在和发展的需要,也有维护全社会共同利益的考虑。节约包含了节省使用、适量使用、适物使用、充分使用、反复使用等内涵。节约本质上是人类对自我欲望的节制,对穷人来说,是需要理性克制的。对富人来说,节约不仅需要理性,还需要有对穷人、对社会、对环境关爱的情感美德。制定反食品浪费法,把体现中华民族传统的节约美德和社会主义核心价值观的文明、和谐要求上升为法律规范,2020 年 12 月 22 日,第十三届全国人大常委会第二十四次会议初次审议《中华人民共和国反食品浪费法(草案)》,这是弘扬中华民族传统美德,节约资源,保护环境,促进经济社会可持续发展的一项重大立法举措。2021 年 4 月 29 日,在第十三届全国人民代表大会常务委员会第二十八次会议表决通过的《中华人民共和国反食品浪费法》,其中第一条规定:"为了防止食品浪费,保障国家粮食安全,弘扬中华民族传统美德,践行社会主义核心价值观,节约资源,保护环境,促进经济社会可持续发展,根据宪法,制定本法",旗帜鲜明地把弘扬中华民族传统美德作为立法的宗旨。亚当·斯密在《国民财富的性质和原因的研究》一书中将劳动分为两种:生产性劳动和非生产性劳动。节俭不是要人们不消费,如果不消费,生产也会停止。

人的需求分为理性需求和非理性需求。节俭的目的在于创造并促进个人和家庭的幸福。节俭不是为了节省而刻意悭吝,而是要充分利用每一件物品,包括粮食、金钱和消费品。要引导人们确立一种不以物质满足衡量人生价值的消费观,以缓解人类消费和环境保护间的冲突。节俭是一种社会责任,节俭的人珍惜人类劳动成果,注重节约,发挥物品的最大效应,实际上是克制了自己的消费欲望,减轻了自然的负担和环境的压力,分担了发展社会福利和代际文明传承的责任。节俭从更宽泛的意义上讲,意味着慷慨无私地帮助别人,将节俭的好处辐射到更多的人群和领域,是解决人与自然对立关系的明智选择。

人性与人道原则,是公共道德法制化的内在动因。法学家博登海默指出,"法律与道德代表着不同的规范性命令,然而它们控制的领域却在部分上是重叠的","其目的就在于强化和确使人们对一个健全的社会所必不可少的道德规则的遵守"[①],法律以专门立法、明文规定、强制性惩罚的方式培养人们正当、善良的行为,促进社会和谐有序。公德法制化建设与公德的文化建设核心目标是一致的,无论是公德文化建设的润物无声还是法制化建设的理性规则,目的都是确立明确、正当的公共行为规范,使人们在公共场所的言行有法可依、有章可循。法律精神是以正义为基础,以是否符合社会伦理道德为其存在的根基。伦理道德为法律提供理论依据,而法律为道德的实施提供强有力的保障。同样,道德也可以影响法律实施的功效。

儒家"公共性"的"五常"价值观在今天不仅不是当代公民守法的阻碍,而是解决社会失序的有力思想资源,是当代先进性公德文化的基础性构造资源。不断加强它的社会作用,不断深化它对社会文化的影响,超越西方自由主义、个人主义的公德理念,实现公德法律文化的自信。

当今时代,随着公共空间的工具发展到人工智能时代,社会公共领域的良

---

① [美]E. 博登海默:《法理学:法律哲学与法律方法》,邓正来译,中国政法大学出版社 1998 年版,第 379 页。

性运行和协调发展也越来越重要，中华优秀传统文化的精髓在社会交往范围的广阔性与社会结构的复杂性下日趋体现出来，让中华优秀传统文化的精髓在公共性法律中发扬光大，传统文化与当代公德、工具与理性、技术与价值、道德与法律皆可在新时代获得融合提升的契机。

结　语

　　我国的公共空间作为一种空间形式,是我国生产力和生产关系之间的联结者,是家与社会的桥梁,一直反映着我国生产力与生产关系发展的样态。由于当代是"陌生人"社会,人们之间缺乏传统文化的凝聚力,在灾难出现时,人们呼唤礼仪秩序、情感关怀,人们对公共情感的需求转向寻找传统文化的"温情"。

　　"传统"是历史的,"历史"先于"当代"而存在。作为"整体性"存在体现的优秀传统文化,先于"个人"而存在。"个人"不能选择作为"整体性"存在体现的优秀传统文化;"当代"不能否定"过去"的客观性。优秀传统文化的历史性积淀在民族心理的深处,构成了民族精神生活的深度。优秀传统文化的理性因子构成了公共性话语,作为一种理性精华,在社会公共生活的世代交替中,它们不断被后代回望、呼应、援引、复制、转化、超越。因此,优秀传统文化的历史性构成了当下公德建设的公共性背景,随时、随处都可以"唤醒"当代人对传统文化的历史性的公共生活图景的记忆。

　　在社会主义意识形态范畴内开展的优秀传统文化融入当代公德建设活动也是一项民生工程,以群众渴望重新回归传统社区仁爱、仗义、礼貌的品质需求为导向,消除资本主义社会中存在的孤立的"原子化的个人",最大程度地实现社会平等和人民的相互关怀。

　　当今时代,人们日常相互交往的频次、范围、程度以及内容等均发生了前所未有的快速变化。公共场域、公共场所的所指发生了巨大的变化;公共要素由简单到繁复;公共利益由简单到复杂;公共冲突发生的外部环境发生了巨大的变化。数字化、网络化和智能化科技的赋能,正影响着公共空间。如何处理公共空间的社会生活变得重要且复杂,受到"美好生活"理念的影响,公共空间的公共道德研究受到重视;受到信息科学技术、元宇宙概念及新冠疫情等的影响,公共道德研究出现"视角延伸与转向"。研究者需要以虚拟与现实融合、宇宙与平面切换的空间视角,前瞻与回顾统一的时间维度,日常生活与重大公共性事件交织的人事视角探究公共生活的道德理念。

文化非一代可以形成,文明显然非一日建成。我们可经过不断反思、探讨,借助马克思主义方法,整合和摩挲中国传统文化,以中国传统文化为根,建构超越传统与现代、民族性与世界性二元对立、理论与实践分离、精英与大众分隔、道德与法治割裂的认知图式与知识立场,打造颇具中国风范的文明景观,实现文明范式的变革,从文化层面上把现代性和民族性有机地融为一体,从而为中国现代化提供坚强的精神支柱,也是在理论和实践上对马克思主义道德理论的丰富和发展。

附录

中华优秀传统文化融入当代
公德建设调查问卷

第1题　您目前所在的地区　［单选题］

选项	小计	比例
中部	1432	59.1%
西部	181	7.47%
沿海	634	26.17%
华北	130	5.37%
东北	46	1.9%
本题有效填写人次	2423	

第2题　您社区所在地　［单选题］

选项	小计	比例
省会城市\中央直辖市	1034	42.67%
一般城市	372	15.35%
县城	428	17.66%
乡村	589	24.31%
本题有效填写人次	2423	

第3题　您的性别是　[单选题]

选项	小计	比例	
男	1002		41.35%
女	1421		58.65%
本题有效填写人次	2423		

第4题　您的年龄　[单选题]

选项	小计	比例	
18—35	1648		68.01%
36—50	619		25.55%
51—65	134		5.53%
66—80	22		0.91%
本题有效填写人次	2423		

第5题　您的学习经历　[单选题]

选项	小计	比例	
小学	96		3.96%
初中	390		16.1%
高中	184		7.59%
专科、本科	1308		53.98%
研究生	445		18.37%
本题有效填写人次	2423		

第6题　您认为您是否具有公德心？　[单选题]

选项	小计	比例
是	2388	98.56%
否	35	1.44%
本题有效填写人次	2423	

第 7 题　您认为当代公德建设是否达到了很高的水平？　［单选题］

选项	小计	比例
非常好	308	12.71%
比较好	959	39.58%
一般	1042	43%
比较差	92	3.8%
非常差	22	0.91%
本题有效填写人次	2423	

第 8 题　在您看来，传统仁爱文化是否应是今天公德建设的内容？　［单选题］

选项	小计	比例
是的	2331	96.2%
不是的	92	3.8%
本题有效填写人次	2423	

第 9 题　在您看来，传统礼仪是否是当今社会要重新提倡的公德？　［单选题］

选项	小计	比例
是的	2162	89.23%
不是的	261	10.77%

续　表

选项	小计	比例
本题有效填写人次	2423	

第10题　传统侠义是否是当今社会要重视的公德？　［单选题］

选项	小计	比例
是的	899	37.1%
不是的	249	10.28%
是的,但是要去除暴力	1275	52.62%
本题有效填写人次	2423	

第11题　传统君子文化在今天的公德建设中是否还有价值？　［单选题］

选项	小计	比例
有很大价值	1745	72.02%
没价值	46	1.9%
有一点价值	632	26.08%
本题有效填写人次	2423	

第12题　以下哪些传统文化可以用到今天的公德建设中？　［多选题］

选项	小计	比例
仁爱	2247	92.74%
仗义	1427	58.89%
礼仪	2112	87.16%
诚信	2305	95.13%
君子	1620	66.86%
和谐	2224	91.79%

续 表

选项	小计	比例
节制	1648	68.01%
本题有效填写人次	2423	

第13题 关于社区文化建设,您认为社区应当建设为 [多选题]

选项	小计	比例
仁爱社区	1942	80.15%
礼俗社区	1292	53.32%
法治社区	2118	87.41%
和谐社区	2197	90.67%
其他	232	9.57%
本题有效填写人次	2423	

第14题 关于传统仁爱文化进入社区的意义,哪些是对的? [多选题]

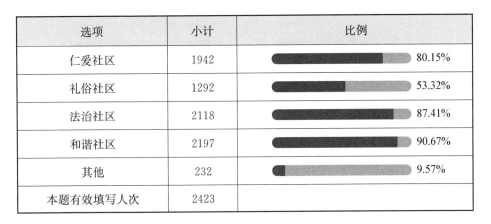

选项	小计	比例
社区居民尽管没有血缘关系,但只要组织得当可以形成超越血缘的温情	1708	70.49%
传统仁爱文化可以构建相互扶持的互助协作关系和社会网络	2106	86.92%
传统文化的仁爱思想是构建理想社区的关键因素	1701	70.2%
传统文化的仁爱思想有利于居民形成社区的心理认同和归属感	1943	80.19%
以上都不赞成	98	4.04%
本题有效填写人次	2423	

第15题　关于礼貌礼仪,以下正确的是　［多选题］

选项	小计	比例
表情和悦,言语文明	2230	92.03%
在公共场合不谈论他人隐私	2093	86.38%
在公共场合不谈论公众人物的违法隐私	1668	68.84%
非礼勿视,非礼勿听,非礼勿言,非礼勿动	1977	81.59%
遵守交通规则,礼让他人	2118	87.41%
本题有效填写人次	2423	

第16题　以下哪些语句表达了古人对正义的追求?　［多选题］

选项	小计	比例
道之所在,虽千万人,吾往矣	1902	78.5%
见义不为,无勇也	1777	73.34%
其言必信,其行必果,已诺必诚,不爱其躯,赴士之厄困	1889	77.96%
子侠乃孝,臣侠乃忠,友侠乃信	1731	71.44%
以上都不赞成	140	5.78%
本题有效填写人次	2423	

第17题　传统仁义礼公德文化在今天社区文化建设中　［多选题］

选项	小计	比例
帮助人们建立属地感,消除孤独感	1938	79.98%
增进邻里社交,减少网络成瘾	1875	77.38%

续 表

选项	小计	比例
用共同价值观起到凝聚社区居民的作用	2059	84.98%
有利于青少年从小习得良好的公德	2081	85.89%
有利于弱势群体得到关照	1739	71.77%
本题有效填写人次	2423	

第18题 社区公德文化建设可以通过哪些途径促进？ ［多选题］

选项	小计	比例
组织学雷锋、关爱空巢老人、邻里节等活动	2165	89.35%
应该建设道德礼堂、文化讲堂提升道德、文化素质	1985	81.92%
本社区居民组织慈善基金会,对社区弱势群体进行帮扶	1952	80.56%
发挥节日庆典的公德教育功能	1774	73.22%
通过身边典型,让榜样形象化、亲切化	1877	77.47%
本题有效填写人次	2423	

第19题 社区公德建设应由谁来推动？ ［多选题］

选项	小计	比例
社区党组织	2030	83.78%
社区居民委员会	2178	89.89%
社区党员	1772	73.13%

续 表

选项	小计	比例
退休干部	1183	48.82%
志愿者	1737	71.69%
居民	1636	67.52%
其他	267	11.02%
本题有效填写人次	2423	

第20题 您认为当前公德建设没有达到理想状态的原因是 [多选题]

选项	小计	比例
学校不重视	926	38.22%
媒体不重视	931	38.42%
社区不重视	1191	49.15%
中央不重视	505	20.84%
家庭不重视	954	39.37%
只重政治宣传,不重文化建设	1343	55.43%
没有深入到群众中去	1805	74.49%
对违反公德的行为没有惩罚措施	1304	53.82%
其他原因	324	13.37%
本题有效填写人次	2423	

第21题 您认为加强当代公德建设的当务之急是 [排序题]

选项	平均综合得分	
传统公德文化入手	3.56	
社会主义核心价值观入手	3.48	

续　表

选项	平均综合得分	
政治教育入手	2.43	
法制途径入手	2.02	
其他途径	0.39	

第22题　请问您未来希望哪些主题的传统文化能够融入社区？　[多选题]

选项	小计	比例
社区凝聚力	1861	76.81%
乐于助人	2072	85.51%
文明行为	2152	88.82%
尊老爱幼	2063	85.14%
诚信教育	2098	86.59%
爱国主义	1899	78.37%
其他传统文化教育	859	35.45%
本题有效填写人次	2423	

第23题　您认为影响中华优秀传统文化融入社区公德建设的原因是什么？　[多选题]

选项	小计	比例
居民对传统文化热情不高,都认为这个无关紧要	1870	77.18%
社区开展睦邻活动次数不多,活动内容单一,不新颖	1817	74.99%
社区负责人能力不足,无法传播中华优秀传统文化	1456	60.09%

续　表

选项	小计	比例
生活节奏快,传统文化难以立竿见影	1830	75.53%
其他原因	348	14.36%
本题有效填写人次	2423	

第 24 题　您认为是否需要学习中华优秀传统文化来提高社会公德水平?
[单选题]

选项	小计	比例
是	2360	97.4%
否	63	2.6%
本题有效填写人次	2423	

第 25 题　您对中华优秀传统文化融入当代公德建设有什么特别的见解?
[填空题]

填空题数据请通过下载详细数据获取

参考文献

一、著作

［1］《马克思恩格斯文集》(第1卷)，人民出版社2009年版。

［2］《马克思恩格斯文集》(第3卷)，人民出版社2009年版。

［3］《马克思恩格斯文集》(第4卷)，人民出版社2009年版。

［4］《马克思恩格斯文集》(第5卷)，人民出版社2009年版。

［5］《马克思恩格斯文集》(第9卷)，人民出版社2009年版。

［6］《马克思恩格斯选集》(第1卷)，人民出版社1995年版。

［7］《马克思恩格斯选集》(第1卷)，人民出版社2012年版。

［8］《马克思恩格斯选集》(第3卷)，人民出版社1995年版。

［9］《马克思恩格斯选集》(第4卷)，人民出版社1995年版。

［10］《马克思恩格斯选集》(第4卷)，人民出版社1977年版。

［11］《马克思恩格斯全集》(第1卷)，人民出版社1956年版。

［12］《马克思恩格斯全集》(第2卷)，人民出版社1957年版。

［13］《马克思恩格斯全集》(第2卷)，人民出版社2005年版。

［14］《马克思恩格斯全集》(第3卷)，人民出版社1960年版。

［15］《马克思恩格斯全集》(第3卷)，人民出版社1979年版。

［16］《马克思恩格斯全集》(第3卷)，人民出版社2002年版。

［17］《马克思恩格斯全集》(第11卷)，人民出版社1995年版。

［18］《马克思恩格斯全集》(第18卷)，人民出版社1964年版。

［19］《马克思恩格斯全集》(第42卷)，人民出版社1957年版。

［20］《马克思恩格斯全集》(第44卷)，人民出版社2001年版。

［21］《马克思恩格斯全集》第46卷(上)，人民出版社1979年版。

［22］《马克思恩格斯全集》(第47卷)，人民出版社1979年版。

［23］[德]马克思：《1844年经济学—哲学手稿》，刘丕坤译，人民出版社1979年版。

［24］[德]恩格斯：《路德维希·费尔巴哈和德国古典哲学的终结》，中共中央马克思恩格斯列宁斯大林著作编译局，人民出版社2014年版。

［25］［德］恩格斯：《论住宅问题》，中共中央马克思恩格斯列宁斯大林著作编译局，人民出版社 2019 年版。

［26］马克思、恩格斯：《共产党宣言》，人民出版社 1997 年版。

［27］《列宁选集》（第 2 卷），人民出版社 1995 年版。

［28］《列宁选集》（第 4 卷），人民出版社 1995 年版。

［29］《列宁全集》（第 25 卷），人民出版社 1988 年版。

［30］［俄］普列汉诺夫：《普列汉诺夫哲学著作选集》（第 2 卷），生活·读书·新知三联书店 1962 年版。

［31］［俄］普列汉诺夫：《普列汉诺夫哲学著作选集》（第 3 卷），生活·读书·新知三联书店 1962 年版。

［32］毛泽东：《毛泽东选集》，人民出版社 1966 年版。

［33］毛泽东：《毛泽东文集》（第 2 卷），人民出版社 1993 年版。

［34］毛泽东：《毛泽东文集》（第 8 卷），人民出版社 1999 年版。

［35］习近平：《在首都各界纪念现行宪法公布施行 30 周年大会上的讲话》，人民出版社 2012 年版。

［36］习近平：《习近平谈治国理政》，外文出版社 2014 年版。

［37］习近平：《习近平在纪念孔子诞辰 2565 周年国际学术研讨会暨国际儒学联合会第五届会员大会开幕会上的讲话》，人民出版社 2014 年版。

［38］习近平：《在哲学社会科学工作座谈会上的讲话》，人民出版社 2016 年版。

［39］习近平：《决胜全面建成小康社会　夺取新时代中国特色社会主义伟大胜利——在中国共产党第十九次全国代表大会上的报告》，人民出版社 2017 年版。

［40］习近平：《习近平谈治国理政》（第一卷），外文出版社 2018 年版。

［41］习近平：《在教育文化卫生体育领域专家代表座谈会上的讲话》，人民出版社 2020 年版。

［42］《中国共产党第十九次全国代表大会报告单行本》，人民出版社 2017 年版。

［43］《新时代公民道德建设实施纲要》，人民出版社 2019 年版。

［44］中共中央宣传部宣传教育局编：《崇德向善的引领：新时代公民道德建设理论文章汇编》，人民出版社 2020 年版。

［45］（战国）左丘明：《国语》，（三国吴）韦昭注，上海古籍出版社 2015 年版。

［46］（汉）贾谊撰，阎振益、钟夏校注：《新书校注》，中华书局 2000 年版。

［47］（汉）司马迁：《史记》，中华书局 2019 年版。

［48］（汉）郑玄注、（唐）孔颖达正义、吕友仁整理：《礼记正义》，上海古籍出版社 2008 年版。

［49］（汉）郑玄注、（唐）贾公彦疏，黄侃经文句读：《周礼注疏》，上海古籍出版社 1990 年版。

［50］（汉）班固：《汉书》，中华书局 2005 年版。

［51］（汉）许慎：《说文解字》，中华书局 2020 年版。

［52］（汉）刘熙：《释名》卷四，中华书局 1985 年版。

［53］（唐）韩愈：《原道》，刘真伦、岳珍校注：《韩愈文集汇校笺注》，中华书局 2010 年版。

［54］（唐）杜光庭：《道德真经广圣义》卷三十，引自《道德经释义》下册，中国书店 2015 年版。

［55］（梁）皇侃撰，高尚榘校点：《论语义疏》卷一，中华书局 2013 年版。

［56］（宋）张载：《正蒙》，《张载集》，中华书局 1978 年版。

[57] (宋)程颢、程颐:《二程集》,中华书局1981年版。

[58] (宋)朱熹、吕祖谦:《近思录》,中国三峡出版社2008年版。

[59] (宋)程颢:《二程遗书》(卷一),上海古籍出版社2000年版。

[60] (宋)《朱子语类》(第四册)卷第52,中华书局1986年版。

[61] (宋)朱熹:《四书章句集注》,中华书局1983年版。

[62] (宋)《范仲淹全集》附录六《清宪公续定规矩》,四川大学出版社2002年版。

[63] (宋)黎靖德编,王星贤点校:《朱子语类》第一册,中华书局1999年版。

[64] (宋)黎靖德撰,王星贤点校:《朱子语类》卷六,中华书局1999年版。

[65] (清)王夫之:《读四书大全说》,中华书局1975年版。

[66] (清)焦循撰、沈文倬点校:《孟子正义》,中华书局1987年版。

[67] (清)顾炎武:《日知录集释》全校本(上),黄汝成集释,乐保群、吕宗力点校,上海古籍出版社2006年版。

[68] (清)凌廷堪:《校礼堂文集》,中华书局1998年版。

[69] (清)孙诒让:《墨子间诂》,中华书局2001年版。

[70] (清)全士潮:《驳案汇编》,何勤华等校,法律出版社2009年版。

[71] (清)孙星衍等:《汉宫六种》,中华书局1990年版。

[72] (清)徐士林:《徐雨峰中丞勘语》(卷四),载《明清法制史料辑刊第一辑》(第十一册),国家图书馆出版社2008年版。

[73] (清)唐芸洲:《七剑十三侠》,钟涛、黄良玉点校,十月文艺出版社1995年版。

[74] 梁启超:《梁启超全集》,北京出版社1999年版。

[75] 梁启超:《新民说》,明华出版社2017年版。

[76] 辜鸿铭:《中国人的精神》,海南出版社1996年版。

[77] 陈望衡:《周易精解》,人民出版社2019年版。

[78] 李泽厚:《论语今读》,江苏文艺出版社2010年版。

[79] 杨伯峻:《孟子译注》,中华书局2005年版。

[80] 陈鼓应:《庄子今注今译》,中华书局2001年版。

[81] 郭庆藩:《庄子集释》第4册,中华书局2006年版。

[82] 钟肇鹏:《春秋繁露校释》(校补本),河北人民出版社2005年版。

[83] 荆门市博物馆编:《郭店楚墓竹简》,文物出版社1998年版。

[84] 《辞海》编辑委员会:《辞海》(下册),上海辞书出版社1989年版。

[85] 卜工:《历史选择中国模式》,科学出版社2009年版。

[86] 蔡仁厚:《宋明理学·北宋篇》,吉林出版集团有限责任公司2009年版。

[87] 蔡元培:《中国伦理学史》,古吴轩出版社2017年版。

[88] 蔡元培:《订正中学修身教科书》上篇,商务印书馆1912年版。

[89] 陈建平:《水浒戏与中国侠义文化》,文化艺术出版社2008年版。

[90] 冯友兰:《中国哲学的精神——冯友兰文选》,陈来选编,上海文艺出版社1998年版。

[91] 陈来:《孔夫子与现代世界》,北京大学出版社2011年版。

[92] 陈来:《新原仁——仁学本体论》,生活·读书·新知三联书店2014年版。

[93] 陈来:《儒学美德论》,生活·读书·新知三联书店2019年版。

[94] 陈来:《中华文化的现代价值》,中国文史出版社2020年版。

［95］陈若水：《公共意识与中国文化》，新星出版社 2006 年版。

［96］陈先达：《文化自信中的传统与当代》，北京师范大学出版社 2017 年版。

［97］程立涛、曾繁敏：《新时期社会公德建设研究》，中国社会科学出版社 2013 年版。

［98］成中英：《成中英自选集》，山东教育出版社 2005 年版。

［99］杜维明：《东亚价值与多元现代性》，中国社会科学出版社 2001 年版。

［100］杜维明：《儒学第三期发展的前景问题》，《杜维明文集》（第一卷），武汉出版社 2002 年版。

［101］杜文忠：《法律与法俗——对法的民俗学解释》，人民出版社 2013 年版。

［102］费孝通：《乡土中国·生育制度·乡土重建》，商务印书馆 2015 年版。

［103］费孝通：《乡土中国》，人民出版社 2008 年版。

［104］高兆明、李萍：《现代化进程中的伦理秩序研究》，人民出版社 2007 年版。

［105］龚孟伟：《教学文化论》，人民出版社 2016 年版。

［106］顾易：《从〈礼记〉看中华礼仪文化》，暨南大学出版社 2020 年版。

［107］郭勇：《"言文一致"与中国文学观念的现代转型》，人民出版社 2018 年版。

［108］何绍辉：《陌生人社区：整合与治理》，社会科学出版社 2017 年版。

［109］胡军方：《休谟道德哲学研究》，人民出版社 2019 年版。

［110］黄玉顺：《中国正义论的形成——周孔孟荀的制度伦理学传统》，东方出版社 2015 年版。

［111］江畅：《西方德性思想史（现代卷下）》，人民出版社 2016 年版。

［112］蒋德海：《宪法的法治本质研究》，人民出版社 2014 年版。

［113］孔润年：《伦理文化的人格透视》，中国社会科学出版社 2010 年版。

［114］李步云：《创新是治学的追求——李步云先生自选集》，人民出版社 2019 年版。

［115］李景林：《教化儒学论》，孔学堂书局 2014 年版。

［116］李兰芬：《当代中国德治研究》，人民出版社 2008 年版。

［117］李泽厚：《伦理学新说》，人民文学出版社 2021 年版。

［118］林耀华：《义序的宗族研究》，生活·读书·新知三联书店 2000 年版。

［119］刘建军等：《信仰的呼唤——社会主义市场经济条件下的信仰问题研究》，人民出版社 2011 年版。

［120］刘玉东：《体系、结构与功能——新中国城市社区治理转型研究》，人民出版社 2016 年版。

［121］罗国杰：《传统伦理与现代社会》，中国人民大学出版社 2018 年版。

［122］蒙培元：《情感与理性》，中国社会科学出版社 2002 年版。

［123］牟钟鉴：《中国文化的当下精神》，中华书局 2018 年版。

［124］牟钟鉴：《君子人格六讲》，中华书局 2020 年版。

［125］牟宗三：《中国哲学的特质》，上海古籍出版社 1997 年版。

［126］潘光旦：《论乡土教育》，《寻求中国人位育之道——潘光旦文选》（下），国际文化出版公司 1997 年版。

［127］钱杭：《宗族的传统建构与现代转型》，上海人民出版社 2011 年版。

［128］钱穆：《第三期新校舍落成典礼讲演词》，载《新亚遗铎》，生活·读书·新知三联书店 2004 年版。

［129］钱穆:《文化学大义》,九州出版社 2017 年版。

［130］曲蓉:《公德论》,社会科学文献出版社 2020 年版。

［131］邵龙宝:《全球语境下的儒学价值与现代践行》,同济大学出版社 2010 年版。

［132］沈晓阳:《正义论经纬》,人民出版社 2007 年版。

［133］沈壮海、廖奕等:《学术话语体系建设的理与路:一项分科的研究》,人民出版社 2019 年版。

［134］司马云杰:《文化社会学》,中国社会科学出版社 2003 年版。

［135］唐凯麟:《伦理学教程》,湖南师范大学出版社 1992 年版。

［136］汤一介:《汤一介学术文化随笔》,中国青年出版社 1996 年版。

［137］王志东等:《美好生活论》,人民出版社 2020 年版。

［138］王磊:《信息时代社会发展研究——互联网视角下的考察》,人民出版社 2014 年版。

［139］王善军:《宋代宗族和宗族制度研究》,人民出版社 2018 年版。

［140］王孝哲:《历史唯物主义新论》,合肥工业大学出版社 2011 年版。

［141］王永贵等:《经济全球化与社会主义意识形态研究》,人民出版社 2005 年版。

［142］韦世林:《空符号论》,人民出版社 2012 年版。

［143］韦政通:《伦理思想的突破》,中国人民大学出版社 2005 年版。

［144］魏英敏:《关于社会公德的再认识》,载吴潜涛主编:《论公共伦理与公共道德》,湖北人民出版社 2008 年版。

［145］吴文藻:《吴文藻人类学社会学研究文集》,民族出版社 1990 年版。

［146］肖群忠等:《中华传统美德的时代价值》,人民出版社 2020 年版。

［147］肖萍:《人的全面发展视域中的社会主义主流文化建设》,人民出版社 2019 年版。

［148］谢迪斌:《从血缘到阶级——新中国成立初期中国共产党的乡村宗族改造》,人民出版社 2017 年版。

［149］徐澄:《公德浅说》,中华书局 1936 年版。

［150］徐复观:《中国人性论史》,上海三联书店 2001 年版。

［151］许鑫:《网络时代的媒介公共性研究》,人民出版社 2015 年版。

［152］杨清荣:《公共生活伦理研究:以中国的社会转型为背景》,人民出版社 2016 年版。

［153］龙柏林:《人际交往转型与人伦生态重建》,人民出版社 2014 年版。

［154］于景元:《从综合集成思想到综合集成实践——方法·理论·技术·工程》,载北京大学现代科学与哲学研究中心编:《复杂性新探》,人民出版社 2007 年版。

［155］于铭松等:《文化自信:中华文明的当代价值和世界意义》,人民出版社 2021 年版。

［156］袁银传等:《培育和践行社会主义核心价值观研究》,人民出版社 2019 年版。

［157］张岱年、方克立:《中国文化概论》,北京师范大学出版社 2004 年版。

［158］张继春、李宗泽:《中华礼仪文化与文明北京》,中国社会科学出版社 2013 年版。

［159］张晋藩:《中华法系的回顾与前瞻》,中国政法大学出版社 2007 年版。

［160］张世英:《哲学导论》,北京大学出版社 2002 年版。

［161］张雅勤:《公共性视野下的国家治理现代化》,人民出版社 2017 年版。

［162］曾建平:《社会公德引论》,中央编译出版社 2004 年版。

［163］曾钊新、李建华:《道德心理学》,商务印书馆 2017 年版。

［164］钟启泉、黄志诚:《西方德育原理》,陕西人民教育出版社 1998 年版。

[165] 种海峰:《科学发展观视域下文化建设思想研究》,人民出版社 2020 年版。

[166] 周德全:《道教与封建王权政治交流研究》,人民出版社 2015 年版。

[167] 周中之:《伦理学》,人民出版社 2004 年版。

[168] [德]奥斯瓦尔德·斯宾格勒:《西方的没落》上册,齐世荣、田农等译,商务印书馆 1963 年版。

[169] [德]泡尔生:《伦理学原理》,蔡元培译,天津人民出版社 2017 年版。

[170] [德]洪堡特:《论人类语言结构的差异及其对人类精神发展的影响》,姚小平译,商务印书馆 1999 年版。

[171] [德]弗里德里希·包尔生:《伦理学体系》,何怀宏译,中国社会科学出版社 1988 年版。

[172] [德]斐迪南·滕尼斯:《共同体与社会》,张巍卓译,商务印书馆 2020 年版。

[173] [德]黑格尔:《法哲学原理》,范扬、张企泰译,商务印书馆 1961 年版。

[174] [德]黑格尔:《哲学史讲演录》(第 6 卷),贺麟、王太庆译,商务印书馆 1959 年版。

[175] [德]哈贝马斯:《公共领域的结构转型》,曹卫东等译,学林出版社 1999 年版。

[176] [德]马克斯·韦伯:《新教伦理与资本主义精神》,四川人民出版社 1986 年版。

[177] [德]萨维尼:《论立法与法学的当代使命》,许章润译,中国法制出版社 2001 年版。

[178] [德]乌尔里希·贝克:《风险社会》,何博闻译,译林出版社 2003 年版。

[179] [德]尤根·哈贝马斯:《后民族结构》,曹卫东译,上海人民出版社 2002 年版。

[180] [法]列维·斯特劳斯:《野性的思维》,李幼蒸译,商务印书馆 1997 年版。

[181] [法]莫里斯·哈布瓦赫等:《论集体记忆》,毕然、郭金华译,上海人民出版社 2002 年版。

[182] [法]皮埃尔·布迪厄、[美]华康德:《实践与反思》,李猛、李康译,中央编译出版社 1998 年版。

[183] [古希腊]亚里士多德:《尼各马可伦理学》,廖申白译,商务印书馆 2003 年版。

[184] [加]保罗·谢弗:《文化引导未来》,许春山、朱邦俊译,社会科学文献出版社 2008 年版。

[185] [美]阿拉斯代尔·麦金太尔:《德性之后》,龚群译,中国社会科学出版社 1995 年版。

[186] [美]爱德华·希尔斯:《论传统》,傅铿、吕乐译,上海人民出版社 2009 年版。

[187] [美]爱德华·希尔斯:《论传统》,傅铿、吕乐译,上海人民出版社 2020 年版。

[188] [美]博登海默:《法理学:法律哲学与法律方法》,邓正来译,中国政法大学出版社 2004 年版。

[189] [美]丹尼尔·贝尔:《资本主义文化矛盾》,赵一凡等译,生活·读书·新知三联书店 1989 年版。

[190] [美]德沃金:《认真对待权利》,信春鹰等译,中国大百科全书出版社 1998 年版。

[191] [美]格尔茨:《文化的解释》,纳日碧力戈等译,上海人民出版社 1999 年版。

[192] [美]汉娜·阿伦特:《人的条件》,竺乾威译,上海人民出版社 1999 年版。

[193] [美]简·雅各布斯:《美国大城市的死与生》,金衡山译,译林出版社 2005 年版。

[194] [美]凯斯·桑斯坦:《网络共和国:网络社会中的民主问题》,黄维明译,上海人民出版社 2003 年版。

[195] [美]露丝·本尼迪克特:《文化模式》,何锡章、黄欢译,华夏出版社 1987 年版。

［196］［美］罗斯科·庞德：《通过法律的社会控制》，沈宗灵译，商务印书馆 1984 年版。

［197］［美］诺丁斯：《关心：伦理和道德教育的女性路径》，武云斐译，北京大学出版社 2014 年版。

［198］［美］A. 麦金太尔：《追寻美德》，宋继杰译，译林出版社 2008 年版。

［199］［美］特纳(Turner, J. H.)、［美］斯戴兹(Stets, J. E.)：《情感社会学》，孙俊才、文军译，上海人民出版社 2007 年版。

［200］［美］约翰·罗尔斯：《作为公平的正义：正义新论》，姚大志译，上海三联书店 2002 年版。

［201］［美］约翰·罗尔斯：《政治哲学史讲义》，杨通进等译，中国社会科学出版社 2011 年版。

［202］［美］约翰·罗尔斯：《正义论》，何怀宏等译，中国社会科学出版社 1988 年版。

［203］［美］约翰·罗尔斯：《政治自由主义》，万俊人译，译林出版社 2000 年版。

［204］［日］稻盛和夫、梅原猛：《拯救人类的哲学》，曹岫云译，中国人民大学出版社 2009 年版。

［205］［日］川岛武宣：《现代化与法》，王志安等译，中国政法大学出版社 1994 年版。

［206］［瑞士］皮亚杰、英海尔德：《儿童心理学》，商务印书馆 1980 年版。

［207］［英］特里·伊格尔顿：《论文化》，张舒语译，中信出版社 2018 年版。

［208］［英］马林诺斯基：《文化论》，费孝通译，华夏出版社 2002 年版。

［209］［英］爱德华·希尔斯：《论传统》，傅铿、吕乐译，上海人民出版社 2014 年版。

［210］［英］休谟：《道德原则研究》，曾晓平译，商务印书馆 2001 年版。

［211］［英］安东尼·吉登斯：《现代性的后果》，田禾译，译林出版社 1999 年版。

［212］［英］米尔恩：《人的权利与人的多样性——人权哲学》，中国大百科全书出版社 1995 年版。

［213］［英］布赖恩·特纳：《社会理论指南》，李康译，上海人民出版社 2003 年版。

［214］Dworkin: *Law's Empire*, Oxford: Hart Publishing, 1986.

［215］Mouffe C: *Politics and Passions*. London: Centre for the Study of Democracy, 2002.

［216］Martha Nussbaum: *Upheavals of Thought: The Intelligence of Emotions*, Cambridge: Cambridge University Press, 2003.

二、论文

［1］习近平：《在纪念孔子诞辰 2565 周年国际学术研讨会上暨国际儒学联合会第五届会员大会开幕会上的讲话》，《人民日报》2014 年 9 月 25 日第 1 版。

［2］习近平：《习近平谈文化自信》，《人民日报(海外版)》2016 年 7 月 13 日第 1 版。

［3］习近平：《在经济社会领域专家座谈会上的讲话》，《前进》2020 年第 9 期。

［4］曹洪军、丁佳楠：《意识转变·物质奠基·法制保障：新时代社会公德建设的三维路径》，《中国矿业大学学报(社会科学版)》2020 年第 5 期。

［5］曹丽、杨胜荣：《"礼"的传承与转化：中国当代公共文明的本土资源》，《云南师范大学学报(哲学社会科学版)》2010 年第 1 期。

［6］程立涛：《中国社会"人情味"与"公德心"的冲突及其消解论析》，《理论导刊》2019 年第 6 期。

［7］陈来：《论古典儒学中"义"的观念——以朱子论"义"为中心》，《文史哲》2020 年第 6 期。

［8］陈涌鑫：《"兼爱"与"博爱"比较分析》，《鄂州大学学报》2018 年第 4 期。

［9］陈泽环：《共同理想・儒家伦理・传统话语——弘扬中华优秀传统文化的一点思考》，《江西社会科学》2012 年第 6 期。

［10］邓高胜：《先秦游侠的侠义精神与江户武士的义、勇、仁思想》，《哈尔滨师范大学社会科学学报》2018 年第 5 期。

［11］邓映婕、王晓丽：《"用经典涵养正气"：大数据时代社会公德治理新理路》，《海南大学学报（人文社会科学版）》2019 年第 5 期。

［12］丁晓强、赵静：《论新时代中国特色社会主义文化建设的新使命》，《中共中央党校学报》2018 年第 5 期。

［13］杜军强：《汉代春秋决狱的法理构造——以"春秋之义"的法源地位分析为中心》，《清华法学》2021 年第 1 期。

［14］费孝通：《对文化的历史性和社会性的思考》，《思想战线》2004 年第 2 期。

［15］冯正强、何云庵：《简论墨子兼爱说中的友善价值观蕴涵》，《西南交通大学学报（社会科学版）》2017 年第 1 期。

［16］甘露、韩隽：《哪些因素阻碍社区文化建设》，《人民论坛》2018 年第 7 期。

［17］高广旭：《资本文明的道德困境及其超越——共产主义新文明形态的伦理精神图景》，《理论探讨》2022 年第 5 期。

［18］巩建华：《中国公共治理面临的传统文化阻滞分析》，《社会主义研究》2007 年第 6 期。

［19］郭齐勇：《再论儒家的政治哲学及其正义论》，《孔子研究》2010 年第 6 期。

［20］郭玉芳：《新时代"美好生活"的时代性内涵》，《马克思主义理论学科研究》2021 年第 6 期。

［21］顾理平：《新媒体时代虚假新闻的治理》，《新闻战线》2019 年第 11 期。

［22］韩大元：《后疫情时代：重塑社会正义》，《中国法律评论》2020 年第 5 期。

［23］韩冬雪、王琳琳：《黑格尔哲学现代性与网络娱乐偶像主体性建构》，《沈阳师范大学学报（社会科学版）》2021 年第 4 期。

［24］韩庆祥、王海滨：《建构"理论中的中国"与中华民族的"学术自我"》，《江海学刊》2017 年第 3 期。

［25］郝艳梅：《社会公德的调控机制》，《河北大学学报（哲学社会科学版）》2015 年第 7 期。

［26］何哲：《人类文明的维度与人类新文明体系的建构》，《人民论坛》2021 年第 34 期。

［27］黄建跃：《社会公德建设的路径选择研究》，《伦理学研究》2015 年第 6 期。

［28］黄明理、宣云凤：《当前我国公民社会公德信仰状况研究——以江苏为例的抽样调查分析》，《东南大学学报（哲学社会科学版）》2008 年第 4 期。

［29］黄玉顺：《孔子的正义论》，《中国社会科学院研究生院学报》2010 年第 2 期。

［30］黄玉顺：《我们时代的问题与儒家的正义论》，《东岳论丛》2013 年第 11 期。

［31］黄玉顺：《儒家文明发展的时代问题》，《国际儒学》2021 年第 3 期。

［32］黄锐：《流动社会的道德秩序何以可能：以转型社区为中心的分析》，《河南社会科学》2019 年第 2 期。

［33］黄向阳：《德育内容分类框架——兼析我国公德教育的困境》，《全球教育展望》2008 年第 9 期。

〔34〕黄子逸、张亚辉：《绅士、共同体与现代性：中英绅士理论的思想史比较》，《社会》2021年第1期。

〔35〕季羡林：《传统文化与现代化》，《北京大学学报》（哲学社会科学版）1987年第5期。

〔36〕江畅、斯洛特：《关于仁爱与关爱的对话》，《哲学动态》2019年第9期。

〔37〕姜广秀：《我国志愿服务立法刍议》，《东北农业大学学报（社会科学版）》2020年第2期。

〔38〕蒋洋洋、洪明：《正义感生成机制及大学生正义感培育的基本思路探析——基于理性和情感交互作用的视角》，《马克思主义与现实》2018年第2期。

〔39〕雷云：《公德行为发生的类型划分及教育策略》，《教育科学研究》2018年第8期。

〔40〕罗传芳：《传统如何走向现代——重温"早期启蒙说"和"历史结合点"的理论》，《周易研究》2021年第5期。

〔41〕李培超：《中国传统美德叙事中的道德榜样意象》，《湖南师范大学社会科学学报》2020年第5期。

〔42〕李晓青：《城市化背景下社区社会公德建设探析》，《理论视野》2013年第6期。

〔43〕李晓辉：《论当代中国社会公德建设的重要性与紧迫性》，《理论月刊》2010年第9期。

〔44〕李永贤：《谈谈中国古代文人的侠义情结》，《河南师范大学学报（哲学社会科学版）》2006年第1期。

〔45〕李燕、孙颖：《网民正义感：网络群体性事件中非理性的博弈及消解》，《中国海洋大学学报（社会科学版）》2013年第3期。

〔46〕李宗桂：《试论中国优秀传统文化的内涵》，《学术研究》2013年第11期。

〔47〕廖奕：《中国特色社会主义法治体系的话语生成与思想内涵》，《苏州大学学报（社会科学版）》2021年第2期。

〔48〕刘风景：《法律原则的结构与功能——基于窗户隐喻的阐释》，《江汉论坛》2015年第4期。

〔49〕刘丽琴：《墨子侠义精神及其现代价值审视》，《广西社会科学》2017年第4期。

〔50〕刘丽娜：《社区是社会公德建设的重要载体》，《西南民族大学学报（人文社科版）》2004年第9期。

〔51〕刘立夫、孙哲：《论中国传统的公德精神》，《道德与文明》2013年第6期。

〔52〕刘美红：《公正与疏导：先秦儒家对社会"怨"情的防治》，《湖南科技学院学报》2011年第7期。

〔53〕刘清平：《儒家伦理与社会公德——论儒家伦理的深度悖论》，《哲学研究》2004年第1期。

〔54〕刘薇：《侠义精神在我国文学中的渊源》，《语文建设》2013年第26期。

〔55〕刘增光：《为善何以难？——宋明理学中的"道德意志"问题及其他》，《燕山大学学报（哲学社会科学版）》2014年第6期。

〔56〕吕佳翼：《从"主体性"到"情本体"——李泽厚哲学的后期进路及其限度》，《青海民族大学学报（社会科学版）》2021年第4期。

〔57〕吕永林：《普通人向何处去——贺照田论"潘晓讨论"、陈映真、雷锋之再思考》，《开放时代》2021年第3期。

〔58〕吕志兴：《〈春秋〉决狱与中国古代法制的真实关系》，《政法论坛》2016年第3期。

〔59〕马启俊：《〈庄子〉词汇中反映的先秦经济民俗考察》，《蚌埠学院学报》2017年第5期。

［60］马奇柯:《社会公德、职业道德、家庭美德、个人品德关系论析》,《学术交流》2008 年第 2 期。

［61］马永华:《重私德轻公德之源起》,《赤峰学院学报(汉文哲学社会科学版)》2009 年第 8 期。

［62］毛国民:《论朱熹对〈仪礼〉的庶民化阐释》,《社会科学战线》2021 年第 2 期。

［63］孟琢:《中国哲学视域中的自由平等:〈齐物论释〉的思想主旨与价值建立》,《中国哲学史》2021 年第 5 期。

［64］蒙培元:《略谈儒家的正义观》,《孔子研究》2011 年第 1 期。

［65］闫平:《社区文化:新时代道德治理的有效载体——以乡村社区文化建设转型为视角》,《山东社会科学》2021 年第 7 期。

［66］潘琦:《中国侠义精神与法治》,《中南民族大学学报(人文社会科学版)》2003 年第 S2 期。

［67］彭林:《当代工业文明与传统礼乐文化》,《学习月刊》2008 年第 11 期。

［68］彭林:《为什么我们要讲礼》,《传承》2012 年第 21 期。

［69］彭林:《多元时代需要更强大的民族精神——中国礼乐文化传统的现实意义》,《人民论坛》2013 年第 10 期。

［70］彭林:《从中华礼乐文明看"乡射礼"》,《江苏建筑职业技术学院学报》2016 年第 9 期。

［71］彭林:《赓续与转型:礼学传统之嬗变》,《河北学刊》2016 年第 4 期。

［72］彭林:《儒家礼治思想的缘起、学理与文化功用》,《湖南大学学报(社会科学版)》2016 年第 6 期。

［73］彭林:《中华礼乐文明的承传与愿景》,《中央社会主义学院学报》2020 年第 12 期。

［74］彭柏林:《墨家志愿服务伦理思想及其当代价值》,《北京大学学报(哲学社会科学版)》2022 年第 2 期。

［75］亓凤香:《公德缺失与建构分析——基于社会治理的视角》,《理论学刊》2017 年第 3 期。

［76］强乃社:《道德规范应用适当性的话语论证》,《哲学动态》2016 年第 4 期。

［77］钱念孙:《君子文化在传统文化中的地位和影响》,《学术界》2017 年第 1 期。

［78］钱念孙:《从中国传统树人体系看君子人格的普遍价值》,《学术界》2020 年第 12 期。

［79］邱昆树:《连带的公与我国公德教育构建》,《思想理论教育》2020 年第 12 期。

［80］乔秀峰、石凤珍:《新媒体格局下的社区文化功能与实践——兼及大同某社区的考察》,《山西大同大学学报(社会科学版)》2020 年第 2 期。

［81］史少博:《日本近代"公德"与文明》,《兰州学刊》2022 年第 8 期。

［82］孙向晨:《天下、文明与个体——今天中国人如何理解自己》,《文化纵横》2021 年第 6 期。

［83］唐代兴:《试论孔子的正名知识论》,《中国社会科学院研究生院学报》2021 年第 2 期。

［84］唐凯麟:《传统文化三题》,《求索》2018 年第 3 期。

［85］唐士其:《儒家学说与正义观念——兼论与西方思想的比较》,《国际政治研究》2003 年第 4 期。

［86］涂可国:《儒家君子的伦理性特质论析》,《烟台大学学报(哲学社会科学版)》2021 年第 2 期。

［87］王从德、王成:《传统仁爱精神与社会主义公德建设》,《山东大学学报(哲学社会科学版)》2000 年第 4 期。

［88］王海明：《国家制度的价值标准和取舍原则》，《浙江社会科学》2017 年第 2 期。

［89］王维国：《当代中国社会公德困境治理探析》，《道德与文明》2022 年第 1 期。

［90］王伟：《关于社会公德建设三题》，《精神文明导刊》人大复印资料 2012 年第 9 期。

［91］王易、张泽硕：《中国传统德育中的"人伦日用"及其当代启示》，《伦理学研究》2015 年第 5 期。

［92］王永娇：《唐长安城里坊内的公共活动空间》，《大众考古》2019 年第 12 期。

［93］吴海江、徐伟轩：《新文明的中国形态》，《复旦学报（社会科学版）》2020 年第 5 期。

［94］吴晓明：《马克思主义中国化与新文明类型的可能性》，《哲学研究》2019 年第 7 期。

［95］夏伟东：《略论道德的本质——兼与肖雪慧同志商榷》，《哲学研究》1986 年第 8 期。

［96］萧成勇：《公理·规则·公德——儒家私德与墨家公德之伦理辨析》，《自然辩证法研究》2011 年第 11 期。

［97］萧成勇：《从"熟人社会"到"熟人社区"——乡村公共道德平台的式微与重建》，《湖北大学学报（哲学社会科学版）》2020 年第 1 期。

［98］项阳：《艺术人类学的中国话语体系与艺术传统的深层内涵》，《艺术探索》2017 年第 5 期。

［99］肖群忠：《日本现代化过程中的社会公德建设及其对当代中国的启示》，《道德与文明》2008 年第 4 期。

［100］肖群忠：《关于社会公德的几个基本理论问题》，《河北学刊》2007 年第 11 期。

［101］向春玲、龙昊廷：《创新社区文化培育"四新居民"——南京市建邺区江心洲推进农村社区转型的轨迹》，《中国领导科学》2020 年第 3 期。

［102］许建良：《儒家道德缺乏公德机制论》，《伦理学研究》2008 年第 2 期。

［103］薛慧：《关于社会公德治理的几个问题》，《华中师范大学学报（人文社会科学版）》2016 年第 3 期。

［104］杨毓婧：《从"曲江流饮"谈唐长安城市园林的公共性》，《华中建筑》2016 年第 7 期。

［105］杨念群：《"断裂"还是"延续"？——关于中华民国史研究如何汲取传统资源的思考》，《南京大学学报（社会科学版）》2013 年第 1 期。

［106］杨梦醒、孙伟：《古礼树人　涵养品性——古代礼仪育人实践研究》，《中国民族教育》2021 年第 4 期。

［107］杨帅、张庆美：《"泛偶像"时代青少年榜样教育》，《思想政治课教学》2021 年第 10 期。

［108］叶文宪：《儒家伦理道德体系的缺失与社会公德的重建》，《苏州科技学院学报（社会科学版）》2004 年第 2 期。

［109］易伟红：《道德也要有章可循——对公共道德法制化的思考》，《法制与社会》2013 年第 10 期。

［110］尹翼婷：《社会公德培育从何入手》，《人民论坛》2017 年第 29 期。

［111］余洪波：《礼文化在国民公共文明素质提升中的作用》，《中州学刊》2017 年第 5 期。

［112］俞荣根：《诚信：一个历久常新的民法原则——〈论语〉与我国民法文化刍议》，《现代法学》1993 年第 2 期。

［113］余玉花：《论社会公德的价值内涵》，《江海学刊》1999 年第 6 期。

［114］张华：《"侠义与正义"在法治社会共存的可能性探讨》，《法制与社会》2011 年第 5 期。

［115］张师伟：《礼、法、俗的规范融通与伦理善性：中国古代制度文明的基本特点论略》，《社

会科学研究》2019 年第 2 期。

［116］张中秋:《中国传统法律正义观研究》,《清华法学》2018 年第 3 期。

［117］郑广永:《论城市社区文化的功能及限度》,《北京联合大学学报(人文社会科学版)》2018 年第 1 期。

［118］朱婧薇:《雷锋精神的文化建构与当代传承》,《中国青年研究》2021 年第 10 期。

致　谢

　　本书是 2018 年国家社会科学基金"中华优秀传统文化融入当代公德建设研究"之最终成果。本书得以立项,要感谢我的前领导陈始发先生的敦促与支持,本书顺利完成,则是得到上海海事大学马克思主义学院的董金明书记、张峰院长、谢茜副院长、欧阳曙主任、梁丞丞老师的大力帮助。硕士研究生洪瑶同学参与第一章第一节的撰写,我也花了足足一年时间指导她撰写儒家仁爱思想部分的写作。我的数位同事、多位本科生甚至发小们为本书的资料搜集、调研工作作出了贡献,对此也对他们表示深深的谢意。同时,感谢北京、南昌、长沙等地的朋友们对本书问卷调研工作的支持。而本书结项时被鉴定为"良",则要感谢评审专家们的认可。

　　学校领导对该书出版工作予以了支持。正是因为学校领导宋宝儒书记、贺莉副书记的无形支持,我得以认识了深耕解放日报社多年的媒体人周智强先生。周先生见识广博,又精通传统书画。我见周先生个性率真旷达,冒昧地请周先生作序,没想到周先生欣然同意了,感谢周先生对我这位无名之辈的鼓励。

　　感谢我的父母兄姐侄子侄女对我的无条件的支持和鼓励,正是他们过去和现在的支持,我才有勇气在这条路上坚守下去。感谢我的爱人吴鹏飞先生为本书承担了部分校对工作,感谢零零后女儿吴书桃对我工作的支持。

　　上海三联书店的杜鹃女士温柔、细心,对我的书稿进行了仔细的审查和推敲,没有她的支持本书难以很快出版。书稿出版顺利进行,向上海三联书店的相关领导们、老师们致以诚挚的谢意！

刘白明

2024 年 6 月 4 日于港城悦府春雨阁

图书在版编目(CIP)数据

中华优秀传统文化融入当代公德建设研究/刘白明
著. —上海：上海三联书店，2025.3. —ISBN 978 - 7 -
5426 - 8870 - 5

Ⅰ. D648.3

中国国家版本馆 CIP 数据核字第 2025P7C406 号

中华优秀传统文化融入当代公德建设研究

著　者 / 刘白明

责任编辑 / 杜　鹃
装帧设计 / 一本好书
监　制 / 姚　军
责任校对 / 王凌霄

出版发行 / 上海三联书店
　　　　　(200041)中国上海市静安区威海路 755 号 30 楼
邮　箱 / sdxsanlian@sina.com
联系电话 / 编辑部：021 - 22895517
　　　　　发行部：021 - 22895559
印　刷 / 上海颛辉印刷厂有限公司

版　次 / 2025 年 3 月第 1 版
印　次 / 2025 年 3 月第 1 次印刷
开　本 / 710 mm × 1000 mm　1/16
字　数 / 270 千字
印　张 / 17.25
书　号 / ISBN 978 - 7 - 5426 - 8870 - 5/D · 682
定　价 / 98.00 元

敬启读者，如发现本书有印装质量问题，请与印刷厂联系 021 - 56152633